U0813245

可持续披露准则研究

Research on Sustainability Standards

王鹏程　著

东北财经大学出版社
Dongbei University of Finance & Economics Press
大连

图书在版编目（CIP）数据
可持续披露准则研究 / 王鹏程著. —大连：东北财经大学出版社，2025.2. —ISBN 978-7-5654-5579-7
Ⅰ. F279.23
中国国家版本馆CIP数据核字第2025ZM6110号

东北财经大学出版社出版
（大连市黑石礁尖山街217号　邮政编码　116025）
网　　址：http://www.dufep.cn
读者信箱：dufep@dufe.edu.cn
大连永盛印业有限公司印刷　　　东北财经大学出版社发行
幅面尺寸：185mm×260mm　字数：318千字　印张：16.25　插页：1
2025年2月第1版　　　2025年2月第1次印刷
责任编辑：王　丽　吴　茜　　　责任校对：一　心
　　　　　高　铭　周　慧
封面设计：原　皓　　　版式设计：原　皓
定价：86.00元

教学支持　售后服务　　联系电话：（0411）84710309
版权所有　侵权必究　　举报电话：（0411）84710523
如有印装质量问题，请联系营销部：（0411）84710711

前言

2023年6月26日，国际可持续准则理事会（ISSB）正式发布两项国际财务报告可持续披露准则，即《国际财务报告可持续披露准则第1号——可持续相关财务信息披露一般要求》（IFRS S1）和《国际财务报告可持续披露准则第2号——气候相关披露》（IFRS S2）。这两项国际财务报告可持续披露准则（以下简称ISSB准则）的正式颁布，标志着可持续信息披露迈入了新纪元，是实现绿色低碳转型和社会公平正义转型的重大基础设施建设和重要制度安排，对推动全球经济、社会和环境的可持续发展意义重大。

2024年11月20日，财政部会同外交部、国家发展改革委、工业和信息化部、生态环境部、商务部、中国人民银行、国务院国资委、金融监管总局正式发布《企业可持续披露准则——基本准则（试行）》（以下简称"《基本准则》"），标志着我国统一的可持续披露准则体系建设拉开序幕。《基本准则》及今后陆续出台的具体准则、应用指南，将为推动我国高质量发展，促进经济、社会和环境的可持续发展发挥重要的基础作用。

作为会计学者，我从2021年ISSB成立伊始，便开始关注可持续信息披露，围绕ISSB准则及中国可持续披露准则的研究制定和实施开展了深入的研究，在《财会月刊》《财务与会计》《北京工商大学学报（社会科学版）》《财务研究》《中国注册会计师》《商业会计》等期刊单独或合作发表了16篇与可持续披露准则有关的论文。其间，我还主持了中国会计学会重点科研课题"具有中国特色的可持续披露准则体系制定与实施问题研究"以及世界资源研究所资助的"气候相关风险和机遇财务影响研究"等研究项目。为便于理论界和实务界同仁深入理解可持续披露准则，积极应对可持续披露准则相关披露要求所带来的重大挑战，我将已公开发表的16篇论文以及所撰写的一份研究报告集结出版《可持续披露准则研究》一书。

《两项国际财务报告可持续披露准则分析与展望》，系统分析了ISSB发布的IFRS S1和IFRS S2两项全球可持续披露基线准则的出台背景与出台历程，归纳总结这两项准则的主要内容与基本特征，全面展望这两项准则的实施应用与未来前景，有助于社会各界深入了解和应用这两项准则。

《制定中国可持续披露准则若干问题研究》，从多个角度分析制定中国可持续披露准则的必要性和紧迫性，阐述了准则的制定依据、制定机构与基本定位，明确准则制定策略和需要遵循的具体原则，构想中国可持续披露准则体系的具体构成与主要内容，描绘可持续披露准则制定的路线图，有助于社会各界深入了解国家统一的可持续披露准则体系建设蓝图，以及《基本准则》的出台背景、主要内容与基本特征。

《中国可持续披露准则实施保障机制研究》，从法规体系、底层标准、基础设施、内部控制、鉴证制度、监管体系等六个方面构建中国可持续披露准则实施保障机制，提出一系列解决方案和政策建议，希望有助于社会各界协同推进中国可持续披露准则的实施应用。

《构建国家统一的可持续披露准则，推动经济、社会和环境可持续发展》和《加强与国际规则深度对接，构建国家统一可持续披露准则》，深入分析《基本准则》征求意见稿的出台背景与历程，归纳总结其总体思路、基本定位与准则体系，展望其相关影响与未来前景，希望有助于社会各界深入了解《基本准则》以及国家统一的可持续披露准则体系的构建思路。

《可持续披露准则中的报告主体及相关概念》《可持续披露准则中的商业模式及其对会计准则的影响》《可持续披露准则中的价值链及相关问题研究》《基于可持续信息披露的企业内部控制研究》《气候信息披露中的安全港规则》《构建我国碳信息披露体系的战略思考》，则分别从可持续信息披露的关键领域，包括报告主体、商业模式、价值链、内部控制、安全港规则、碳信息等方面进行了深入的分析，有助于社会各界深刻理解可持续信息披露的重要披露要求，有助于推进企业可持续信息披露有关的内部控制和安全港机制建设。

《管理层评论标准的重大改进与公司报告的未来》对国际会计准则理事会（IASB）2021年5月发布的《管理层评论（Management Commentary）（征求意见稿）》进行了全面的评述，有助于有关各方关注公司报告的未来发展，也有助于社会各界理解两项ISSB准则发布后IASB和ISSB正在进行的管理层评论标准的修订工作。

《财务报表审计中对气候变化风险的考虑》《可持续发展信息披露中的审计委员会职责与政策建议》《可持续发展信息鉴证服务的发展机遇与战略应对》《可持续信息鉴证制度发展趋势与顶层设计》，分别从财务报表审计、审计委员会监督、可持续信息鉴证角度，就可持续信息披露的审计鉴证和监督进行了详细的分析和研究，提出了相关的政策建议，希望有助于提升可持续信息披露质量。

《ISDS征求意见稿评述与反馈意见建议》对ISSB发布的两项国际可持续披露准则（时称ISDS，后改为ISSB准则）征求意见稿，即《可持续发展相关财务信息披露的一般要求》（IFRS S1，以下简称S1 ED）和《气候相关披露》（IFRS S2，以下简称S2 ED）进行了系统分析，详细研究了征求意见稿中涉及的重要问题及征询意见的具体问题，提出了形成反馈意见需要考虑的重要因素，以及总体反馈意见和针对ISSB征询意见问题详细回复的建议，有助于社会各界了解两项ISSB准则从征求意见稿到发布稿的重要变化。

本书付梓之际，我要特别感谢财政部首届可持续披露准则咨询专家、中国会计学会副会长、厦门国家会计学院原院长黄世忠教授，三年来，我们经常就可持续披露准则的重大问题进行深入讨论，我们一起开展研究，合作撰写论文，开展相关培训，他让我感受到一名学者的情怀和担当。我还要感谢厦门国家会计学院叶丰滢教授，以及我曾经的同事，安永会计师事务所技术部合伙人孙玫、范勋、徐真，以及我现在的同事周艳坤博士后，还有我的学生刘翔宇、杨昭铭，三年来，他们为我在这一领域的研究提供了很多的帮助。相关论文的发表，体现了《财会月刊》《财务与会计》《北京工商大学学报（社会科学版）》《财务研究》《中国注册会计师》《商业会计》编辑部对可持续发展理念和可持续披露准则的重视，而本书的出版，得到了东北财经大学出版社的大力支持，谨致以诚挚的谢意！

王鹏程

2024年12月18日

目录

两项国际财务报告可持续披露准则分析与展望

王鹏程　黄世忠　孙　玫　叶丰滢

【摘要】2023年6月26日，国际可持续准则理事会正式颁布了《可持续相关财务信息披露一般要求》和《气候相关披露》两项国际财务报告可持续披露准则，标志着可持续发展信息披露迈入准则新时代。这两项准则的颁布，是全球可持续披露基线准则建设中的重要里程碑，对于推动全球经济、社会和环境的可持续发展意义非凡。本文系统分析这两项全球可持续披露基线准则的出台背景与出台历程，归纳总结这两项准则的主要内容与基本特征，全面展望这两项准则的实施应用与未来前景，希望有助于社会各界深入了解和应用这两项准则。

【关键词】可持续披露准则；基本特征；实施应用；未来前景

2023年6月26日，国际可持续准则理事会（ISSB）正式发布两项国际财务报告可持续披露准则（ISDS），即《国际财务报告可持续披露准则第1号——可持续相关财务信息披露一般要求》（IFRS S1）和《国际财务报告可持续披露准则第2号——气候相关披露》（IFRS S2）（本文合称“两项准则”）。其生效日期为2024年1月1日或之后开始的年度报告期间，允许提前采用。这两项准则的颁布，是全球可持续披露基线（Baseline）准则建设中的重要里程碑，付诸实施后，对提升全球可持续发展信息披露的透明度、问责制和效率，推动全球经济、社会和环境的可持续发展意义非凡。这两项准则颁布后，欧盟的第一批共12项可持续报告准则（ESRS）[①]，以及美国证监会（SEC）

---

① 2021年4月，欧盟委员会（EC）发布了《公司可持续发展报告指令》（CSRD），授权欧洲财务报告咨询组（EFRAG）起草和制定ESRS，再由EFRAG向利益相关者征求意见后提交EC颁布。EFRAG已经制定了ESRS的路线图和时间表，将在2024年底前完成近30个ESRS的制定工作。EFRAG于2022年4月30日发布第一批共12项ESRS草案，包括《一般准则》和《一般披露》2个通用准则，《气候变化》《污染》《水和海洋资源》《生物多样性和生态系统》《资源利用和循环经济》5个环境议题准则，《自己的员工》《价值链的员工》《受影响的社区》《消费者和终端用户》4个社会议题准则，以及《商业操守》1个治理议题准则。EFRAG在征求意见并进行修改后，于2022年11月22日向EC提交了12项ESRS草案。EC在征求欧盟机构和成员国意见并进行修改后，于2023年6月9日发布了该12项ESRS的公开征求意见稿。

的《面向投资者的气候相关信息披露的提升和标准化》[①]也陆续发布。可持续发展信息披露已经由标准林立的时代迈入相对统一的准则新时代，可持续披露准则的制定初步形成了国际、欧盟和美国三足鼎立的格局。本文系统分析ISSB最新颁布的这两项准则的出台背景与出台历程，归纳总结这两项准则的主要内容与基本特征，全面展望这两项准则的实施应用与未来前景，希望有助于社会各界深入了解和应用这两项准则。

一、出台背景与出台历程

（一）国际社会对制定国际可持续披露准则的期盼

30年来，在各国政府和国际组织的推动下，在全球报告倡议组织（GRI）、可持续发展会计准则理事会（SASB）、世界经济论坛（WEF）、气候相关财务信息披露工作组（TCFD）和气候披露准则理事会（CDSB）、全球环境信息研究中心（CDP）[②]等的不懈努力下，逐步形成了一些具有代表性的ESG报告或可持续发展报告框架。这些报告框架已经在实务中得到广泛运用，但由于不同报告框架之间存在较大差异，按不同框架披露的信息不可比，甚至不少企业同时按照两种或两种以上框架披露相关信息，导致信息的冗余，既增加了编报者的负担，也造成使用者的困扰，要求不同报告框架和标准实现更高连贯性、一致性和可比性的呼声日益强烈。国际证监会组织（IOSCO）下设的可持续金融工作组（STF）于2020年下半年就投资者对可持续相关信息的需求进行了广泛的调查，调查结果显示（GICU-IOSCO，2021）：（1）投资者迫切希望制定并强制采用国际可持续披露准则，以解决可持续信息披露的完整性、一致性和可比性问题；（2）投资者呼吁将可持续信息与财务报告更好地结合，确保内容上一致、时间上匹配，并由审计师或其他第三方鉴证服务机构对可持续信息进行更严格的审计；（3）大多数投资机构强调财务上重要的可持续信息的披露，同时，认为特定行业信息的披露至关重要；（4）投资者重视定性披露和定量披露，量化指标是投资机构进行估值和风险管理的重要参数；（5）一些投资机构建议在全球范围内采用基于TCFD框架和SASB准则的报告要求，作为全球标准制定的基础。

面对社会各界对于建立一套全球一致的可持续披露标准的强烈呼声，二十国集团（G20）和七国集团（G7）及IOSCO、金融稳定委员会（FSB）、国际会计师联合会

① SEC原来预计2023年4月份发布最终的气候信息披露规则，后因共和党和民主党之间的争论以及企业界的不同意见暂时搁浅，最终于2024年上半年正式颁布。

② CDP的前身为碳披露项目（Carbon Disclosure Project），随着披露内容扩展至水资源和森林资源等，其已经成为全球最具影响力的环境信息披露平台。

（IFAC）等国际组织因势利导，呼吁尽快制定全球性的可持续披露准则。在这一背景下，成立国际可持续准则理事会、制定全球可持续披露基线准则，顺应了国际社会的期盼。

（二）国际可持续准则理事会的成立及其使命

为解决可持续信息披露标准迥异的乱象，响应国际社会的诉求，在国际财务报告准则基金会（IFRS Foundation，简称“IFRS基金会”）受托人的倡议下，IFRS基金会于2019年10月成立了工作组，对可持续主题进行研究和分析，并与投资者、编制者、监管机构、审计及其他服务公司等利益相关方进行广泛交流。2020年9月，IFRS基金会发布《关于可持续发展报告的咨询文件》（IFRS Foundation，2020），通过公开征询意见以充分了解利益相关方在可持续报告领域的具体需求以及基金会如何回应这些需求。收到的反馈意见显示，绝大多数的利益相关方认为IFRS基金会应在提升可持续信息在全球范围的一致性和可比性进程中发挥更大的作用。

IFRS基金会从善如流，利用第26届联合国气候变化大会（COP26）在英国格拉斯哥召开的契机，隆重宣布成立与国际会计准则理事会（IASB）平行的ISSB，负责制定一套全面的可持续相关披露标准的全球基准，以满足投资者的信息需求，并促进与特定司法管辖区和针对更广泛利益相关方群体的披露之间的互通性。从成立的背景和目前的运行看，ISSB具有以下特征：

1. 与IASB同属IFRS基金会，服务于IFRS基金会的理念与使命

作为一个公共利益组织（Public Interest Organization），IFRS基金会的理念是“以更好的信息支持更好的经济和投资决策”。其使命是制定高质量的全球标准，这些标准将产生投资决策所需的信息，有助于建立高效和有弹性的资本市场。基于此，ISSB的宗旨是基于满足投资者需求和资本市场需要，制定高质量的全球可持续披露基线准则，其关键目标是：制定可持续披露的全球基线准则；满足投资者的信息需求；促使相关主体向全球资本市场提供全面的可持续发展信息；促进与特定司法管辖区和/或针对更广泛的利益相关者群体的披露的互通性。

2. 与IASB各有侧重，互为补充

IASB负责制定国际财务报告准则（IFRS），ISSB负责制定ISDS。ISSB和IASB之间互相独立，但其披露要求将相互补充，从而为投资者提供全面的信息。截至目前，IFRS已被140多个司法管辖区采纳，成为全球财务报表通用语言，受到全球投资者的广泛信任。ISSB将与IASB密切合作，以确保IFRS和ISDS信息披露要求之间的连接性和兼

容性。

3.ISSB在合并CDSB和价值报告基金会（VRF）的基础上成立

2021年11月，ISSB完成了对CDSB的合并；2022年8月，ISSB完成了对VRF（VRF于2021年6月由SASB和国际整合报告理事会（IIRC）合并成立）的合并。通过合并和整合CDSB及VRF，ISSB得以在技术力量和知识储备方面迅速壮大，为加快制定ISDS奠定了坚实的组织基础。

4.ISSB成员具有广泛的国际代表性

目前，ISSB一共有14位理事，来自中国的理事有2位，其中1位理事担任ISSB副主席，其他理事包括来自美国的3位，来自法国、英国、德国、保加利亚、日本、韩国、加拿大、尼日利亚、新西兰各1位。在制定国际可持续披露准则的过程中，ISSB得到了G20、G7、IOSCO、FSB以及来自40多个司法管辖区的中央银行行长的支持。

5.ISSB实行多地点模式，在全球多处设立办公室

2023年6月19日，北京办公室正式揭牌。该办公室作为亚洲利益相关方互动中心，旨在促进与利益相关方的更深层次合作和交流，以及面向新兴经济体、发展中国家和中小主体开展能力建设等。此前，ISSB已设立的法兰克福办公室作为欧洲、中东和非洲的枢纽，蒙特利尔办公室作为美洲地区的枢纽，以加强与相应区域相关方的合作，并为ISSB的运转提供核心职能支持。此外，ISSB于旧金山（SASB及VRF总部所在地）和伦敦（IFRS基金会总部所在地）设立的办公室，负责提供技术支持及市场互动平台。

6.IFRS基金会和ISSB良好的治理结构为ISSB制定准则提供了强大支持

为了监督IFRS基金会受托人履行IFRS基金会章程所规定的职责，IFRS基金会成立了监督委员会，其成员由来自IOSCO、欧盟委员会（EC）、SEC、日本金融厅（JFSA）、韩国金融服务委员会（FSC）、英国金融行为监管局（FCA）以及中国财政部等的代表组成。与此同时，IFRS基金会成立了咨询委员会，为IFRS基金会、IASB和ISSB提供战略咨询。咨询委员会由来自世界各地的57名代表组成，成员既有来自联合国（UN）、世界银行（WB）、巴塞尔委员会（BCBS）、亚洲开发银行（ADB）、IOSCO、国际货币基金组织（IMF）、经济合作与发展组织（OECD）、责任投资原则组织（PRI）、欧洲央行（ECB）、中国财政部、欧洲财务报告咨询组（EFRAG）等机构的代表，也有来自投资者、编制者、学者、审计师、会计专业团体等方面的代表，具有广泛的国际代表性，反

映了全球资本市场以及地域和专业背景的多样性。

7.ISSB成立后，又陆续成立了以下组织，为ISSB制定和实施准则提供支持

（1）可持续披露准则咨询论坛（SSAF）。其目的是支持IFRS基金会和ISSB实现其目标，确保ISSB在制定准则的过程中充分讨论和考虑相关司法管辖区的意见，促进准则制定中重要技术问题的讨论代表了高水平的专业能力且对其司法管辖区有充分的了解。

（2）ISSB投资者咨询小组（IIAG）。由来自各个市场的领先资产所有者和资产管理人的代表组成，致力于提高可持续相关财务披露的质量和可比性，职责包括：为制定ISDS提供战略指导；确保投资者的观点在ISSB的准则制定过程中得到考虑；帮助实现ISDS的广泛采用。

（3）ISSB技术参考小组（TRG）。该小组汇集了CDSB和VRF技术小组的专家，为ISSB理事和工作人员提供技术建议和支持。

（4）可持续发展咨询委员会（SCC）。其职责是就可持续发展优先事项和相关技术规范，以及可持续发展事项之间的重要依存关系，向ISSB提供信息和建议。SCC目前由四个常设多边成员组织，即IMF、OECD、UN和WB组成。除了常设组织，还可以任命另外九名专家成员。

（5）司法管辖区工作组（JWG）。其职责是协调各司法管辖区的要求，确保ISSB制定的全球基线准则有助于提升各司法管辖区公司报告的效率，且各司法管辖区可以根据其需求在基线准则基础上制定额外的要求。工作组成员目前包括中国财政部、欧盟EC和EFRAG、日本JFSA和日本可持续准则理事会（SSBJ）、英国FCA和FRC、美国SEC，IOSCO担任观察员。

（三）国际财务报告可持续披露准则的定位

纵观IFRS基金会启动ISDS项目以来的相关文件，不难看出，ISSB以价值报告为导向，聚焦于财务重要性（单一重要性原则），基于财务报告组成部分的定位，致力于提供全球一致的可持续披露的基线准则，提供旨在满足通用目的财务报告使用者需求的可比的、符合成本效益原则的、有助于决策的可持续相关财务信息披露。

1.企业价值导向

根据IFRS基金会2020年9月发布的《可持续发展报告咨询文件》（IFRS Foundation，2020），如果成立ISSB，其最初将专注于提供对报告主体产生影响的可持续信息，因为这些信息将支持投资者及其他财务报告使用者的决策。IOSCO在2021年6

月发布的《发行人可持续相关信息披露报告》（OICU-IOSCO，2021）中对于这一定位进行了确认。IOSCO认为，ISSB以企业价值为导向制定准则是务实的，也是最可能达成国际共识的，既与IFRS基金会的使命、治理架构以及监督委员会和受托人的组成相匹配，也有助于制定可持续信息鉴证准则。IOSCO也指出，ISSB需要确保其制定的准则随着时间的推移不断发展，以适应不断扩大的企业价值创造视角。不同于GRI标准和ESRS坚持的兼顾多元利益主体诉求的社会价值观，由ISSB的产生背景和主推力量可知，企业价值导向尽管符合IFRS基金会和ISSB服务于投资者、资本市场的定位，但在满足其他利益相关者对可持续信息的需求方面存在明显不足。考虑到企业价值的定义存在一定分歧，很难达成共识，ISSB在IFRS S1中以“发展前景”取代了“企业价值”但这并未改变ISDS的企业价值导向。

2. 主要关注财务重要性

与IASB的《财务报告概念框架》一致，ISDS以漏报、错报或掩盖可持续相关财务信息是否影响通用目的财务报告主要使用者决策作为重要性标准。这一重要性概念与企业价值导向一脉相承 表明ISSB制定的ISDS遵循的是“单一重要性”（Single Materiality）原则，即财务重要性原则。单一重要性原则的底层逻辑是，环境和社会的可持续发展离不开资本市场为企业绿色转型提供资金支持，且企业的可持续发展也离不开对公平、正义等社会议题的关切。将重要性聚焦于财务重要性，便于投资者从可持续信息披露报告中获取有助于评估企业在环境和社会议题上的可持续性，引导他们将资金投向具有可持续发展前景的企业，进而促进经济、环境和社会的可持续发展。与ISDS相对应的是，GRI标准以及ESRS秉承兼顾财务重要性和影响重要性的“双重重要性”（Double Materiality）原则，不仅视野更加宏大，而且更加契合可持续发展的初衷。事实上，投资者既关注企业受环境和社会的影响，也关注企业对环境和社会的影响，具有财务重要性的信息和具有影响重要性的可持续信息都是投资者需要的可持续信息，都应当予以满足。ISSB采用积木（Building Block）的方式制定ISDS，现阶段侧重于要求企业披露具有财务重要性的可持续信息，时机成熟时不排除要求企业披露具有影响重要性的可持续信息。

3. 财务报告组成部分

根据IFRS S1，可持续相关财务信息与财务报表都属于“财务报告”的有机组成部分，都服务于投资者作出与向报告主体提供资源相关的决策。IFRS S1要求“主体披露有关所有可持续相关风险和机遇的信息，这些风险和机遇可合理预期将对主体短期、中期或长期的现金流量、融资渠道及资本成本产生影响”（ISSB，2023a）。我们认为，可持续相关信息与财务报表信息存在实质性区别。一是可持续相关信息披露以“价值发现”为导向，具有明显的前瞻性并与战略规划密切相关，并非只关注历史财务信息，其考察范围也不限于报告主体，而是延伸到价值链的上下游。二是可持续相关信息披露比财务报表更加重视商业模式、行业特征以及企业个性化特征，原因是财务报表四大假设之“货币计量假设”实际发挥了不同商业模式、不同治理和管理水平、不同战略和决策行为、不同资源和关系、不同风险和机遇之间的“一般等价物”的作用，但客观上掩盖了可持续相关信息披露履行“价值发现”功能所需要的差异化或个性化信息，因此，前者通过披露将其重新发掘出来。

4. 全球基线准则

按照ISSB和IOSCO的设想，ISSB制定的ISDS以企业价值为导向，构成积木中的底层模块，提供全球基准。ISDS为可持续相关财务信息的披露提供全球一致和可比的基线。底层模块之上，为满足更广泛利益相关者的信息需求、捕捉其他可持续性利益和目标，可搭建其他模块，提供其他适用标准（OICU–IOSCO，2021）。这些模块可能是特定司法管辖区的标准，也可能侧重于更广泛的可持续性影响或其他超出ISSB企业价值创造领域的披露标准，但要确保这些标准的全球一致性和可比性。全球基线，意味着“最起码的要求”，在此基础上只允许作“加法”，不允许作“减法”，具体包括以下两层含义：一是就单项可持续议题准则而言，企业必须完整地、不打折扣地实施准则中的所有要求，而不再有避重就轻的选择权；二是除非企业已满足所有可持续披露准则的要求，否则总体上仍不被认为符合ISDS的要求。

（四）出台历程：从准则样稿到正式发布

2020年9月，在全球资本市场对可持续发展信息的需求以及IFRS基金会的角色和作用进行公开咨询后，IFRS基金会于2021年3月成立技术准备工作小组（TRWG），为即将成立的ISSB提供前期准备和技术建议。TRWG由来自CDSB、VRF①、IASB、TCFD以及WEF的代表组成，IOSCO和国际公共部门会计准则理事会（IPSASB）作为官方观察员参与。在2021年11月3日ISSB成立之际，IFRS基金会在其官方网站发布《可持续相关财务信息披露一般要求》和《气候相关披露》两份准则样稿，样稿不适用基金会或技术准备工作小组成员的正式应循程序。为了加快ISSB的初期工作，IFRS基金会受托人授予ISSB主席和副主席特别权力，即在ISSB理事达到法定人数之前，与工作人员合

① VRF于2021年6月由可持续发展会计准则委员会（SASB）和国际综合报告委员会（IIRC）合并成立，加入TRWG的代表包括来自SASB和IIRC的代表。

作将TRWG准则样稿转换为征求意见稿。2022年3月31日，在经IFRS基金会受托人应循程序监督委员会（DPOC）确认后，ISSB发布了《可持续相关财务信息披露一般要求》和《气候相关披露》两分准则征求意见稿，面向全球公开征求意见，引起了市场的极大关注。至征求意见截止日期2022年7月29日，ISSB共收到1 425份书面反馈意见，其中对《可持续相关财务信息披露一般要求》的反馈意见有735份，对《气候相关披露》的反馈意见有690份。与此同时，在2022年7月意见征询期结束之前，ISSB还举办了328次个人和团体会议。2022年8—12月，ISSB与利益相关方进一步举行了143次个人和团体会议。在征求意见结束、ISSB理事到位之后，ISSB自2022年9月开始召开月度理事会议，每次会期3到4个工作日，就这两个准则征求意见稿的修订进行讨论并决议。ISSB于2023年2月完成了对两项准则征求意见稿的重新审议，确定这两项准则将在2024年1月1日或之后开始的年度报告期内生效。在经过理事会投票后，两项准则于2023年6月26日正式颁布。

二、主要内容与基本特征

（一）主要内容

1.《国际财务报告可持续披露准则第1号——可持续相关财务信息披露一般要求》(IFRS S1)

（1）披露目标。IFRS S1的目标是为通用目的财务报告使用者提供一整套可持续相关风险和机遇信息的披露，并认为这些信息将有助于使用者作出与向主体提供资源相关的决策。IFRS S1还认为，这些信息之所以对使用者有用，是因为可以合理预期这些风险和机遇会影响主体短期、中期或长期的现金流量、融资渠道或资本成本。ISSB对通用目的财务报告主要使用者采用了与IASB一致的定义，即“现有和潜在投资者、贷款人和其他债权人”。ISDS这一信息披露目标旨在直接服务于通用目的财务报告主要使用者的信息需求，这与前文论述的关于企业价值导向及主要关注财务重要性的定位相一致。

（2）概念基础。IFRS S1涉及的重要概念包括公允反映、重要性、报告主体、关联信息。

一是公允反映。IFRS S1要求披露可合理预期会影响主体发展前景的可持续相关风险和机遇的相关信息（即具有相关性），并根据准则中规定的原则如实反映。为了使可持续相关财务信息具有相关性和如实反映这两个质量特征，主体应完整、中立、准确地描述这些可持续相关风险和机遇，主体披露的信息应具有可比性、可验证性、及时性和可理解性等提升性质量特征[①]。根据ISDS的具体要求进行披露但仍然无法满足通用财务报告使用者的需求时，主体需要提供额外的信息以帮助通用财务报告的使用者更好地理解可持续相关风险和机遇对主体的现金流量、融资渠道和资本成本在短、中、长期的影响。

二是重要性。在重要性选择上，ISDS选择了服务于投资者与债权人，强调财务影响的“单一重要性”。在重要性的定义上，IFRS S1与IASB的《财务报告概念框架》和《国际会计准则第1号——财务报表列报》保持一致，即“如果漏报、错报或掩盖该信息，将影响通用目的财务报告使用者基于这些报告作出决策，该信息就是重要的”。

三是报告主体。IFRS S1规定可持续相关财务信息披露应与通用目的财务报表的报告主体相同（例如，如果报告主体是企业集团，应包括母公司和合并范围内的子公司，但不包括联营企业、合营企业等合并范围以外的投资）。

四是关联信息。根据IFRS S1，主体应当说明和解释不同类别风险和机遇之间的关联性，以及与通用目的财务报表中信息的关联性。另外，IFRS S1还规定编制可持续相关财务信息披露时使用的财务数据、假设和货币应与财务报表保持一致。

（3）核心内容。ISDS在核心内容方面完全借鉴了TCFD框架及其指南，不仅限于气候变化主题，而且将TCFD的四支柱框架作为“一般要求”扩展至所有可持续发展主题。因此，IFRS S1的核心内容包括治理、战略、风险管理、指标和目标四个方面。

一是治理。可持续相关财务信息披露的目标之一是使通用目的财务报告使用者了解主体监控、管理和监督可持续相关风险和机遇时所用的治理流程、控制措施和程序。IFRS S1要求主体披露负责监督可持续相关风险和机遇的治理机构，具体包括：治理机构对于可持续相关风险和机遇的监督职责及其胜任能力，治理机构获悉可持续相关风险和机遇的方式和频率，治理机构如何考虑可持续相关风险和机遇，治理机构如何监督有关可持续相关风险和机遇的目标设定并监督实现目标的过程，包括是否将相关绩效指标纳入薪酬政策以及考量的要求等。此外，IFRS S1还要求披露管理层在其中的管理角色。

二是战略。可持续相关财务信息披露的目标之一是使通用目的财务报告使用者了解主体为管理可持续相关风险和机遇所制定的战略。为此，第一，主体应披露可合理预期会影响主体发展前景的可持续相关风险和机遇，包括对可持续相关风险和机遇进行描述，明确其可合理预期产生影响的时间范围，以及解释主体如何定义短期、中期和长期且该定义与时间范围相关联的方式。第二，主体应披露可持续相关风险和机遇对主体商业模式和价值链的当前影响和预期影响，包括可持续相关风险和机遇集中的领域（例

① ISSB提出的可持续相关财务信息应具备的质量特征完全照搬IASB发布的《财务报告概念框架》，EFRAG提出的质量特征尽管也参照此概念框架，但增加了三个质量特征（战略聚焦和未来导向、利益相关者包容性、信息关联性），更加契合可持续发展报告的信息特点。

如，地理区域、设施、资产类型或分销渠道）。第三，主体应披露可持续相关风险和机遇对主体战略和决策的影响，包括如何应对、计划的进展情况、如何在风险和机遇之间权衡等信息。第四，主体应披露可持续相关风险和机遇对主体报告期间的财务状况、财务业绩和现金流量的影响，对主体短期、中期和长期财务状况、财务业绩和现金流量的预期影响，以及主体如何将这些可持续相关风险和机遇反映在财务规划中的定性和定量信息。第五，主体还应披露其与可持续相关风险有关的战略和商业模式的韧性分析，该分析可以是定性的，也可以是定量的。

三是风险管理。可持续相关财务信息披露的目标之一是使通用目的财务报告使用者了解主体识别、评估、优先考虑和监控可持续相关风险和机遇的流程（包括这些流程是否以及如何被整合至并影响主体的整体风险管理流程）以及评估主体的整体风险状况及其整体风险管理流程。为了满足这两个目标，主体应披露其识别、评估、优先考虑和监控可持续相关风险的流程和相关政策，具体包括：所使用的输入值和参数，如何评估这些风险影响的可能性、量级和性质，可持续相关风险优先级的考虑因素，在识别风险时使用的情景分析，如何监控风险，以及与上期相比的变动等。主体还应披露其识别、评估、优先考虑和监控可持续相关机遇的流程，以及前述风险和机遇的管理流程如何融入主体的整体风险管理流程及其融入程度。

四是指标和目标。可持续相关财务信息披露的目标之一是使通用目的财务报告使用者了解主体在可持续相关风险和机遇方面的业绩，包括其在实现目标方面所取得的进展情况。目标既包括主体设定的目标，也包括法律法规要求主体实现的目标。指标应包括与特定商业模式、活动和与行业特征相关的指标。指标的来源可能非常广泛，例如，其他ISDS所定义的指标、SASB基于行业的指标以及ISSB其他非强制性指引、其他准则制定机构文告、其他可比企业使用的指标、主体自己制定的指标等。

（4）一般要求。

一是指引来源。IFRS S1要求识别可持续相关风险和机遇时，应首先参考ISDS，当该准则缺乏相关规定或者主体有其他需要时应参考SASB准则的规定，若SASB准则不适用时则可参考：CDSB框架应用指引之水资源相关披露和CDSB框架应用指引之生物多样性相关披露；旨在满足通用目的财务报告使用者信息需求的其他准则制定机构制定的最新文告；在相同行业或地理区域经营的主体识别的可持续相关风险和机遇。

二是披露位置。IFRS S1规定，可持续相关财务信息披露应作为其通用目的财务报告的一部分，但对于信息在通用目的财务报告的特定位置并未作要求。可持续相关财务信息可在通用目的财务报告的不同位置进行披露，具体取决于适用于主体的法规或其他要求。如果主体的通用目的财务报告包含管理层评论，则可在管理层评论部分披露可持续相关财务信息。另外，ISDS所要求的信息可以通过交叉引用的方式纳入，但交叉引用的信息与可持续相关财务信息披露的条款和时间必须相同。

三是合规声明。合规声明的前提是主体的可持续相关财务信息披露完全符合ISDS的要求。但同时ISDS也给予了特殊豁免：如果当地法律法规禁止主体披露ISDS所要求的信息或所要求的有关可持续相关机遇的信息具有商业敏感性，则免除主体披露该信息的责任，且不妨碍使用这一豁免条款的主体主张其遵守了ISDS。

四是报告时间。可持续相关财务信息应与相关财务报表同时发布，且与财务报表的报告期间相同。是否发布中期可持续报告取决于政府、证券监管机构或交易所和会计监管机构的要求，如企业选择发布中期报告的，中期报告可以适当简化。

五是可比信息。针对当期披露的可持续相关指标，主体应当提供上一报告期间的可比信息，且可比信息应反映最新的估计结果。作为过渡性规定，主体采用本准则的第一个年度报告期间内，无须披露可比信息。

六是判断、不确定性和差错。主体应披露使通用目的财务报告使用者了解主体在编制可持续相关财务信息披露过程中作出的对所披露信息具有最重大影响的判断的相关信息。对披露的具有重大计量不确定性的指标，主体应披露计量不确定性的来源、性质以及影响不确定性的因素。除非不可行，主体应通过重述前期可比数值来更正重要前期差错。

2.《国际财务报告可持续披露准则第2号——气候相关披露》（IFRS S2）

IFRS S2的目标是要求主体披露其关于气候相关风险和机遇的信息，便于使用者作出与向主体提供资源相关的决策，其中，气候相关风险可分为物理风险和转型风险（ISSB，2023b）。IFRS S2是对IFRS S1中的一般要求在气候变化议题上的全面运用，因此，在核心内容部分，IFRS S2同样按四大支柱（治理、战略、风险管理、指标和目标）逐一展开具体的披露要求。

（1）治理。IFRS S2的治理披露要求被设计为与IFRS S1的要求高度一致。利益相关方的反馈意见表明，许多主体的治理和管理结构将气候相关风险和机遇与其他可持续相关风险与机遇相结合。因此，IFRS S2规定，如果主体对可持续相关风险和机遇的监督是在整合基础之上进行的，则主体应避免重复其对每个可持续相关风险和机遇的治理披露。

（2）战略。IFRS S2的战略披露要求与IFRS S1的要求非常相似，但是在某些具体的披露内容上，IFRS S2提出了比IFRS S1更高的披露要求。例如，主体在可持续相关风险与机遇应对方面：IFRS S2要求将每项气候相关的风险都区分为物理风险或转型风险；在披露气候相关风险和机遇对主体战略和决策的影响时，应包括主体是否以及如何计划管理向低碳经济转型的信息；在对气候韧性的披露上，要求主体使用情景分析评估披露影响气候韧性的重要不确定因素，并对如何开展情景分析提出了一系列具体要求。

（3）风险管理。与战略类似，IFRS S2的风险管理披露要求虽然也与IFRS S1的要求非常相似，但仍然在情景分析上提出了更高的披露要求，要求主体披露在识别气候相关风险和机遇时，应用情景分析。加入情景分析的额外要求，是基于部分意见反馈者对ISDS征求意见稿的建议，认为气候相关情景分析可以为识别和评估气候相关风险和机遇提供有用的输入值。

（4）指标和目标。相比IFRS S1，IFRS S2在指标和目标方面也提出了更加具体的要求。在气候相关指标方面，IFRS S2要求披露跨行业类别相关的信息，这些指标类别沿用了TCFD相关指南，旨在表明气候相关风险和机遇的关键方面和驱动因素，并提供关于气候变化对主体潜在财务影响方面的见解。具体而言，IFRS S2要求披露根据《温室气体核算体系：企业核算与报告标准》（2004年）计量的范围一、范围二和范围三的温室气体排放、气候相关转型风险和物理风险、气候相关机遇等信息，除非主体所在管辖区或上市地交易所要求使用不同的方法计量温室气体排放，并在此基础上提出了一系列具体披露要求。在气候相关目标方面，IFRS S2要求主体披露其设定的与气候相关的定量或定性目标，还对气候相关目标和温室气体排放目标进行了区分，并相应提出了披露要求。针对温室气体的排放目标，IFRS S2还要求披露主体用于抵消碳排放以实现其目标的碳信用的使用计划。除了IFRS S2正文中对于气候相关披露的一般要求，ISSB还制定了行业实施指南，该指南在SASB标准的行业分类基础上，向11个主行业、68个子行业提供实施指南。值得注意的是，上述行业实施指南并非强制性要求。

3.与征求意见稿的比较

此次发布的两份ISDS在此前发布的征求意见稿的基础上进行了完善和修订，但并未作出重大的实质性修改，多数修改是对需要披露的内容提供更明确的说明，部分修改是为了实现与各司法管辖区要求（包括ESRS和SEC要求）的互通性。主要包括以下八个方面：

（1）IFRS S1体系结构。ISSB对IFRS S1征求意见稿的体系结构进行了重新梳理，将原来的核心内容和一般特征这两个部分拆分为概念基础（包括公允反映、报告主体、重要性、关联信息），核心内容，一般要求（新增指引来源），以及判断、不确定性和差错四大部分，逻辑条理更加清晰。

（2）相称性（可扩展性）。ISSB引入相称性（Proportionality）机制，以应对那些由于各种限制而可能无法完全遵守披露要求的主体，我们将在后文对相称性作进一步阐述。

（3）过渡性豁免。ISSB决定对某些特定要求提供临时豁免，包括对主体在披露其财务报表的同时披露其可持续相关信息要求的临时豁免，以及在适用的首年不要求主体披露关于范围三温室气体排放。

（4）修正IFRS S1的目标措辞。有反馈意见提出，征求意见稿中“目标”的部分措辞未充分反映更广泛的企业价值和可持续背景下的可持续相关风险和机遇，因此，ISSB在整合报告框架的概念基础上，对IFRS S1的目标措辞进行了修正。整合报告框架阐明了更广泛的价值概念，该概念为IFRS S1的具体目标提供了有效的背景。

（5）识别可持续相关风险和机遇及其披露的指引来源。在ISDS尚未提供具体规定的情况下，如何使用其他标准或框架识别可持续相关风险和机遇，ISSB对此提供了指引。

（6）特定行业信息。IFRS S2改变了特定行业信息的地位，征求意见稿中仅要求将特定行业信息作为说明性材料，IFRS S2则要求对特定行业的信息进行披露，还将说明性材料的适用性作为主体遵守IFRS S2的相关来源。

（7）气候韧性。IFRS S2要求主体使用与其环境相适应的相关情景分析方法来评估其气候韧性。此修订是根据TCFD的指南而制定的应用指南，为的是使主体在应用情景分析的过程中能够不断加强可持续披露的质量。

（8）范围三温室气体排放的计量。ISSB引入了对范围三温室气体排放进行计量的框架，并就计量中所使用的计量方法、输入值和假设的优先排序提供了指南。

（二）基本特征

1.相称性（Proportionality）

由于资源的限制、数据和专家的可得性限制，很多主体可能无法完全遵守ISDS的披露要求。考虑到全世界范围内的主体应用ISDS的能力和准备程度，ISSB引入了相称性机制，并作出了多项决定。相称性机制适用于IFRS S1和IFRS S2的交叉主题，包括风险和机遇的识别、价值链范围的确定、当前和预期财务影响的确定以及其他领域，例如，报告时间和在第一年采用时提供可比信息等。此外，相称性机制还适用于IFRS S2的特定主题，包括气候相关情景分析，范围一、范围二和范围三温室气体排放计量，以及特定跨行业指标类别的指标计算。应对相称性的机制主要包括“无须付出过度成本或努力即可获得合理且有依据的信息”的概念，以及技能、能力和资源的考虑两个方面。强调“无须付出过度成本或努力”是为了减轻那些无法完全遵守ISDS的主体的披露负担。然而，ISSB也指出，在确定主体需要付出的努力时，需要考虑信息对使用者的重要性。对技能、能力和资源的考虑将为理解应用ISDS不同方面所需的潜在成本和努力提供必要的背景，以判断当成本或努力与特定方法下信息的潜在收益进行权衡时，该成本或努力是否可能是“不适当的”。除此之外，ISSB还为ISDS的应用提供了一系列过渡性豁免规定和其他说明/机制，并提供了相关指引和教育材料。虽然这些规定和指引可适用于所有初次采用ISDS的主体，但这也特别为那些不能完全遵守ISDS的主体提供了救济措施。

2. 融合性（Integration）

ISSB在成立之初就明确了制定ISDS不会创立一套全新的标准，而是充分利用现有的可持续发展相关的报告披露原则、框架以及标准。ISSB是在IOSCO等支持下成立的，而IOSCO明确鼓励ISSB制定的可持续准则需要整合现有的可持续发展披露框架和标准。2020年12月，由CDP、CDSB、GRI、IIRC和SASB五个机构联合发布的《企业价值报告下气候相关财务信息披露准则原型》是ISDS起草的基础。而后，ISSB吸收合并了CDSB和VRF，这也意味着ISDS受到CDSB、IIRC和SASB准则框架的影响非常之深。这种做法的好处是加快了ISDS的制定步伐，坏处是过度依赖CDSB和VRF，特别是SASB的原有标准可能有损ISDS与其他报告框架或标准的互通性。ISDS在核心要素方面借鉴了TCFD框架及其指南，其中包括“治理”“战略”“风险管理”“指标和目标”四大核心要素。ISDS将这四大支柱框架作为一般要求的内容，并扩展至所有可持续议题。鉴于TCFD报告框架聚焦于气候变化议题，内容细致，就情景分析、风险整合管理等发布了诸多补充指南，并提供了大量的报告模板和数据库，且对与气候变化相关的物理风险和转型风险及其财务影响的分析也较为系统，故ISSB在编制具体气候变化的披露内容时，在TCFD的基础上对相关披露内容进行了补充。这意味着在满足ISDS披露要求的同时，也满足了TCFD的要求。考虑到目前若干重要市场将把TCFD作为气候相关披露的强制性要求，此举实际上排除了ISDS在未来推广中的障碍。同时，ISDS融合了SASB准则，其行业准则基本沿用SASB行业准则。而IFRS S1则是在第53~58条“指引来源”部分中指明，在识别会影响主体发展前景的可持续相关风险和机遇时，主体除了可以参考ISDS外，也可以参考SASB准则中的披露主题，并考虑其适用性。此外，主体还可以选择CDSB框架应用指引、旨在满足通用目的财务报告使用者信息需求的其他准则制定机构制定的最新文告以及在相同行业或地理区域经营的主体所披露的信息。ISDS也在某些细化要求方面采纳了IIRC的相关要求，如引用IIRC中关于商业模式的概念，要求主体披露可持续相关重大风险和机遇对于主体的商业模式和价值链的影响。而在与GRI标准的融合方面，2022年3月，IFRS基金会与GRI签署合作协议，ISSB和全球可持续发展标准委员会（GSSB），将寻求协调其工作计划和准则制定活动，并且双方将互派代表加入彼此的咨询机构。

3. 互通性（Interoperability）

ISSB将ISDS定位为一套全面的可持续相关财务信息披露“全球基准”，以满足通用目的财务报告使用者的信息需求，进而满足国际资本市场的信息需求，为此应实现与各司法管辖区的要求具有高度互通性（中文有时亦翻译为相互操作性），尤其是与ESRS和SEC提案的高度互通。为实现互通性，IFRS基金会成立了司法管辖区工作组（JWG），讨论IFRS S1、IFRS S2和可持续报告司法管辖区举措相关的重要战略事项。JWG的参与者包括中国、欧盟、日本、英国、美国等世界主要经济体及其准则制定机构，JWG将加强各司法管辖区之间的互通性，降低主体的披露成本，有助于向使用者提供清晰一致的信息。同时，为加强与其他方合作和借鉴其他方的经验，IFRS基金会受托人还成立了可持续披露准则咨询论坛（SSAF）。该咨询论坛将增强代表司法管辖区和区域机构的成员与ISSB沟通的便利性，促使ISSB获取更为广泛的技术意见和专业知识。ISSB作出了多项举措和决定以实现互通性，包括：（1）围绕TCFD的“四大支柱”（也称为“核心内容”）确认征求意见稿中拟议的披露要求的结构；（2）从IFRS S1的目标和重要性评估的描述中删除“企业价值”的定义和“评估企业价值”的措辞；（3）确认短期、中期和长期的时间范围需要的信息，但未定义“短期”、“中期”和“长期”；（4）确认征求意见稿中的“价值链”定义；（5）允许但不要求主体在识别可持续相关风险和机遇的信息（包括指标）时，考虑GRI标准和ESRS的要求。

4. 关联性（Connectivity）

IFRS将可持续相关财务信息披露定位为通用目的财务报告的一部分，财务报告由基于IFRS编制的财务报表和基于ISDS编制的可持续财务信息组成。IASB发布的《财务报告概念框架》中的质量特征适用于可持续相关财务信息。财务报表与可持续相关财务信息二者各有侧重，相互补充。鉴于这一定位，ISDS对可持续相关财务信息与财务报表之间的关联信息提出披露要求。具体来说，主体应识别与其可持续相关财务信息披露相关联的财务报表，并提供可持续相关财务信息披露、通用目的财务报表以及主体发布的其他通用目的财务报告之间的联系。在提供关联信息时，主体应以清晰简洁的方式解释信息之间的关联。例如，主体可能需要说明其战略对财务报表或财务规划的影响或潜在影响。同时，需要注意的是，主体在编制可持续相关财务信息披露时使用的财务数据和假设应尽可能与财务报表中相应的财务数据和假设保持一致，且应考虑在编制财务报表时应用的IFRS或其他公认会计原则的要求。当无法保持一致时，也应当披露其存在的重大差异的信息。当货币被作为可持续相关财务信息披露的计量单位时，主体应使用其财务报表的列报货币。为了实现与通用目的财务报表之间的关联，ISDS不仅规定可持续信息披露的主体应与编制通用目的财务报表的主体范围一致，而且还使用了很多来自IFRS的类似术语和概念。与通用目的财务报表主体范围保持一致，可提高可持续披露信息与通用目的财务报表之间的信息和数据的可比性，而直接借用这些编制者、使用者、审计师和监管机构已经熟悉的术语和概念，将避免产生混淆，大大降低准则的应用成本，因为这些术语和概念已经在IFRS的应用中得到了市场的验证，具有可操作性，也减少了翻译和解释的难度。ISDS直接借用IFRS的术语有“重要性”“重要信息”“通用目的财务报告主要使用者”“无须付出过度成本或努力即可获得合理且有依据的信息”等。ISDS中源自IFRS的概念则主要包括：判断、假设和估计的披露要求（与《概念框架》、IAS 1和IAS 8概念一致），与机遇相关的商业敏感信息的豁免条款（IFRS中也有类似概念），当主体的报告期间与其价值链中部分或全部主体的报告期间不同时的豁免条款（改编自IFRS 10和IAS 28的概念），重新评估主体在其价值链中的可持续相关风险和机遇的“范围”的方法（改编自IFRS 16的概念），IFRS S1的一般要求中的关于位置、报告时间、可比信息、指引来源和符合IFRS可持续披露准则的合规声明（改编自IAS 8的概念）。ISDS为将公司报告系统作为一个整体进行思考奠定了基础。在未来，报告整合项目还会将关联性概念向前推进一步。报告整合不仅要考虑通过概念和操作上的关联（例如，在语言和假设的兼容性方面）在何处、将哪些以及如何将关于价值创造的信息联系起来，还包括对以下两个方面之间的依赖性、协同效应和权衡的整体考虑：（1）通用目的财务报告中报告的各种资源和关系；（2）主体为自身和投资者创造的价值与主体为其他利益相关方、社会和自然环境创造的价值密不可分。ISSB正在制订五年工作计划，考虑是否将报告整合项目作为未来五年的优先工作。适当时，ISSB可以与IASB合作，探讨综合报告框架和IASB的《管理层评论（征求意见稿）》之间的异同，共同推进报告整合向前发展。

三、实施应用与未来前景

（一）两项准则的实施应用前景展望

1.过渡性规定为两项准则的实施创造了条件

考虑到数据的可获得性和编制者的准备情况，ISSB为IFRS S1和IFRS S2的应用提供了一系列过渡性规定。IFRS S1规定在主体采用准则的第一个年度报告期间，允许其在发布相关通用目的财务报表之后报告其可持续相关财务信息披露，且在应用此过渡性豁免时：（1）若主体被要求提供次年第二季度或半年度中期通用目的财务报告，则可持续相关财务信息披露可与此类中期报告同时发布；（2）若主体自愿提供次年第二季度或半年度中期通用目的财务报告，则可持续相关财务信息披露可与此类中期报告同时发布，但不应迟于主体首次应用本准则的年度报告期间结束后九个月；（3）若主体未被要求提供且主体未自愿提供中期通用目的财务报告，则可持续相关财务信息披露应在其首次应用本准则的年度报告期间结束后九个月内发布。此外，为帮助主体更好地满足准则披露要求，IFRS S1中还进一步为其提供了缓释措施，规定采用本准则的第一个年度报告期间，允许主体仅根据IFRS S2相关规定披露气候相关风险和机遇的信息，即主体仅需应用IFRS准则中与气候相关财务信息披露有关的部分。但需注意的是，若主体选择应用此项豁免，则应当披露该事实。在采用准则的第一个年度报告期间，主体无须披露气候相关风险和机遇的可比信息；在第二个年度报告期间，主体无须披露除气候相关风险和机遇以外的其他可持续相关风险和机遇的可比信息。IFRS S2中列示了类似于IFRS S1的规定，即主体不必根据准则中的要求对首次执行日前的期间进行前溯披露，因此，在主体采用IFRS S2准则的第一个年度报告期间，主体无须披露可比信息。同时，IFRS S2还在第一个年度报告期间内为报告主体提供了两项过渡性豁免：一是如果在本准则首次执行日之前的年度报告期间内，主体使用了《温室气体核算体系：企业核算与报告标准》（2004年）以外的温室气体排放计量方法，则主体可以继续使用该方法；二是主体无须披露范围三温室气体排放，如果主体从事资产管理、商业银行或保险活动，则无须披露与融资排放相关的额外信息。同时还规定，若主体选择使用上述过渡性豁免，则在后续报告期间出于列报可比信息目的，可继续使用该豁免。以上过渡性规定，在一定程度上缓解了编制者对报告负担和报告时间的担忧，解决了实施这两项准则所面临的数据可获得性和数据质量方面的重大挑战，为企业实施两项准则提供了可行性。

2.配套措施为两项准则的实施保驾护航

ISSB考虑到主体应用这两项准则所面临的诸多挑战，采取了一系列配套措施，为这两项准则的实施保驾护航。这些措施包括：

（1）成立IFRS S1和IFRS S2过渡实施小组（TIG）。其主要职责是：征求、分析和讨论利益相关者因实施新准则而产生的问题；向ISSB通报这些实施问题，以便ISSB进行应对。

（2）启动伙伴关系框架。IFRS基金会在埃及沙姆沙伊赫举行的《联合国气候变化框架公约》第二十七次缔约方大会（COP27）期间启动伙伴关系框架，以推动可持续披露能力建设，支持编制者、投资者和其他资本市场利益相关者使用ISSB所制定的ISDS。根据IFRS官方网站的报道，该伙伴关系框架得到了约30个组织的支持，包括联合国贸易和发展组织（UNCTAD）、联合国经济和社会事务部（UNDESA）、联合国开发计划署（UNDP）、联合国环境规划署（UNEP）、联合国可持续证券交易所倡议（UN SSE）、世界可持续发展工商理事会（WBCSD）等国际组织，以及四大会计师事务所及IFAC、CDP、GRI等机构。

（3）成立ISSB编制者小组。2023年6月初，WEF与IFRS基金会受托人代表签署谅解备忘录，正式确认双方的合作关系，由WEF成立ISSB编制者小组，与ISSB继续开展合作，以实现可持续披露报告的全球基准。编制者小组由20多名在可持续报告方面具有不同专业知识的企业领袖组成：一方面，通过分享已采用ISDS的企业的见解和实践，建立可持续报告最佳案例库，协助企业加强自身能力建设，促进企业更广泛且高质量地应用国际财务报告可持续披露准则；另一方面，通过向ISSB提供企业对ISDS可行性、实用性和难点的反馈，为ISSB完善准则和制定应用指南及相关指导提供方向，进一步支持准则的全球应用。

（4）启动系列能力培训项目。截至目前，ISSB已举办多个培训项目，内容涵盖"投资者为何关注可持续相关信息""如何开始开展气候相关信息披露""如何编制符合投资者所需颗粒度的报告"等。IFRS基金会北京办公室也将聚焦于领导和执行ISSB关于新兴和发展中经济体的战略，作为亚洲利益相关方互动的中心促进与利益相关方的更深层次合作和交流，以及面向新兴经济体、发展中国家和中小主体开展能力建设等。

（5）提供相关指引。ISSB于2023年1月的理事会中，明确提及将为气候情景分析、范围三温室气体排放核算等提供指南、教育性资料或其他辅助资料，以满足不同类型企业能力提升需求。

3.国际组织推动两项准则的实施应用

ISSB得到了G20、G7、IOSCO、FSB、IFAC等国际组织的大力支持，这些组织同样在推动这两项准则的实施应用。ISSB成立时，IOSCO主席Ashley Alder指出，"如果ISSB未来制定的准则符合IOSCO的期望，我们的认可将支持所有130个成员考虑采纳、应用该准则"。根据IOSCO的治理规定，IOSCO理事会将在IOSCO可持续金融工作组（STF）综合审查基础上，确定ISSB所制定的准则是否符合理事会的认可标准。IOSCO的认可和背书，将有力地推动这两项准则的广泛应用。正如IOSCO秘书长Martin Moloney在2023年2月ISSB于加拿大蒙特利尔举办的可持续发展研讨会上所说："有一些领先的司法管辖区行动非常迅速，之后大部分司法管辖区也会很快行动，当然也会有一小部分观望者。总体而言，预计全球将以较快的速度推进对ISDS的应用。"2023年4月，IOSCO主席Jean-Paul Servais在欧洲金融智库会议上发表演讲，肯定了准则制定机构为满足投资者对高质量、可靠的可持续披露信息需求所付出的努力，强调了为提升披露的一致性和可比性而建立可持续披露的全球性语言的必要性，并对ISSB即将发布的两项可持续相关披露准则表示期待。他同时表示，IOSCO将考虑对ISDS予以认可，以推动企业采用或使用该可持续披露框架。G20和G7在多次会议公报中指出：期待ISSB早日完成与气候相关的披露准则以及除气候之外的相关主题准则的制定；呼吁所有利益相关方积极参与准则的制定，确保最终制定的准则切实可行，适合中小企业，并能够作为各司法管辖区的基线，在此基础上补充要求。2022年10月12日至13日，G20财长和央行行长会议在华盛顿召开。会议公报强调，需要全球一致的数据来有效应对气候风险，欢迎ISSB为实现可互通的全球基准所作出的努力。2022年10月14日，G7重申对强制性气候信息披露的承诺，并欢迎ISSB在全球基准方面的工作。2022年9月7日至9日，在埃及举行的关于国际合作论坛和非洲财政、经济和环境部长会议发布了公报，非洲各国部长表示支持ISSB的工作，鼓励ISSB与非洲利益相关方密切合作，提供强有力的咨询和能力建设支持，以尽早在非洲采用ISSB的准则。

4.两项准则的广泛应用值得期待

IFRS基金会官方网站显示，2022年11月10日在埃及举办的COP27会议上，尼日利亚财务报告委员会宣布，尼日利亚将在2023年ISSB发布ISDS时采用这些准则，成为全球第一个宣布采纳ISDS的国家。2022年11月8日，CDP和IFRS基金会在COP27会议上联合宣布，CDP将于2024年将IFRS S2纳入CDP全球环境信息披露体系，引起了全球市场高度关注。CDP的这一重要举措，是ISSB制定的ISDS在全球应用的重要里程碑之一，必将带动更多企业采用ISDS。CDP创始人兼主席Paul Dickinson表示："作为唯一的全球环境信息披露平台，2022年占全球市值一半的18 700多家企业通过CDP进行了披露。CDP在全球推广ISSB气候相关披露准则的早期应用具有独特优势。对于促进企业行动，建立问责机制，为金融市场、政府和监管机构决策提供明确、可比的数据参考，具有重大意义。"ISSB主席Emmanuel Faber表示，"ISSB致力于为全球资本市场提供一个有效且高效的披露生态系统，进而使气候相关信息披露真正为决策服务。通过促使CDP体系与ISSB的气候相关披露准则保持一致，我们减轻了主体的披露负担，并向建立披露的'共同语言'迈出重要的一步。随着对健全披露的需求越来越迫切，我们很高兴18 000多家企业将按照IFRS S2，在2024年的CDP披露周期中进行自愿披露"①。2023年4月，香港联合交易所发布《优化环境、社会及管治框架下的气候相关信息披露》的咨询文件，以咨询市场意见，建议强制所有发行人在其ESG报告中披露与气候相关的信息，即在某种程度上采纳ISSB准则中的IFRS S2的披露要求。这些要求不出意外即将

① 相关内容引自CDP于其微信公众号在2022年11月11日发布的微信文章《CDP将ISSB气候相关信息披露标准纳入全球环境信息披露体系》。

在2024年1月1日生效。在尼日利亚、CDP及香港联交所的示范效应下，ISSB所发布两项准则的广泛应用值得期待。

（二）国际可持续披露准则前景展望

1.ESRS与ISSB制定的ISDS保持高度互通

ESRS的起点和要求高于ISDS，其基于双重重要性原则的准则导向反映了企业和金融机构对外部的影响（影响重要性）和受外部的影响（财务重要性），能够比ISDS更好地满足多重需求，特别是监管要求和其他利益相关者的信息需求。根据《公司可持续发展报告指令》（CSRD）第43条的要求，欧盟的可持续报告准则ESRS必须整合ISSB制定的全球基线准则的内容，将基线准则的要求体现于相关ESRS中。为此，EFRAG在制定第一套ESRS过程中，与ISSB保持了密切的沟通，于2022年11月22日提交给EC的第一套ESRS草案中，编制了IFRS S1与ESRS 1和ESRS 2的对照表，以及IFRS S2与ESRS E1的对照表，以体现二者之间的互通性。不仅如此，EC收到第一套准则草案后，委托相关监管机构对这些准则进行了评估，其中就包括ESRS是否最大限度地满足了与ISDS披露要求的互通性，相关术语和定义是否尽可能与ISDS的术语和概念互通。欧洲证券和市场管理局（ESMA）在评估后认为，IFRS S1征求意见稿所涵盖的披露已包含在ESRS 2中，IFRS S2征求意见稿所涵盖的披露已包含在ESRS E1中，但建议根据ISSB的后续修订情况再次审议。近期，EC正式就ESRS向市场公开征求意见。我们看到，EC修订后的ESRS征求意见稿已经根据ISSB后续进行的重新审议对ESRS草稿进行了相应修改，以确保与ISSB制定的ISDS保持高度互通。基于CSRD第43条的要求，其制定的第一套ESRS以及后续制定的ESRS，定会与ISSB制定的其他准则保持高度的互通。这意味着，遵循了ESRS也就遵循了ISDS。反之，遵循了ISDS却不一定符合ESRS的要求，因为ESRS包含了ISDS所没有的影响重要性披露要求。

2.主要国家实施国际可持续披露准则的策略各异

以下简要介绍美国、澳大利亚、加拿大、日本、英国和巴西等国在实施国际可持续披露准则方面的基本情况。

（1）美国。截至目前尚未看到美国准备采纳实施ISDS的消息。但SEC于2022年3月21日发布的《面向投资者的气候相关信息披露的提升和标准化》的提案，同样是以TCFD的披露框架为基础，基于世界资源研究所（WRI）和WBCSD联合制定的《温室气体核算体系》（GHG Protocol）而拟订的，与IFRS S2并不存在显著差异。与此同时，在查阅SEC官方网站刊登的有关各方提供的反馈意见后，我们注意到许多评论者支持将ISSB准则作为外国注册人（FPI）报告的替代框架，也有评论者支持使用ISSB准则作为所有注册人（包括国内注册人）报告的替代框架。

（2）澳大利亚。澳大利亚会计准则委员会（AASB）在2022年5月关于可持续报告的工作文件中提到，澳大利亚将以ISSB的工作为基础，并加以修改以适用于澳大利亚特定事项和要求。后续AASB进一步澄清，澳大利亚可持续发展项目的重点将优先考虑与ISSB可持续披露要求保持一致，只在必要时才会增加或修改报告披露要求，以满足利益相关方的需求。2023年3月，AASB在工作文件中明确，AASB将首先制定适用于营利性行业主体（特别是大型商业和金融机构）的与气候相关的财务披露规定，且澳大利亚政府将在2023年8月就气候相关财务披露规定发布征求意见稿以征询意见。预计最终的准则将于2024年2月至3月发布。

（3）加拿大。加拿大可持续准则理事会（CSSB）于2023年成立，其致力于与ISSB的合作，支持在加拿大推广ISSB准则，突出加拿大背景下的关键问题，并促进ISSB准则与即将发布的CSSB准则之间的互通性。

（4）日本。日本财务会计准则基金会（FASF）于2021年12月宣布将成立日本可持续准则理事会（SSBJ），该理事会于2022年7月1日正式成立。SSBJ主席Yasunobu Kawanishi在2023年3月与ISSB的会议上表示，“SSBJ致力于制定基于ISSB建立的可持续相关披露全球基准的日本可持续披露准则。在制定我们的准则时，我们期待与ISSB密切合作”[①]。可见，ISSB制定的ISDS已得到日本的明确支持，未来日本的可持续披露准则将会纳入ISDS的要求，并在此基础上开展制定工作。根据日本SSBJ提供的项目计划时间表，其将于2024年3月31日前发布征求意见稿，并在2025年3月31日之前发布最终定稿准则。在此过程中，SSBJ将持续与ISSB沟通和交换意见。

（5）英国。英国金融行为管理局（FCA）于2022年初成立了ESG咨询委员会，专门制定与ESG相关的披露要求。在2023年4月的公告中，FCA也提出将致力于采用ISSB准则，并承诺将与财务报告委员会（FRC）及其他机构合作，在ISSB准则披露要求的基础上建立并实施适当的监督及执行机制。此外，英国政府打算建立一个框架，以便在英国认可和采用ISSB准则。但目前关于完成立法过程所需要的时间尚无确切消息。

（6）巴西。为了更好地与ISSB合作，巴西已经成立了巴西可持续发展报告委员会（CBPS），这是一个类似于制定会计准则并得到当地监管机构认可的机构，负责有关可持续准则的必要应循程序。

---

① 信息来自IFRS官网新闻（2023年3月2日）Representatives of the ISSB and the Sustainability Standards Board of Japan Hold Inaugural Bilateral Meeting in Japan。

3. 形成高质量的全球可持续披露基线准则任重道远

如前所述，ISSB的重要目标是制定高质量的可持续披露全球基线准则。2023年5月4日，ISSB发布了《议程优先事项的咨询（意见征询稿）》，初步确定了未来两年的工作重点是推动已颁布的两项国际可持续披露准则的实施，提升SASB行业分类标准，同时，研究生物多样性、生态系统和生态系统服务主题，人力资本主题，人权主题，以及报告整合项目。ISSB的工作计划可谓雄心勃勃，但达成高质量的全球可持续披露基线准则任重道远。一是形成覆盖所有可持续主题、所有行业的可持续披露准则体系并非短时间所能做到的，《气候相关披露》仅是众多可持续主题中最容易达成共识的一个主题，而环境、社会和治理（ESG）各领域涉及的主题非常之多，有些主题涉及各国不同的文化、价值观和法律法规，要达成共识并形成全球基线准则实属不易。二是尽管已发布的两项ISDS在全球的推广应用会以较快的速度推进，但要像IFRS会计准则那样被超过140个司法管辖区采纳，成为全球通用语言，受到全球投资者的广泛信任，同样不是短时间内能够实现的，需要国际社会更多的支持和ISSB以及各相关机构的共同努力。在这一进程中，美国、欧盟、中国和日本等主要经济体的支持至关重要。

4. 中国积极推进可持续披露准则的研究制定

自ISSB成立以来，财政部会同相关部门积极支持并全面参与ISDS的制定，为IFRS S1和IFRS S2的出台贡献了中国智慧。党的二十大报告要求“推动绿色发展，促进人与自然和谐共生”。这是继国家主席习近平于2020年9月22日在第七十五届联合国大会上宣布“中国力争2030年前二氧化碳排放达到峰值，努力争取2060年前实现碳中和目标”，以及中共中央、国务院于2021年9月22日印发《关于完整准确全面贯彻新发展理念做好碳达峰碳中和工作的意见》后，以习近平同志为核心的党中央就推进可持续发展作出的重大决策部署。深刻领会这一决策部署的政策内涵，积极推动可持续发展信息披露，是贯彻党的二十大精神，促进经济、社会和环境可持续发展，推进美丽中国建设、促进人与自然和谐共生的迫切需要，也是主动担当大国责任、推动构建人类命运共同体的重要体现。可持续发展信息披露是经济、社会和环境可持续发展的基础性制度安排，在动员各方面树立可持续发展意识、评价可持续发展绩效、强化政府监管及社会监督，引导金融市场和资本市场资金流向低碳领域，推动供应链的绿色转型等方面发挥着至关重要的作用，强化可持续发展信息披露已经成为社会共识。目前，社会各界纷纷呼吁，尽快制定和实施中国可持续披露准则。我们认为，作为世界第二大经济体，全盘照搬ISSB发布的准则不应该成为我国的选项，需要参照ISDS、ESRS和SEC气候披露新规以及GRI标准、TCFD框架，结合我国实际，以我为主，制定适合我国国情的可持续披露准则。

（原载于《财会月刊》2023年第14期）

主要参考文献

1.IFRS FOUNDATION. Consultation paper on sustainability reporting［EB/OL］.［2024-12-18］. https：//www.ifrs.org.

2. ISSB. IFRS S1 general requirements for disclosure of sustainable-related financial information［EB/OL］.［2024-12-18］. https：//www.ifrs.org.

3.ISSB. IFRS S2 climate-related disclosures［EB/OL］.［2024-12-18］. https：//www.ifrs.org.

4. OICU-IOSCO. Report on sustainability-related issuer disclosures， final report［EB/OL］.［2024-12-18］. https：//www.iosco.org.

制定中国可持续披露准则若干问题研究

王鹏程　黄世忠　范　勋　徐　真

【摘要】首批两项国际财务报告可持续披露准则正式发布后，欧盟第一批可持续报告准则以及美国证监会《面向投资者的气候相关信息披露的提升和标准化》也将陆续出台，其他主要国家亦在酝酿制定可持续披露准则，可持续发展信息披露已经迈入准则新时代。面对可持续披露准则加快制定的新趋势，为推动高质量发展，促进经济、社会和环境的可持续发展，中国需要加快研究制定并实施既与国际主流可持续披露准则相协调，又适合中国国情且能彰显中国特色的可持续披露准则。本文从多个角度分析制定中国可持续披露准则的必要性和紧迫性，阐述准则的制定依据、制定机构与基本定位，明确准则制定策略和需要遵循的具体原则，构想中国可持续披露准则体系的具体构成与主要内容，描绘可持续披露准则制定的路线图，供有关决策部门参考。

【关键词】可持续披露准则；制定依据；制定策略；准则体系；路线图

2023年6月26日，国际可持续披露准则理事会（ISSB）正式发布首批两项国际财务报告可持续披露准则（IFRS Sustainability Disclosure Standards，下文称“ISSB准则”），标志着可持续发展信息披露已经由标准林立的时代迈入准则相对统一的新时代。首批两项ISSB准则正式出台之后，欧盟的第一批共12项可持续报告准则（ESRS），以及美国证监会（SEC）的《面向投资者的气候相关信息披露的提升和标准化》（简称“SEC气候披露新规”）也将陆续发布。而澳大利亚、加拿大、日本、巴西、韩国等国家，已经宣布或是由会计准则制定机构，或是成立可持续披露准则制定机构，基于ISSB准则制定本国可持续披露准则。面对可持续披露准则加速发展这一新趋势，作为ISSB准则的坚定支持者和重要贡献者，我国需要加快研究制定并实施具有中国特色的可持续披露准则，推动经济、社会和环境的可持续发展。

一、制定可持续披露准则的必要性与紧迫性

我国企业与可持续发展相关的信息披露始于20世纪90年代，根据监管部门要求，上市公司需要在招股说明书及公司年报中披露公司治理信息。自中国加入世界贸易组织后，监管部门开始探索建立环境和社会责任信息披露制度（屠光绍等，2022）。梳理截至目前的信息披露法规可以看出，我国可持续发展信息披露制度和相关规则仍然侧重于公司治理信息的披露，环境相关信息披露仅要求重点排放单位及受到监管处罚的公司披露相关信息，对于其他企业以及社会领域信息披露则无相应的体系化要求。在披露规则方面，相关法规仅作出原则性要求，并无类似全球报告倡议组织（GRI）、可持续发展会计准则理事会（SASB）、世界经济论坛（WEF）、气候相关财务信息披露工作组（TCFD）和气候披露准则理事会（CDSB）所制定的ESG（环境、社会、治理）报告或可持续发展报告框架的披露标准。企业只能参照以上主流报告框架中的一种或一种以上标准披露ESG报告或可持续发展报告。我国缺乏可持续发展信息披露准则，不利于推动经济、社会和环境的可持续发展。为构建新发展格局并推动高质量发展，积极稳妥推进碳达峰碳中和，积极履行国际承诺与构建人类命运共同体，适应国际资本市场信息披露要求，提升国际评级机构对中国企业的ESG评级，应对欧盟征收碳关税，支持企业参与国际供应链，抑制“漂绿”行为，需要加紧研究制定具有中国特色的可持续披露准则。

（一）构建新发展格局推动高质量发展的需要

党的二十大报告指出，“高质量发展是全面建设社会主义现代化国家的首要任务”“必须完整、准确、全面贯彻新发展理念，坚持社会主义市场经济改革方向，坚持高水平对外开放，加快构建以国内大循环为主体、国内国际双循环相互促进的新发展格局”。构建新发展格局，推动高质量发展，需要坚持“创新、协调、绿色、开放、共享”的新发展理念。需要企业创新与全球向净零排放经济转型相适应的治理体系、经营战略、商业模式和风险管理，提高可持续发展的驾驭能力；需要企业协调经济效益、社会效益和环境效益，促进经济、社会和环境的可持续发展；需要企业加快绿色低碳转型和社会正义转型，促进人与自然和谐共生、保障社会公平正义；需要企业以开放的态度借鉴国内外最佳实践披露与可持续发展相关的影响、风险和机遇等信息，提升其信息披露反映受环境和社会的影响以及对环境和社会的影响；需要企业与投资者之外的其他利益相关者（客户、员工、供应商、当地社区等）共享发展成果，构建休戚与共的利益共同体。所有这些，都离不开高质量可持续披露准则的制定。高质量

的可持续发展信息披露是高质量发展的基础性制度安排，在动员各方面树立可持续发展意识、评价可持续发展绩效、强化政府监管及社会监督，引导金融市场和资本市场资金流向绿色领域、低碳领域，推动生产方式和生活方式转变等方面发挥着至关重要的作用。强化可持续发展信息披露已经成为中国社会各界的共识，制定可持续披露准则成为社会各界的迫切需求。

在新发展格局下，需要推动企业高质量发展，提升企业应对可持续发展相关机遇和风险的能力。一些学术文献对可持续发展信息披露的经济后果进行了研究，结果表明，可持续发展信息披露对企业的经营业绩、企业价值、投资融资等都会产生积极影响。可持续发展信息披露的要求可以促使企业将可持续发展理念融入战略决策中，企业管理者可以根据其所面临的可持续发展相关风险和机遇及时调整经营目标、商业模式。适应企业可持续发展相关机遇和风险的需要，制定和实施可持续披露准则变得十分迫切（王鹏程，2023）。

（二）积极稳妥推进碳达峰碳中和的需要

2020年9月22日，国家主席习近平在第七十五届联合国大会一般性辩论上宣布："中国将提高国家自主贡献力度，采取更加有力的政策和措施，二氧化碳排放力争于2030年前达到峰值，努力争取2060年前实现碳中和。"2021年10月26日发布的《国务院关于印发2030年前碳达峰行动方案的通知》提出：到2025年，非化石能源消费比重达到20%左右，单位国内生产总值能源消耗比2020年下降13.5%，单位国内生产总值二氧化碳排放比2020年下降18%；到2030年，非化石能源消费比重达到25%左右，单位国内生产总值二氧化碳排放比2005年下降65%以上，顺利实现2030年前碳达峰目标。党的二十大报告要求"积极稳妥推进碳达峰碳中和"。实现碳达峰碳中和目标，不可能一蹴而就，不能"运动"式减碳，需要做好战略谋划和制度建设，需要建立包括碳信息披露在内的可持续发展信息披露体系。

我国现有的碳信息披露，仅仅强制要求重点排放企业等披露碳排放数据，没有统一的碳信息披露准则，没有范围三碳排放的核算和报告要求，不能满足"积极稳妥推进碳达峰碳中和"的需要。仅仅强制要求重点排放企业披露碳排放数据不利于全面推进碳达峰碳中和工作；仅仅披露碳排放数据，而不要求披露碳排放目标、转型机遇与风险、风险管理、财务影响等信息，难以满足利益相关方评价企业应对低碳转型机遇和风险的需要。没有统一的碳信息披露准则，碳信息披露的相关要求难以落地。由于缺乏统一的标准，碳信息披露实践中普遍存在关键数据缺失、质量不高、披露格式不规范、披露口径不一致等问题，利益相关方及评级机构等难以据此评估企业如何应对低碳转型的风险和机遇。

（三）履行国际承诺构建人类命运共同体的需要

气候变化是可持续发展最重要和最迫切的主题。2015年195个国家在巴黎气候大会上达成《巴黎协定》，要求将全球平均气温较工业革命前上升幅度控制在2摄氏度以内，力争控制在1.5摄氏度以内。作为全球最大的经济体和温室气体主要排放国之一，我国在该协定中承诺到2030年前达到碳排放峰值，承诺大幅提高非化石能源消费的比重以及森林储碳能力。《巴黎协定》确立了气候变化的透明度框架，要求缔约国定期公开国家清单报告、国家自主贡献信息以及气候变化适应能力信息。履行这一承诺，需要按照《巴黎协定》的要求公开上述气候变化信息，需要尽快制定包括气候变化信息披露在内的可持续披露准则，以建立科学的气候信息披露体系。

党的二十大报告指出："中国始终坚持维护世界和平、促进共同发展的外交政策宗旨，致力于推动构建人类命运共同体。"中国倡导各国共同构建人类命运共同体，坚持对话协商、共建共享、合作共赢、交流互鉴、绿色低碳，建设持久和平、普遍安全、共同繁荣、开放包容、清洁美丽的世界。构建人类命运共同体，与可持续发展理念高度契合。制定可持续披露准则，夯实经济、社会和环境的可持续发展基础，在构建人类命运共同体进程中发挥着举足轻重的作用。

（四）适应国际资本市场信息披露要求的需要

中国内地已经有大量企业在中国香港以及美国、英国、新加坡、日本、瑞士等国家和地区的证券交易所上市，还有不少企业正在申请或考虑到这些证券交易所发行股票。与此同时，许多企业在美国、英国、日本以及欧盟国家设有分支机构或子公司。中国内地企业"走出去"和融入国际资本市场，需要遵守所在国家和地区信息披露规则。对于赴美上市的企业，在美国SEC发布气候披露新规后，需要按照该规则于注册递交首次公开募股申请及定期报告中披露气候相关信息。而在欧盟，随着ESRS的发布，可持续信息的披露将会从"不披露就解释"转向强制披露，大企业需要自2024年开始执行，上市的中小企业需要从2026年开始披露。欧盟ESRS的适用范围很广，不仅仅包括上市公司，达到一定规模的企业也需要执行。ESRS发布后，中国在欧盟上市和发债的企业以及中国企业在欧盟设立的分支机构和子公司，均需要按欧盟《可持续发展报告法令》（CSRD）的要求，依据ESRS披露可持续发展信息。在中国香港地区，香港联合交易所（简称"联交所"）2019年12月修订了《环境、社会及管制报告指引》，将ESG信息的披露调整为"不披露就解释"。联交所于2021年11月发布供发行人参考的气候信息披露指引，并要求到2025年所有上市公司达到TCFD披露标准。2023年4月联交所发布咨询文件，拟强制所有发行人在其ESG报告中披露与气候相关的信息，其披露要求在某种程度上采纳ISSB发布的《国际财务报告可持续披露准则第2号——气候相关披露》（IFRS S2）的相关规定。中国内地有众多在联交所上市的企业，在应对与IFRS S2类似的联交所指引时也将面临重大挑战。

目前，我国没有可持续披露准则可以与国际对接，不利于中国内地企业按照更高标准走向国际，融入国际大循环中。尽快建立一套适用于中国内地企业又在总体要求上与ISSB准则相协调的可持续披露准则，有助于提高企业可持续发展信息披露能力，为中国企业融入国际资本市场提供制度保障。

（五）提升国际评级机构对中国企业ESG评级的需要

随着中国不断推进高水平开放，国际主流评级系统将纳入越来越多的中国企业。如果缺乏ESG实践、披露不规范甚至不披露可持续发展相关信息，中国企业在国际ESG评级中将处于不利地位。明晟（MSCI）ESG评级是在全球具有很大影响力的ESG评级体系，该评级旨在帮助投资者理解企业在ESG方面的风险和表现。MSCI在其评级模型中根据企业在关键ESG问题上的管理能力和抵抗风险能力进行评级。这些关键的ESG问题包括但不限于气候变化、人权问题、供应链管理、产品安全和质量、员工关系、数据安全、公司治理等。目前，已有超过400家A股上市公司被纳入该评级体系中，但由于缺乏明确的ESG披露标准与管理体系，总体评级不高。此外，全球性组织碳信息披露项目（CDP）通过促进企业披露其环境信息，以帮助理解和应对气候变化的影响。2022年，全球超过1.8万家、占全球市值一半以上的企业通过CDP平台报告了其环境数据，有超过2 700多家的中国企业参与CDP环境信息披露[①]。CDP已宣布将根据IFRS S2的相关披露要求修订其问卷内容，预计按国际供应链主导企业的要求参与CDP信息披露的中国企业或者自愿参与环境信息披露的中国企业数量将不断增加。参与CDP的问卷调查并披露相关环境信息，对于提升国际评级机构对中国企业的ESG评级至关重要。

适应参与国际评级的需要，制定与ISSB准则相协调的可持续披露准则不仅可以规范企业的信息披露，还能够通过ESG披露倒逼ESG实践，促进企业真正将可持续发展理念融入日常经营决策中，进而改善中国企业ESG评级表现。

（六）应对相关国家征收碳关税的需要

欧盟碳关税是指针对没有征收碳税或能源税、存在实质性能源补贴的出口国的进口产品在进入欧盟关境时征收的二氧化碳排放税。碳关税的概念由来已久，从理论提出到

① 数据来源于CDP官网2022年11月4日新闻稿，《创下纪录：近20 000家组织通过CDP进行披露》。

政策出台，经历了十几年的国际博弈。为了在2050年实现欧盟碳中和目标，2023年4月18日，欧洲议会通过了碳边界调整机制（CBAM），4月25日欧洲理事会正式批准了CBAM。CBAM自2023年10月1日起启动过渡期至2025年底，过渡期内需要申报欧盟进口商品中在原产国生产的数量、实际总隐含排放量、总间接排放量和在原产国已支付的碳价，旨在积累碳数据。过渡期结束后，2026年起欧盟碳关税将全面实施，欧盟碳排放交易体系下的免费排放配额也会在2026—2034年间逐步取消。纳入碳关税的征税商品包括水泥、电能、化肥、钢铁、铝和氢气，但在过渡期结束前欧盟会研究评估扩大征收范围。欧盟出台CBAM后，美国、日本等国家也在抓紧研究类似的碳关税政策。可以预计，碳关税将日益成为新型的国际贸易关税壁垒，不披露包括环境信息在内的可持续发展信息将带来严重的经济后果。

欧盟、美国和日本是中国最重要的产品出口市场，出口商品以机械设备、金属制品等高碳排产品为主。欧盟等国碳关税政策的实施和碳关税范围的扩大，将会削弱不披露可持续发展信息的中国企业的竞争力。面对欧盟、美国和日本已经或即将出台的碳关税政策，中国企业急需一套可持续披露准则以指引在过渡期内合理统计碳排放相关数据，与多数国家环境信息披露的主流做法保持一致，有利于中国企业的产品或劳务出口，在应对欧盟和其他国际碳关税问题上处于有利地位。

（七）中国企业参与国际供应链的需要

20世纪90年代以来，国际分工越来越精细，供应链也趋向于全球化。欧美大企业普遍把设计和品牌价值留给自己，而将制造外包给全球供应商。可持续披露准则的强制披露要求将会对遍布全世界的供应链企业产生影响。可持续披露准则所要求披露的信息与传统财务信息相比较，其一大特点就是要求企业充分考虑其价值链上下游的影响，大型企业选择供应商时通常优先考虑能够提供可持续发展相关信息（尤其是碳排放数据）的供应商，以便减少范围三排放，控制供应链的环境风险和社会风险。譬如，苹果公司在2011年初被揭露在华供应链中涉及职工安全、环境污染、劳工权益等问题，2009年发生的12起富士康员工坠楼事件，引发了世人对苹果供应商劳工权益的疑虑。面对舆论和消费者的压力，苹果公司目前每年定期发布《供应商责任报告》，要求供应商按照相关行业标准和准则提供可持续发展报告，以控制供应链的环境风险和社会风险。若企业不能提供与环境主题和社会主题相关的可持续发展信息，则有可能被苹果公司从供应商的名单中剔除。

此外，2023年1月1日德国《企业供应链尽职调查法案》正式生效；与此同时，欧盟《企业可持续发展尽职调查指令》也在法律草案的辩论之中。这两项法规的发布是为了让在欧盟设立或开展业务的外国大型和中型公司遵守一套识别、减轻供应链负面人权和环境问题影响的规则。在上述法规的推动下，中国需要尽快制定一套能够与欧盟及其他地区对接的可持续披露准则，以识别中国企业在日常生产活动中不符合上述法规所导致的风险。制定可持续披露准则，使企业以规范的方式充分披露与ESG主题相关的风险和机遇信息，有助于中国企业顺应国际供应链中核心企业评估配套企业环境风险和社会风险的新要求，在国际供应链的竞争中赢得新优势。

（八）抑制“漂绿”行为的需要

“漂绿”是指企业在公关宣传、市场营销和信息披露中标榜其产品、服务和经营活动符合绿色、低碳、环保的标准而事实上却名不副实的行为。目前，中国企业环境信息披露中不同程度地存在“漂绿”行为，选择性披露、报喜不报忧、只谈环境绩效不谈或淡化环境问题的现象比较突出（黄世忠，2022）。更有甚者，一些企业在采样和预处理、仪器分析、数据传输环节对自动监测数据弄虚作假①。“漂绿”行为大行其道，将给利益相关方造成绿色、低碳、环保欣欣向荣的假象，严重影响绿色低碳转型，妨碍经济、社会和环境的可持续发展。为抑制“漂绿”行为，提高ESG信息披露质量，需要尽快制定可持续披露准则，防止ESG报告或可持续发展报告沦为公关宣传的噱头，误导利益相关方。

（九）构建可持续披露话语体系的需要

ISSB主席Emmanuel Faber于2023年6月26日在IFRS基金会年度大会上指出，ISSB制定的可持续披露准则将可持续发展转化为一种新的通用语言，一种基于会计的一致而全面的语言。尽管ISSB正全力推动首批两项ISSB准则的实施应用，但要像IFRS会计准则那样被144个司法管辖区采纳，成为全球通用语言，受到全球投资者的广泛信任，短时间内是很难实现的。欧盟第一批共12项ESRS以及美国SEC气候披露新规陆续发布，澳大利亚、加拿大、日本、巴西、韩国等国亦在推动制定本国可持续披露准则，可持续披露准则呈现出诸侯并起的格局。在全球尚未广泛实施ISSB准则前，中国亦需要加紧研究制定具有中国特色的可持续披露准则，打造可持续披露领域的中国话语表达体系，以便在ESG方面发出中国声音，讲好中国故事。

① 2023年6月29日，生态环境部召开6月例行新闻发布会。新闻发布稿显示，生态环境部2023年1—5月份采取“双随机、一公开”方式检查企业22.6万次，下达环境行政处罚决定书2.69万份，罚款21.1亿元，注意到一些企业对自动监测数据弄虚作假。

二、可持续披露准则的制定依据、制定机构与基本定位

（一）制定依据

可持续披露准则的制定应当有其法律依据，应当具有法理正当性，准则的制定、实施与监管应以此为基础形成逻辑闭环。欧盟的可持续报告准则基于其上位法CSRD，而CSRD又源于欧盟绿色法案（European Green Deal），其准则制定的内在逻辑、关键概念的方向性选择以及准则制定机构的授权等均顺理成章，依法有据。CSRD中的19a条款要求企业披露有助于利益相关者了解其对环境、社会、人权和治理等可持续发展问题的影响所必需的信息（具有影响重要性的信息），以及有助于利益相关者了解可持续发展问题如何影响企业的业务发展、经营业绩和财务状况所必需的信息（具有财务重要性的信息），CSRD中的29b条款对ESRS必须涵盖的ESG主题提出了明确的要求。同时，CSRD授权欧洲财务报告咨询组（EFRAG）以专业咨询机构的身份起草和制定ESRS，再提交欧盟委员会审批和发布，同时要求EFRAG制定ESRS时必须严格遵循CSRD对可持续发展报告的信息披露要求。在可持续发展报告的鉴证方面，CSRD引入了第三方独立鉴证机制，要求适用CSRD的所有公司，包括所有大公司和所有在欧盟监管市场上市的公司（上市微型公司除外），对报告披露的可持续发展信息提供有限的保证，并逐步转向提供合理的保证。欧盟以法律形式引入可持续发展信息披露的强制披露要求和强制鉴证机制，明确了可持续报告的"双重重要性"定位以及报告的主要内容，确定了欧盟ESRS制定机构，让EFRAG制定ESRS有据可依，为ESRS的制定指明了方向。

中国制定可持续披露准则，亦需要做好顶层设计，并按照法治原则将顶层设计的重要元素逐步纳入法律法规体系，为可持续披露准则的制定提供法律依据。

第一，在全球可持续发展信息披露呈现出强制披露和强制鉴证的发展趋势下，中国需要研究是否建立可持续发展信息的强制披露制度和强制鉴证制度，并通过法律法规将这些要求予以固化。

第二，可持续发展信息披露涉及主要使用者是投资者还是更广泛的利益相关方，披露的信息是仅反映环境和社会对企业的影响，还是同时也反映企业对环境和社会的影响，环境、社会和治理各领域的披露应该涵盖哪些重要领域，可持续发展信息是通过单独的可持续发展报告还是通过管理层评论的方式予以披露等，都需要在相关法律法规中予以明确。

第三，可持续披露准则由哪个机构负责制定，其组成人员如何确定，所制定的准则是否具有法律属性，准则是否作为基线准则以便于企业根据相关各部门的额外披露要求

添加披露内容，准则适用于那些企业和机构，等等，同样需要在相关法律法规中予以明确。

第四，为强化可持续发展信息的披露，需要在法律法规中明确可持续发展信息披露的监管部门和监管职责。通过立法，明确以上顶层设计的重要问题，可持续披露准则的制定才能有明确的方向，有关部门在准则制定和实施方面的重要职责也才有法律依据，可持续披露准则的制定和实施才有坚实的法律基础。

以立法推动可持续发展信息披露，需要考虑立法的具体形式。借鉴欧盟的做法，可以专门制定可持续发展信息披露的法律或行政规章，明确上述顶层设计的重大问题。考虑到立法程序漫长，也可以考虑在现有财务会计相关法律法规中寻找法理来源。这种做法，可以省去制定法律法规的漫长程序和时间，尽快满足利益相关方对可持续发展信息披露的迫切需求。《会计法》以及《企业财务会计报告条例》均提及企业财务会计报告的其中一个组成部分是财务情况说明书。《企业财务会计报告条例》明确规定，财务情况说明书应描述对企业财务状况、经营成果和现金流量有重大影响的其他事项。我们认为，可以将可持续发展相关信息归类为上述"其他事项"。

但以现有法规中的"其他事项"规范制定中国可持续披露准则并非长久之计，而是权宜之计。我们建议同步推进两种形式，即在急用先行原则下依据现有法律条文尽快研究制定中国可持续披露准则，同时启动立法程序，专门制定可持续发展信息披露的法律或行政规章。不管采用哪种形式，均需要考虑修改相关法律法规，如《证券法》《公司法》《注册会计师法》以及其他有关金融、能源、环境、自然资源等相关的法律法规，将可持续发展信息披露的相关规定纳入其中。

（二）制定机构

可持续披露准则的制定是一项非常复杂的系统工程，涉及多个领域和利益相关方的需求。基于《会计法》《企业财务会计报告条例》的相关规定，由财政部负责制定中国可持续披露准则有诸多优势。

1. 有利于与ISSB准则的衔接

财政部是与IFRS基金会和国际会计准则理事会（IASB）对接、负责与IFRS会计准则趋同的政府部门，由其承担与ISSB准则相协调的准则制定工作顺理成章。此外，在IFRS基金会和ISSB及相关机构中，包括IFRS基金会监督委员会、咨询委员会、司法管辖区工作组（JWG），一直是财政部派出代表参加。财政部与IFRS基金会和ISSB、IASB保持了密切联系，由财政部负责制定中国可持续披露准则，可发挥其在国际合作中的优势。

2. 有利于与欧盟及其他国家保持类似的安排

欧盟的ESRS制定机构为EFRAG，澳大利亚、加拿大、日本、巴西、韩国等国也都是由会计准则制定机构或在会计准则制定机构下成立可持续披露准则制定机构负责准则的制定。在会计准则制定和实施过程中，财政部与这些国家会计准则制定机构已经建立联系，由财政部负责准则制定，有利于保持和加强与欧盟及其他国家准则制定机构的联系与合作。

3. 有利于利用丰富的准则制定经验

财政部一直负责拟订并组织实施国家统一的会计制度，在制定会计准则、会计制度、内控标准、管理会计指引、会计信息化标准和准则国际趋同等方面积累了丰富的经验，所制定的准则、制度、标准和指引被市场高度认可，广为采用。由财政部负责可持续披露准则的制定，有助于保障准则的权威性和专业性。

4. 有利于与会计准则的衔接

财务报表与可持续发展信息披露二者各有侧重，相互补充，相辅相成，相得益彰。二者均需要反映可持续相关风险和机遇对当期财务状况、财务业绩和现金流量的影响，进行可持续发展信息披露时使用的数据和假设原则上需要与财务报表中相应的数据和假设保持一致。因此，可持续披露准则与会计准则之间有着天然的联系，鉴于财政部一直负责会计准则的制定，由财政部负责制定可持续披露准则，有利于可持续披露准则与会计准则相衔接，确保关联性和一致性。

5. 有利于动员相关部门和社会力量的参与

可持续披露准则不仅涉及会计方面，还涵盖环境、社会和治理等多个领域，需要动员相关政府部门、各种社会力量等各利益相关方参与准则的研究、起草、制定、修订和维护。作为综合部门，财政部具备这种动员能力和经验，由其负责可持续披露准则制定，可形成准则制定的合力，避免各相关部门将ESG信息披露的要求碎片化。

6. 有利于打造可持续披露的中国话语体系

ISSB制定的可持续披露准则将可持续发展转化为一种新的通用语言，一种基于会计的一致而全面的语言。在打造这一全球通用语言过程中，应该有中国的话语表达。在中国构建可持续发展信息披露体系时，亦需要将可持续披露转化为一种中国通用、能够与国际顺畅对接的语言，形成可持续披露的中国话语体系。既然这一语言是一种基于会计的语言，由主管全国会计工作的财政部负责制定可持续披露准则，有利于形成统一的中国话语体系，代表中国在ISSB准则制定领域发出中国声音，表明中国立场。

为了推进中国可持续披露准则的制定，建议财政部尽快成立可持续披露准则委员会，就可持续披露准则制定的路线图和时间表进行顶层设计，并组织各方力量根据路线图和时间表开展各项准则的研究和制定。鉴于可持续披露准则的制定是一项系统工程，涉及公司治理、经营战略、商业模式、风险管理、内部控制、信息系统、财务报告、审计监督诸多环节，涉及环境、社会、治理等诸多议题，影响到资本市场、金融市场、国企改革、对外开放与国际合作以及各行各业企业的可持续发展，为更加有效地制定具有中国特色的高质量可持续披露准则，建议成立可持续披露准则咨询委员会。其主要职责有两个：一是为可持续披露准则委员会持续参与ISSB准则的研究制定提供强有力的技术支撑；二是为中国研究制定符合国情，彰显中国特色的高质量可持续披露准则提供咨询意见。可持续披露准则咨询委员会可按主题设立若干小组，以便将咨询委员会的职责和专家的作用落到实处。时机成熟时，可以借鉴ISSB的做法，成立由各方专家组成的技术工作小组，由投资机构派出代表组成的投资者咨询小组，由可持续报告编制机构代表组成的编制小组，为可持续披露准则的研究制定提供支持。

（三）基本定位

ISSB准则是以投资者为导向、以财务重要性为基础的全球基准。我国参照ISSB准则制定可持续披露准则，需要明确准则的定位。

重要性的判断是从信息使用者的角度出发，对使用者作出相关决策有用的信息即重要信息，不会影响使用者决策的信息则为非重要信息。因此，在考虑重要性原则之前，应先确定可持续发展相关信息的主要使用者。与可持续发展相关的主题广泛且多元，特定主题下的披露内容也包罗万象。因此，指导企业判断何为重要信息对于可持续披露准则制定来说尤为重要。与会计准则只有单一的财务重要性不同，可持续披露准则的重要性可分为两类。一是双重重要性（Double Materiality），即要求企业在可持续披露中同时考虑由外到内和由内到外的重要性，既要求企业披露可持续相关风险和机遇对企业财务状况、财务业绩和现金流量的影响（财务重要性），也要求企业披露企业经营活动（包括价值链活动）对环境和社会产生的影响（影响重要性）。EFRAG制定的ESRS就是基于双重重要性的典型代表，面向的主要使用者是广泛的利益相关方，包括但不限于投资者、债权人、社区、政府等。二是单一重要性（Single Materiality），基于由外到内的视角，要求企业披露与环境和社会相关的可持续发展风险和机遇如何对企业的发展前景产生影响，ISSB准则和SEC气候披露新规均以单一的财务重要性为基础，面向的主要使用者包括现有或潜在的投资者、债权人和其他借款人。

1.双重重要性

双重重要性视角有助于使用者全面地了解企业的可持续发展绩效和影响，不仅有助于他们评估环境和社会对企业的影响，也有助于他们评估企业对环境和社会的影响。这两方面的影响往往不是孤立存在的，长期来看，企业对环境和社会的影响也可能转化为对企业自身的影响。因此，即使仅从财务视角看，双重重要性能够提供更全面的信息，更加契合可持续发展报告促进经济、社会和环境可持续发展的初衷和使命。此外，基于双重重要性的信息披露能够满足更广泛利益相关方对企业可持续发展表现和影响的信息需求，加强企业与利益相关方的对话和沟通，有利于跨越企业层面助力经济、社会和环境实现可持续发展。但采用双重重要性也存在一定的弊端。一是要求准则制定机构具有全面的人才和知识储备，协调与其他职能部门的关系也颇具挑战性，因为基于双重重要性披露的信息超出了财务信息的范畴。二是采用双重重要性可能会增加企业评估和报告其环境和社会影响的复杂性，且这些影响往往难以量化，企业可能因此夸大正面影响、淡化负面影响，若缺失鉴证机制，可能使披露的内容成为企业进行“公益宣传”的工具。而且，过多的影响重要性信息披露可能淹没了具有财务重要性的信息，影响关注财务信息的使用者的判断。三是收集和验证外部影响的相关数据较为困难，评估企业自身经营活动和价值链活动对环境和社会的影响还缺乏公认的科学方法。

2.单一重要性

基于单一财务重要性的可持续发展信息披露，由于只关注环境和社会对企业的影响，未能反映企业对环境和社会的影响，忽视了利益相关方对这些影响的关切，也不太契合可持续发展报告的初衷和使命。但采用单一重要性也有着两大优点。一是精简和聚焦。对于准则制定机构来说，聚焦财务信息容易形成准则内部的逻辑自洽，将披露要求侧重于可持续相关因素如何影响企业的价值创造；对企业而言，基于单一的财务重要性，能够使企业集中精力和资源，聚焦于对企业最为重要和关键的可持续发展问题上，确保企业披露的信息聚焦于反映其核心业务、经营战略和商业模式如何受到环境政策和社会政策变化的影响。二是降低复杂性。相比双重重要性，单一的财务重要性信息在披露过程中更加简化和明确，企业可以更清楚地确定哪些环境和社会影响因素对其发展前景和业务连续性最为重要，避免信息超载、重心失焦。总体而言，基于单一的财务重要性的信息披露在聚焦和简化方面具有一定的优势，但也存在着视角狭隘和信息不全面、不协调的弊端。

综合考虑采用单一财务重要性和采用双重重要性的利弊，考虑到财政部作为准则制定机构的定位和资源能力，我们认为，现阶段采用单一财务重要性不失为一种务实的选择。针对单一财务重要性的狭隘性，财政部制定的以单一财务重要性为基础的可持续披露准则可采用“搭积木”的方式，允许企业根据GRI和其他部委、行业主管部门对环境、社会和治理的相关要求，披露具有影响重要性的可持续发展相关信息。

三、可持续披露准则的制定策略和具体原则

ISSB在制定可持续披露准则时，采用了“搭积木”的方法，即ISSB准则提供全球基准（Global Baseline），在此之上，各司法管辖区的准则制定机构或监管机构为实现其披露目标，例如，为满足更广泛利益相关者的信息需求，可以搭建其他模块，提供其他适用标准和披露要求。这些模块可能是特定司法管辖区的标准和要求，也可能是侧重于更广泛的可持续性影响或其他超出ISSB企业价值创造领域的披露标准。我国选择可持续披露准则制定策略时，是直接采纳ISSB准则，还是与ISSB准则保持趋同，或是参照ISSB准则、ESRS和SEC气候披露新规制定适合我国实际情况的可持续披露准则？

根据主流国家的行动来看，尚未发现直接选取“采纳”这一策略的国家，即全盘照搬ISSB准则，将其翻译成本国语言，直接将其用于规范本国企业的可持续发展相关信息披露。这明显有别于对IFRS会计准则的采纳方式。IFRS会计准则具有高度统一性和唯一性的特点，而IASB的目标也是制定一套全球统一的高质量的报告准则，因此，全球已有超过144个国家和地区宣布采纳IFRS会计准则。而ISSB制定的ISSB准则具有全球基准的性质，在这个基础上，世界各国和地区可以根据监管需要或利益相关者的信息需求，以“搭积木”的方式，添加具有本国特色的披露需求。我们认为，我国作为世界第二大经济体，在制定可持续披露准则时全盘照搬ISSB发布的准则不应该成为选项，需要参照ISSB准则、ESRS和SEC气候披露新规以及GRI标准、TCFD框架，结合我国实际，以我为主，制定适合中国国情的可持续披露准则（黄世忠等，2023）。

基于以上参照策略，在制定中国可持续披露准则过程中，须考虑遵循以下具体原则：

（一）博采众长原则

首批两项ISSB准则充分利用了现有的可持续发展相关的报告披露原则、框架以及标准，在核心内容上借鉴了TCFD框架（治理、战略、风险管理、指标和目标），在相关披露要求上融合了SASB、CDSB和IIRC的要求，亦部分参考了GRI标准。而欧盟ESRS在制定时，充分借鉴了TCFD框架、GRI标准以及ISO 26000社会责任标准。我国

制定可持续披露准则，不可能也不必要完全另起炉灶，而应当充分借鉴国际主流的可持续报告框架，以及ISSB准则、ESRS、SEC气候披露新规的合理披露要求，吸收其合理成分。只有这样，才能站在现有主流框架和准则的“肩膀”上，尽快制定高质量的可持续报告准则。只有这样，按中国可持续披露准则披露的可持续发展报告方能被国际社会所接受和认可，也只有这样，才能不加大已经按照主流报告框架披露可持续报告企业的编报负担。

为履行国际承诺，构建人类命运共同体，对于我国在国际上所签署的协议和所认可的标准，包括《联合国气候变化框架公约》、《联合国生物多样性公约》、《巴黎协定》、《联合国商业与人权指导原则》、《经合组织跨国企业准则》，以及《联合国全球契约组织十项原则》、《联合国负责任投资原则》、《联合国可持续发展目标（SDG）》等的相关合理要求，亦需要纳入我国制定的可持续披露准则。

（二）互通性原则

ISSB将其所制定的ISSB准则定位为一套全面的可持续发展相关财务信息披露的“全球基准”，强调准则的披露要求与各司法管辖区的要求应具有高度互通性（Interoperability，中文有时亦翻译为相互操作性）。为实现互通性，IFRS基金会成立了由中国、欧盟、日本、英国、美国等世界主要经济体及其准则制定机构组成的司法管辖区工作组（JWG），以加强各司法管辖区之间的互通性，降低企业披露成本，并向使用者提供清晰一致的信息。在欧盟，根据CSRD第43条的要求，欧盟的ESRS必须整合ISSB制定的全球基准的内容，将基线准则的要求体现在相关ESRS中。在美国，SEC气候披露新规是以TCFD的披露框架为基础，基于世界资源研究所（WRI）和世界可持续发展工商理事会（WBCSD）联合制定的《温室气体规程》（GHG Protocol）拟订的，与IFRS S2并不存在显著差异，其与IFRS S2的互通并不存在重大障碍。而澳大利亚会计准则委员会（AASB）于其工作文件中明确，优先考虑与ISSB准则的披露要求保持一致；加拿大可持续准则理事会（CSSB）表示，将支持在加拿大推广ISSB准则，促进ISSB准则与即将发布的CSSB准则之间的互通性；日本可持续准则理事会（SSBJ）主席Yasunobu Kawanishi表示，“SSBJ致力于制定基于ISSB建立的可持续相关披露全球基准的日本可持续披露准则”。可以看出，与ISSB准则之间的互通，是未来的大趋势，有助于降低跨国经营和跨国投资对可持续准则的遵循成本。面对这一趋势，我国制定可持续披露准则必须充分考虑与ISSB准则之间的互通性，ISSB准则的披露要求，除非明显不适应中国国情，均须纳入准则之中。只有这样，我国的可持续披露准则才能被其他国家所认可，我国企业披露的可持续报告方能为国际社会所接受，也才能降低从事跨国经营和跨国投资的中国企业的准则遵循成本。

（三）原则规则兼顾原则

在准则的制定过程中，我们还将面临选择“原则导向”还是“规则导向”的问题。原则导向或者规则导向是所有准则制定都会面临的问题，在大多数准则中，两者实际是“相辅相成”的关系，后者为前者提供了必要的约束，前者提高了后者的应变能力。制定可持续披露准则的目的是向使用者提供决策有用的信息，理应以原则导向为主，但作为解决可持续披露不完整、不一致和不可比矛盾的全球基准的ISSB准则，又不可能完全排除规则，否则在披露口径和标准等方面仍难以实现全球融合。具体而言，ISSB在制定ISSB准则时，先是制定了以原则为导向的基本准则，为了解决原则导向的弊端，又加入了如气候情景分析、范围三温室气体排放和基于SASB标准的行业指南等规则性内容，但是过多的规则，必定又会影响可持续披露准则在全球的适用性。可见，在制定准则时需要慎重处理两者之间的关系。

我国在制定可持续披露准则时，首要任务同样是需要制定以原则为导向的准则。与会计准则相比，可持续发展信息披露在各个行业、各个企业之间的个体差异非常大，财政部作为准则制定机构，难以制定普适的规则，这就需要包括国家发展改革委、人民银行、证监会、金融监督管理总局、工信部、生态环境部、自然资源部等部委的协调合作，由各个部委在充分考虑我国社会经济的发展阶段和中国特色的基础上，参照其他国际准则标准或行业标准，提出可持续披露的额外要求。这样，财政部制定的原则导向的准则和各部委提出的具体披露要求，将形成一套完整的具有中国特色的可持续披露准则。这样按职能、分阶段的准则制定方法，不仅符合“经济效用、急用先行”的原则，而且与ISSB采用的“搭积木”的方法也是相一致的。

（四）气候先行原则

可持续披露准则包罗万象，准则制定千头万绪，需要逐步推进。考虑到G20、金融稳定理事会（FSB）、证监会国际组织（IOSCO）等国际组织近年来不断呼吁加快制定气候变化信息披露准则，ISSB选择以国际社会认为最重要、最紧迫且最容易达成共识的“气候变化”主题作为突破口，并优先制定了IFRS S2。我们也注意到，为做好碳达峰碳中和工作，中国证监会于2021年6月28日发布的修订后的《公开发行证券的公司信息披露内容与格式准则第2号——年度报告的内容与格式》中新增了“环境和社会责任”章节，鼓励公司自愿披露为减少其碳排放所采取的措施及效果。考虑到气候变化对全人类的可持续发展构成最严峻的威胁，以及积极稳妥推进碳达峰碳中和的迫切需要，制定中国可持续披露准则时，应该优先制定与气候变化相关的信息披露准则。

（五）结合中国国情原则

我国有特定的国情，强调“创新、协调、绿色、开放、共享”的新发展理念，重视全面推进乡村振兴，促进区域协调发展，发展全过程人民民主，增进民生福祉，推动绿色发展，构建人类命运共同体。在环境领域，我国的能源资源禀赋呈现出以化石能源为主的能源结构以及富煤贫油少气的资源特征，在碳排放方面虽然成为全球最大排放国，但人均和历史累计碳排放远低于欧美等国，在环境保护方面则形成了以国家公园为主体的生态红线、环保督察、党政同责等中国特色的可持续发展实践。在社会领域，目前主流报告框架涉及的人权和工会权力等事项，体现的是西方的价值观，并非全球普适的价值观，而扶贫济困、乡村振兴、共同富裕、就业优先、社会保障、员工权益保障和工会代表大会等方面则具有中国特色。在治理领域，我国强调反腐倡廉、全面从严治党、依法治国。我国特定的国情、中国特色的可持续发展实践，需要我们在制定可持续披露准则时，不仅要考虑吸收主流报告框架之长，保持与ISSB准则的互通，更需要结合中国国情，体现中国特色，彰显中国作为。

（六）相称性原则

考虑到资源的限制、数据和专业知识的可得性限制，以及企业应用ISSB准则的能力和准备程度，ISSB在可持续相关风险和机遇的识别、情景分析的开展、预期财务影响的评估、价值链范围的确定、范围三温室气体披露、准则首次应用年度可比信息的提供等方面引入了相称性（Proportionality）机制，包括“无需付出过度成本或努力即可获得所有合理且有依据的信息”的概念以及在技能、能力和资源上是否相匹配的考虑。引入相称性机制，不仅缓解了企业的披露负担，也考虑到可持续发展信息披露实践还处于试错期和积累期的现实，有助于企业加快应用ISSB准则。鉴于我国企业披露ESG报告或可持续发展报告刚刚起步，而且披露的企业尚属少数，即便是这些企业，在情景分析、预期财务影响评估、范围三温室气体披露方面也还存在不小差距，同时，考虑到我国上市公司及其他非上市企业数量众多，不少企业在可持续发展信息披露能力方面极度匮乏，而获取必要的数据和专业知识相当困难，在制定中国可持续披露准则时，遵循相称性原则、引入相称性机制十分必要。

（七）关联性原则

ISSB将可持续发展信息披露视为财务报告的一个组成，欧盟的CSRD则将可持续报告视为与财务报告平行的单独报告，两种定位孰优孰劣，理论界多有争论。但不管如何定位，均改变不了可持续发展信息披露与财务报表存在天然联系的事实，两者均需要披露可持续相关风险和机遇对当期财务状况、财务业绩和现金流的影响，相关的披露必须保持一致。鉴于此，可持续披露准则与会计准则需要相互关联。ISSB在制定可持续披露准则时，使用了与IFRS会计准则类似的术语和概念，包括“重要性”“重要信息”“报告主体”“通用目的财务报告主要使用者”“无须付出过度成本或努力即可获得合理且有依据的信息”“报告时间”“可比信息”“判断、假设和估计”等，而且还将IASB《财务报告概念框架》的两个基础性质量特征（相关性和如实反映）和四个提升性质量特征（可比性、可验证性、及时性和可理解性）直接引入，作为可持续发展相关财务信息的质量特征。为了将IFRS会计准则和ISSB准则协同推进，IASB已决定将气候相关风险（或更广泛的ESG风险）主题纳入工作计划，ISSB也正在制定两年工作计划，考虑是否将报告整合项目作为未来两年的优先工作。因此，制定中国可持续披露准则时，需要考虑其与会计准则之间的关联关系，相关的概念、术语应尽可能与会计准则保持一致，相关的准则项目和准则内容应当相互协调，确保二者之间内在逻辑的一致性和关联性。

（八）成本效益原则

相较欧美国家而言，中国企业的可持续发展相关信息披露尚处在初级阶段，强制披露可持续发展相关信息会给企业带来额外的成本。根据“英国影响评估”（UK Impact Assessment）的测算[①]，一家没有气候相关信息披露实践或专业知识的公司首年筹备披露的成本为201 800美元，随后几年的成本为177 900美元，若公司旗下还拥有众多子公司，其还会增加额外的成本费用。一方面，企业需要组建可持续发展信息披露相关管理团队，负责梳理企业各项业务所涉及的可持续发展相关信息、开发和实施必要的流程管理、进行模型和系统开发、开展情景测试等。目前在我国，这方面的专业人才较为短缺，企业在团队建设过程中需要投入更多的成本。另一方面，企业在首次开展可持续发展管理工作时，通常需要外部咨询顾问的指导，例如，温室气体排放盘查，信息披露框架建构的咨询服务、培训服务和法律顾问服务等。这些费用可能成为企业未来多年的固定成本。此外，随着可持续发展相关管理要求的不断升级，可能还需要系统化的平台管理以进一步保障信息的及时性、准确性和可靠性。基于我国企业可持续发展信息披露的现状，预计企业披露可持续发展相关信息需要投入的成本远高于欧美国家企业，因此，制定中国可持续披露准则时，需要充分考虑我国企业的执行成本，做好成本效益分析。

① U K IMPACT ASSESSMENT. Mandatory climate-related financial disclosures by publicly quoted companies, large private companies and LLPs［EB/OL］.［2024-12-18］. https：//assets.publishing.service.gov.uk.

（九）可验证原则

因应IOSCO等组织的要求，ISSB制定可持续披露准则时，需要为审计师或其他独立的第三方确定企业是否遵守了相关披露要求提供依据。这意味着，基于ISSB准则披露的可持续发展信息应该是可验证的。为此，IFRS S1直接采用了IASB《财务报告概念框架》中提出的有用信息的质量特征，并在附录四中说明可通过以下三种方式增强可验证性：一是纳入可以通过与主要使用者可获得的有关主体业务、其他业务或外部环境的其他信息进行比较而得到证实的信息；二是提供用于得出估计或近似值的输入值和计算方法的信息；三是提供已经企业董事会、董事委员会或同等机构审阅并同意的信息（ISSB，2023a）。考虑到引入可持续发展信息披露强制鉴证制度的全球趋势，我国也需要强制要求企业聘请第三方鉴证机构对其所披露的可持续发展信息进行鉴证。在这种情况下，制定中国可持续披露准则，应当借鉴会计准则的做法在准则中设计相应的可验证机制，只有这样，基于准则所披露的可持续发展信息才能可验证，引入强制鉴证方有可能。

（十）可执行原则

为了保证所制定的准则能够顺利得到执行，ISSB不仅引入了相称性机制，还提供了一系列过渡性豁免规定。此外，ISSB通过IFRS S1附录2在可持续相关风险与机遇、重要性、报告主体、关联信息、交叉索引信息、中期报告、比较信息等方面提供了详细的指南（ISSB，2023a），通过IFRS S2附录2在气候韧性、温室气体、跨行业指标类别以及气候相关目标等方面提供了详细指南（ISSB，2023b），以支持企业应用首批两项国际财务报告可持续披露准则。以上做法为企业实施应用该两项准则提供了现实可行性，对于推广实施准则将发挥非常积极的作用。借鉴ISSB的做法，为使所制定的准则能够得到贯彻执行，制定中国可持续披露准则时同样需要提供过渡性豁免安排，并提供一系列的应用指南，以帮助企业实施应用准则。

四、可持续披露准则体系与准则制定路线图

（一）可持续披露准则体系

参考企业会计准则体系，以及ISSB准则、ESRS、GRI标准，我们认为中国可持续披露准则体系应由基本准则、具体准则（包括列报准则、通用主题准则、行业准则、中小企业准则）以及准则指南三个部分组成。

1.基本准则

基本准则是可持续披露准则体系的概念基础，是具体准则、准则指南等的制定依据，地位超然，在整个可持续披露准则体系中具有统驭地位。其作用主要包括：第一，统驭具体准则的制定。基本准则规范了包括披露目标、报告主体、信息质量特征等在内的基本问题，以及若干重要概念的定义和解释，是制定具体准则的基础，对各具体准则的制定起着统驭作用，以确保各具体准则的内在一致性。第二，为实务中存在的、具体准则尚未规范的可持续发展主题提供披露依据。在实务中，由于可持续发展涉及的主题包罗万象，各主题也在不断变化和发展，可能在一段时间内很多主题的信息披露尚未在具体准则中加以规范，即便是已经包含的可持续发展主题也可能会出现新的事项和问题。对于这些尚未规范的内容，如果企业认为相关信息对信息使用者的决策有用，就应当进行披露。在缺乏具体准则的情况下，企业应该参照基本准则中的要求（例如披露目标），对重要性进行判断。因此，基本准则不仅扮演着具体准则制定依据的角色，也为实务中存在的、具体准则尚未规范的可持续发展主题提供了披露依据。

在披露目标方面，我们建议将中国可持续披露信息的主要使用对象定位于通用目的财务报告的主要使用者，即现有或潜在的投资者和债权人，且遵循单一重要性原则（财务重要性），但允许或鼓励企业提供其他利益相关方要求的信息。因此，中国可持续披露准则的披露目标可设定为旨在规范主体可持续发展相关信息的编制和报告行为，以便通用目的财务报告的主要使用者作出与向主体提供资源相关的决策。

在信息质量特征方面，我们建议与ISSB准则保持一致，即包括两个基础性质量特征（相关性和如实反映）和四个提升性质量特征（可比性、可验证性、可理解性、及时性）。相关性主要是指对使用者决策有用，如果信息具有预测性或验证性，则认为其具有相关性。而重要性是衡量相关性的一个方面。若中国可持续披露准则选择单一的财务重要性原则，在判断什么重要的时候，可以参考中国企业会计准则对重要性的定义，即相关信息的省略或者错报会影响主要使用者据此作出决策的，该信息就具有重要性。重要性的应用需要依赖职业判断，企业应当根据其所处环境和实际情况，从项目的性质和规模两方面加以判断。而如实反映通常包括完整性、中立性、审慎性和准确性，但区别于会计信息，可持续披露信息不可避免地会包含定性、前瞻性的信息，涉及大量的估计和判断，如何判断这些是否做到了如实反映，将会是实务中面临的巨大挑战，也是可持续发展信息鉴证中的一大难题。我们建议为这部分信息制定“安全港”规则，以便为编制者和鉴证机构提供一定的免责保护。

在报告主体方面，基于上述对重要性和信息使用者的定位，我们建议将可持续披露准则的报告主体界定为与相关通用目的财务报表的报告主体相同的主体（如果报告主体是企业集团，报告的范围应包括母公司及其子公司），以保证其逻辑的一致性。同时，可持续发展报告与通用目的财务报表的报告主体保持一致，更有利于可持续发展相关信息与财务信息的衔接，也能满足主要使用者的一般信息需求并符合其一贯的思维逻辑。ISSB准则规定企业在识别可持续相关风险和机遇时，需要考虑与其联营企业、合营企业和其他金融投资相关的风险和机遇，也包括与价值链上的企业相关的风险和机遇。这一规定并不意味着这些外围企业自身的风险和机遇都要在报告中披露，而是要求考虑这些报告主体范围外的，但在报告主体价值链上的企业的风险和机遇是否会被传导到报告主体，进而导致殃及池鱼或鸡犬升天的效果。因此，只有那些可能对报告主体短期、中期或长期产生重要财务影响的风险和机遇才会被囊括其中，所以，归根结底可持续发展报告披露的还是报告主体的信息。与会计信息不同，可持续发展主题具有明显的“外部化”特征，风险和机遇的产生并非完全由企业自身的行为所决定。因此，要求考虑价值链上企业等报告主体范围以外的风险和机遇来源具有必然性。

2. 具体准则

参考ISSB准则的报告框架，我们建议将具体准则分类为列报准则（相当于ISSB准则的IFRS S1的一般要求准则中的一部分内容）、通用主题准则（包括环境主题准则、社会主题准则和治理主题准则）、行业准则和中小企业准则。具体准则的核心内容应尽可能与ISSB准则的核心内容（治理、战略、风险管理、指标和目标）保持一致。

（1）列报准则。列报准则的一般要求主要包括报告位置、报告时间、可比信息和合规声明等内容。

其一，报告位置。IFRS S1认为，可持续披露准则所要求披露的信息与财务报表（传统财务会计信息）共同构成了通用目的财务报告的组成部分，但并未明确要求可持续披露信息的报告位置。我们认为，可持续披露准则要求披露的信息中包含大量定性的、前瞻性的信息，其编制逻辑和传统财务会计信息的编制逻辑存在较大差别，且通常涉及除财务部以外的多个部门，数据收集、验证、分析和报告的工作繁重。因此，不宜将可持续发展相关信息与财务报表信息合并披露。根据中国证监会于2021年6月28日发布的修订后的《公开发行证券的公司信息披露内容与格式准则第2号——年度报告的内容与格式》的要求，年报中应新增“环境和社会责任”章节，如公司已披露社会责任报告全文的，仅需提供相关的查询索引。Wind数据库相关数据显示，有1 741家上市公司发布了1 818份2022年ESG报告，其中，社会责任报告1 079份，ESG报告513份，可持续发展报告58份，社会责任与ESG二合一报告104份，另有64家上市公司同步披露了英文ESG报告[①]。因此，目前在实务中，A股上市公司的ESG信息均作为年报的一部分或以单独报告（社会责任报告、可持续发展报告或ESG报告）的形式披露。我们合理预期在执行中国可持续披露准则后，公司须披露的可持续发展信息将有所增加，内容也更为具体。同时，逐步引入第三方中介机构对可持续披露信息进行鉴证也将被提上日程。若将可持续发展报告作为相对独立的报告，便于阅读和理解，而且更有利于可持续发展报告自身的身份认同和报告鉴证，也更有助于治理结构的建设和责任划分。我们认为，准则制定机构应在基本准则中明确可持续披露信息的地位以及与传统财务会计信息的关系，而可持续信息披露具体位置的决定权则可以交由相关监管部门，例如由证监会或证券交易所决定上市公司的可持续发展信息披露位置。另外，我们也注意到ISSB将在其未来两年的工作计划中考虑报告整合项目，即考虑可持续披露信息与传统会计信息的整合，财政部应密切关注这一项目的进展。

其二，报告时间。IFRS S1规定，企业应在发布相关财务报表的同时披露可持续发展相关财务信息。可持续发展相关财务信息披露涵盖的报告期间应与相关财务报表相同。而EFRAG则未要求可持续发展报告与财务报告同时披露，仅要求可持续发展报告涵盖的期间必须与财务报告涵盖的期间保持一致。诚然，同时披露财务报告和可持续发展报告有利于报告使用者更为及时和有效地获取信息并作出决策。但是，考虑到我国大部分企业尚未具备编制一套完整的可持续发展报告的能力，比如尚未建立一套完整的与可持续发展相关的信息系统、内控制度和治理结构，尚未配备一批具备相应专业能力的人员等。在目前阶段，要求同时披露两份报告对我国的大部分企业来说不切实际。因此，我们建议对可持续发展报告的报告时间给予适当的过渡期，在过渡期内，其发布时间可以晚于财务报告的公告时间。将可持续发展报告作为单独的报告而不是财务报告的一部分，也为上述过渡期安排提供了可能。对于报告期间，我们建议采纳ISSB准则关于可持续发展相关财务信息披露涵盖的报告期间应与相关财务报表相同的规定。

其三，可比信息。IFRS S1规定，除非其他可持续披露准则另行允许或要求，针对报告期间披露的所有数据，企业应提供上一期间的可比信息。如果此类信息有助于了解报告期间的可持续发展相关财务信息披露，企业还应披露叙述性和描述性的可持续发展相关财务信息的可比信息。另外，企业采用可持续披露准则的第一个年度报告期间内，无须披露可比信息。出于披露的可比性和可行性的考虑，在提出我国可比信息的要求时，我们建议采纳与ISSB准则相同的规定。

其四，合规声明。IFRS S1中规定，如果当地法律法规禁止企业披露可持续披露准

① 数据来源于微信公众号绿色金融60人论坛2023年5月10日戴浩程文章《A股上市公司2022年度ESG报告披露一览，披露率再创新高!》。

则所要求的信息，可持续披露准则豁免企业披露该信息。如果ISSB准则所要求披露的可持续发展相关机遇的信息具有商业敏感性，可持续披露准则同样豁免企业披露该信息。利用此豁免条款并不妨碍企业主张其遵守ISSB准则。ISSB之所以给出这一豁免条款，主要是为了助力实现其成为全球基准的目标。对于合规声明，我们认为与ISSB的一般原则保持一致即可。

（2）通用主题准则。在制定中国可持续披露准则时，既要与国际标准接轨，也要致力于推动本土经济、社会与环境的可持续发展。在综合考虑国际发展趋势和共识的情况下，应结合中国国情和发展阶段的本土特征。如前所述，考虑到应对气候变化的重要性和紧迫性，建议优先将全球普遍且最为关注的气候相关主题纳入通用主题准则。

其一，气候相关主题。气候变化已经对全人类的可持续发展构成最严重的威胁，也对高碳排放企业和不能适应低碳绿色转型的企业产生了重大冲击。因此，充分披露气候变化相关信息，特别是碳排放信息，一方面有助于使用者评估企业经营活动和气候变化之间的双向影响，并据以作出决策，另一方面也能促使企业进行低碳转型和绿色发展，促进证券市场投资理念的转变。但是，对于我国企业来说，应用IFRS S2中的一些具体披露要求可能存在巨大挑战。典型的例子包括范围三排放、气候情景分析以及气候相关风险机遇的预期财务影响。对于尚未熟悉可持续发展信息披露的企业来说，定量披露上述相关信息难度较大，如果相关定量数据的收集处理过程不规范导致信息质量低下反而会影响整个可持续披露报告的可信度。因此，我们建议可以针对这些方面制定豁免条款。豁免条款的目的并不是不要求企业披露信息，而是希望给予企业充足的准备时间。具体的措施包括给予过渡期安排，过渡期内可以从定性披露为主逐渐过渡到定量披露，或者将要求披露的企业范围限定在较小范围内，其他企业可以逐步学习国内外先进经验，做好披露准备。此外，被纳入ISSB管辖范围的SASB准则在ISSB准则中处于比较重要的地位，具体表现为企业在识别可持续相关风险和机遇以及相关的披露内容时应该参考SASB准则，未按照SASB要求披露的需要解释原因。SASB准则的制定背景导致了其国际适用性存疑，尽管ISSB已经开展工作对其中一些仅适用于美国背景的指标作出了修改，但是我们认为其适用于我国实际情况的程度尚不明朗。因此，我们建议无论是针对气候变化的具体准则还是其他主题准则，不宜直接照搬SASB准则中的要求。准则制定机构应具体分析SASB准则中具体指标的制定背景、具体要求等细节，才能决定是否以及如何采用SASB准则。

其二，其他主题。在其他主题准则的制定节奏上，准则制定机构应该综合考虑ISSB的准则制定项目和国内信息使用者的需求优先级。

其三，中国特色主题。新发展理念是针对当前我国发展面临的突出问题和挑战提出来的战略思想，全面推进乡村振兴就是贯彻新发展理念的重大举措。企业投身于乡村振兴尽管不一定能够带来效益，但可以充分彰显企业的社会责任和担当。为协同做好乡村振兴工作，贯彻新发展理念，中国证监会于2021年6月28日发布修订后的《公开发行证券的公司信息披露内容与格式准则第2号——年度报告的内容与格式》，鼓励上市公司积极披露报告期内巩固拓展脱贫攻坚成果、乡村振兴等工作具体情况。同时，权威数据显示，截至2023年4月30日，近四成A股上市公司在其年报中披露了支持巩固脱贫攻坚、乡村振兴相关内容。这说明披露“脱贫攻坚、乡村振兴”相关内容不仅满足监管机构的信息披露要求，上市公司对此也具有较强的实操性和披露意愿。类似地，我们可以考虑将生态红线、共同富裕、工会组织、反腐倡廉等中国特色主题纳入其中。但是，我们认为准则制定机构可能不需要在一开始就对上述中国特色主题制定具体准则，可以留待企业采用基本准则以及列报准则，识别可持续相关风险和机遇后的一段时间（可能是2~3年）后再行观察。一方面，准则制定机构应考虑这些主题与财务信息的关联程度；另一方面，如果认为由财政部制定具体主题准则是必要的，也可以在准则制定时参考这段时间内企业已作出的披露研究制定。

（3）行业准则。可持续发展相关信息具有非常明显的行业特征，不同行业之间可能存在完全不同的商业模式、价值链、风险和机遇，比如油气行业最关心的是能源转型和污染等问题，而食品行业最关心的则是食品安全和供应链管理等问题，可以说“三百六十行，隔行如隔山”。但不同于财务报表，可持续发展相关信息的披露并没有类似“复式记账法”或“一般等价物”的逻辑，因而无法将不同商业模式、不同治理和管理水平、不同战略和决策行为、不同资源和关系、不同风险和机遇用统一的语言进行表述和呈现。因此，为每个行业量体裁衣，制定能体现行业特征的行业准则，让同行更可比、各行有差异，才能真正体现可持续披露的价值和决策有用性。我们注意到，ISSB发布的IFRS S2附录2中的行业实施指南完全参照了SASB标准的行业分类，向68个行业提出了行业特定披露要求。但对于每个行业的具体披露要求而言，由于ISSB准则的行业实施指南中众多指标的设定以美国的具体环境为背景，并不完全适用于中国企业，因此，在制定中国可持续披露准则时，应结合自身行业特点和国内评价体系，充分考虑企业的承受能力，再行决定SASB准则之于中国准则的地位。

行业特定准则相较列报准则和通用主题准则而言，具有更高的专业性和特殊性，可以考虑将具体行业准则的制定交给行业协会、行业自律组织或行业监管机构等具备行业经验和专业知识的组织和机构，而财政部可以发挥指导、协调的作用。在行业准则制定的过程中，还可以邀请企业积极参与标准修订和指标细化的工作。这种征求多方意见的做法不仅可以更好地完善准则，而且可以得到更多利益相关方对可持续披露准则的认可，继而进一步提升准则的影响力。

（4）中小企业准则。可持续发展不仅仅是大企业或者上市公司应该关心的话题，中小企业也应考虑。为了构建完整的可持续披露准则体系，应考虑为中小企业提供一套简化版本的可持续披露准则。中小企业是国民经济的重要组成部分，但它们可能缺乏大企业所拥有的资源与能力，编制可持续发展信息的成本相比其规模来说可能更高，同时，中小企业所面临的可持续相关风险和机遇的类型也与大企业有所差别，因此，制定中小企业可持续披露准则非常必要。

3. 准则指南

不难想象，未来我国企业要按照可持续披露准则定期发布可持续发展报告，单从准则应用的技术角度而言，就存在诸多问题和重重困难。首先，对于像“可合理预期会影响企业发展前景的所有可持续相关风险和机遇”这样的开放性问题，如何从理论落实到实操，对于习惯了回答清单式问题的编制者而言会是一个很大的挑战。其次，对于绝大多数企业来说，范围三温室气体排放、气候情景分析以及气候目标制定都是较为新鲜的事项，编制时难免力不从心。再者，对于已经披露了ESG报告的企业，如何将原有的报告内容整合入新的报告框架，按照四大核心内容的逻辑重新编报，也将会是企业面临的现实问题。因此，为了便于报告编制者理解和应用准则内容，我们建议制定准则指南对具体准则的重点、难点问题进行权威解释，并提供更为详细的指引和示例，同时针对不同的行业，还需提供具有代表性的行业实施案例和披露案例以供参考。

（二）中国可持续披露准则制定路线图

在全球各地加快可持续披露准则集中制定和发布的形势下，我国必须尽快跟上国际发展步伐，使可持续发展相关信息的报告制定适应本国国情的框架和标准，真正将可持续发展引入企业战略之中，避免在国际竞争中处于被动局面，并继续扩大我国的全球影响力。鉴于制定一套全新的适应中国国情的可持续披露准则项目的规模较大、复杂性和紧迫性较高，有必要为项目的具体落地制定详细的规划，分阶段分步骤进行。

1. 参照ISSB准则制定节奏分四个阶段进行

第一阶段，基础准备工作。确定准则制定机构及其协调机制，并尽快组建准则制定工作组，确立准则制定的应循程序，为准则研究与制定工作奠定制度基础和组织保障。准则制定机构及工作组主要职能应包括：通过对国际主流准则及国内现有准则和标准进行深入研究，确定可持续发展信息基本框架，包括确定报告的使用者定位、重要性原则和信息质量特征等；结合中国国情和政策规定，加快研究制定中国可持续披露准则体系；与ISSB保持密切交流，参与ISSB准则的制定工作，为将来准则之间实现可互通性减少阻力；关注可持续发展信息与财务信息之间的关联性，并通过对可持续发展信息披露框架与现有财务报告信息的审阅，识别并实现两个维度信息的融合；结合可持续发展信息披露的实践，评估利益相关方的需求和挑战，尤其是中小企业编制者的资源限制和数据的可得性等，并在报告制定过程中予以考虑。第二阶段，形成第一批准则征求意见稿，并在履行相关应循程序后予以发布。应当以基本准则的制定作为起点，并首先确定可持续发展信息披露的核心内容及一般要求（列报准则），再按照优先程度选择制定通用主题准则。基本准则及列报准则旨在提供核心理念和通用要求，可指导所有具体可持续主题披露准则的制定。在确定要制定的通用主题准则时，按照主题的紧急程度和成熟度，第一阶段可优先考虑环境主题准则中的气候变化主题。第三阶段，参考ISSB对其他主题准则的制定节奏，逐步形成一套完整的可持续披露准则。同时，结合准则应用和实践发展情况，修订和完善第一阶段制定的准则，为准则应用提供更进一步的指导和解释。第四阶段，以已完成的可持续披露准则体系为基础，适时制定适用于其他报告主体的准则，如中小企业、非营利组织和公共部门，并继续为可持续披露准则的应用提供支持。

2. 建议规划时间表

第一阶段：考虑到财政部此前为向ISSB反馈中方对征求意见稿的意见，已牵头成立了由相关主管单位和行业内专家参与的跨部门工作组，尽管本次准则制定涉及更广泛的部门及组织的参与，但也并非从零起步。因此，建议在2023年第三季度之前完成相关机构及工作组的筹建和关键人员的任命，以便于开展准则制定等核心职能工作。第二阶段：目前对我国企业影响较大的ISSB准则及联交所《环境、社会及管治报告守则》均预计于2024年1月1日之后开始的年度报告期间生效，许多编制者已开始着手建立或调整其内部流程、系统和控制程序，以提供满足准则要求的披露信息。为减少企业为同时满足不同准则要求而进行的准备工作的重复性，同时考虑到第一阶段制定的中国可持续披露准则将建立在相对成熟和广泛认同的框架基础上，建议最晚于2024年年中完成征求意见稿，随后结合反馈意见进行修改，于2024年年底之前发布最终版。第三阶段：由于时间关系无法在第二阶段制定的行业特定准则和其他主题准则应在本阶段予以考虑。ISSB的目标是制定一套全面的可持续发展相关财务信息披露的全球基准，我国制定的可持续披露准则势必面临与ISSB准则的对标问题。为减少相同主题准则的差异，降低跨国企业的披露成本，提高企业披露信息的国际可比性，建议在制定通用主题准则时参照ISSB的准则制定议程安排，优先研究和制定与之相同主题的准则。例如，2025—2026年同步完成生物多样性相关主题、人力资本主题和人权主题项目的研究，并在资源允许且必要的情况下，制定中国特色主题准则，如乡村振兴等主题。第四阶段：企业、非营利组织和公共部门在基础属性和活动目标上有所不同，但同时也都作为社会组织的重要组成部分而存在，中小企业则在资源、能力和影响上与一般企业不同，因此，有必要制定适用于这些主体的可持续披露准则，从而实现更大规模的社会面覆盖。时间上可考虑与一般企业的可持续披露准则穿插进行。

（原载于《财会月刊》2023年第15期）

主要参考文献

1. 黄世忠. ESG报告的“漂绿”与反“漂绿”[J]. 财会月刊，2022（1）：3-11.

2. 黄世忠，叶丰滢，王鹏程，等. 中国可持续发展披露准则制定的策略选择[J]. 财会月刊，2023（11）：3-7.

3. 屠光绍，王德全，等. 可持续信息披露标准及应用研究：全球趋势与中国实践[M]. 北京：中国金融出版社，2022.

4. 王鹏程. 构建我国碳信息披露体系的战略思考[J]. 北京工商大学学报（社会科学版），2023（1）：109-117.

5. ISSB. IFRS S1 general requirements for disclosure of sustainable-related financial information [EB/OL]. [2024-12-18]. https: //www.ifrs.org.

6. ISSB. IFRS S2 climate-related disclosures [EB/OL]. [2024-12-18]. https: //www.ifrs org.

中国可持续披露准则实施保障机制研究

王鹏程

【摘要】在研究制定中国可持续披露准则的同时，需要着力构建准则实施保障机制。本文从法规体系、底层标准、基础设施、内部控制、鉴证制度、监管体系等六个方面构建中国可持续披露准则实施保障机制，提出一系列解决方案和政策建议，供有关决策部门参考。相关政策建议包括：专门制定可持续信息披露的法律或行政规章，配套完善与可持续信息披露相关的其他法规；全面梳理可持续披露准则涉及的底层标准，识别差异并结合中国国情和企业实践，逐一进行补充、修改和完善；建立和完善企业可持续信息管理系统以及相关政府及监管部门的可持续信息披露系统和共享平台，建设权威的碳排放因子库和核心产品碳排放数据库，培育第三方数据供应商；制定可持续信息披露内部控制指引，推进企业可持续信息披露内部控制的建立和完善；建立强制鉴证制度，并就鉴证主体、鉴证对象、鉴证范围、法律责任与安全港规则、审计委员会职责、鉴证费用、鉴证准则等作出制度安排；为抑制"漂绿"行为，明确监管职责，建立监管协调机制，综合运用监管规则、准入机制、监督检查和责任追究等监管方式，构建完善的可持续信息披露监管体系。

【关键词】可持续披露准则；法规体系；底层标准；基础设施；内部控制；鉴证制度；监管体系

面对可持续披露准则加快制定的新趋势，为推动高质量发展，促进经济、社会和环境的可持续发展，中国需要加快研究制定并实施既与国际主流可持续披露准则相协调，又适合中国国情且能彰显中国特色的可持续披露准则（王鹏程等，2023）。在研究制定中国可持续披露准则的同时，需要着力构建准则实施保障机制。如果没有完善的实施保障机制，可持续披露准则的实施将困难重重，可持续信息披露的质量也将难以保障。为此，本文从法规体系、底层标准、基础设施、内部控制、鉴证制度、监管体系等六个方面构建中国可持续披露准则实施保障机制，供有关决策部门参考。

一、可持续信息披露法规体系

笔者认为，在急用先行原则下，可以依据现有法律条文尽快研究制定中国可持续披露准则。同时，需要尽快启动立法程序，专门制定可持续信息披露的法律或行政规章，并配套完善与可持续信息披露相关的其他法规，其目的在于：

1. 建立强制披露制度

强制披露已经成为可持续信息披露的重要趋势。欧盟于2022年发布《公司可持续发展报告指令》（CSRD），要求大型企业（不论其是否为上市公司）、所有在欧盟监管市场上市的企业（不包括微型企业）以及在欧盟创造1.5亿欧元以上净营业额且设有子公司或分支机构的非欧盟企业必须披露可持续发展报告。美国证监会（SEC）于2022年发布《面向投资者的气候相关信息披露的提升和标准化》提案（简称“气候信息披露新规”）征求意见稿，要求在美上市公司报告其温室气体排放和气候变化相关风险的信息。美国联邦政府在《联邦采购条例》修订稿中[①]，要求重要供应商（年度合同750万~5 000万美元）和主要供应商（年度合同5 000万美元以上）披露范围一和范围二的温室气体排放，并且主要供应商还需要披露范围三的温室气体排放。截至目前，加入联合国可持续证券交易所倡议（UN SSE）的122家证券交易所中有泛欧交易所、卢森堡交易所、新加坡交易所以及香港联交所等35家证券交易所的上市规则强制要求披露ESG报告[②]。面对强制披露这一趋势，为推动经济、社会和环境的可持续发展，中国有必要通过立法引入强制披露制度，要求符合一定标准的企业必须按中国可持续披露准则披露可持续信息。

2. 建立强制鉴证制度

强制鉴证是可持续信息披露另一重要趋势。欧盟CSRD要求适用CSRD的所有公司引入第三方独立鉴证机制，对报告的可持续信息寻求有限保证，并在以后阶段转向合理保证，鉴证报告需要涵盖可持续发展报告是否符合欧盟可持续发展报告标准，公司为识别根据可持续信息而开展的流程，以及是否符合可持续发展报告标记要求等。美国SEC

---

① 美国联邦政府于2022年11月10日提议修订《联邦采购条例》。
② 根据UN SSE数据库截至2023年7月13日的查询结果，于该等35家证券交易所上市的公司共19 323家。

气候信息披露新规要求加速申报人和大型加速申报人提交的披露文件包括一份涵盖其温室气体范围一和范围二排放披露的鉴证报告。而国际财务报告可持续披露准则（简称“ISSB准则”）虽未对可持续信息的鉴证提出要求，但基于国际可持续准则理事会（ISSB）的成立背景以及ISSB准则的定位，已经发布的两项ISSB准则以及今后制定的其他ISSB准则，均需要为审计师确定主体是否遵守了相关披露要求提供依据，即基于ISSB准则披露的可持续信息应该是可验证的。基于欧盟委员会和美国SEC通过立法形式明确强制鉴证要求的示范效应，未来各司法管辖区的监管部门以及证券交易所在应用ISSB准则时将会陆续就可持续信息提出强制鉴证要求（王鹏程，2022b）。2023年7月，新加坡可持续发展报告咨询委员会（SRAC）发布题为《将气候雄心化为行为》的咨询文件，要求相关企业按照ISSB准则披露气候相关信息，并就温室气体排放引入外部鉴证。面对强制鉴证这一趋势，为抑制“漂绿”，确保可持续信息披露的质量，中国有必要通过立法引入强制鉴证制度，要求企业必须聘请独立第三方对所披露的可持续信息进行鉴证。

3.保障准则权威性

所制定的可持续披露准则是否权威，关系到准则能否得到有效的贯彻实施。ISSB准则的权威性来自二十国集团、七国集团、金融稳定理事会（FSB）、国际证监会组织（IOSCO）的支持，以及ISOCO通过认可程序对准则的认可和背书（Endorsement）。欧盟可持续发展报告标准（ESRS）的权威来自上位法CSRD，CSRD要求适用该指令的企业按照ESRS编制和披露可持续发展报告，所以，ESRS具有法律属性，可以比肩美国SEC气候信息披露新规，其权威性不言而喻。英国在2013年修订《2006年公司法》时加入战略报告披露要求，强制要求企业根据“不遵守就解释”的原则披露其在环境、员工雇佣、人权与性别等方面的表现，这一法律规定为执行英国财务报告委员会（FRC）制定的《战略报告指南》以及今后采纳ISSB准则奠定了法律基础[①]。要保障中国可持续披露准则的权威性，需要通过立法赋予准则法律属性。

4.明确法律责任

由于可持续信息披露涉及众多利益相关方，企业在按照准则披露可持续信息时，可能存在虚假陈述、误导性陈述、重大遗漏等“漂绿”行为，为了维护准则的权威，建立良好的市场秩序，增强利益相关方的信心，需要明确可持续信息披露相关的法律责任，包括对违反准则的行为进行界定和分类，明确披露机构和鉴证机构及提供相关数据和信

① 英国于2023年6月成立可持续披露技术咨询委员会，评估ISSB准则的采纳。

息的第三方机构的法律责任。同时，考虑到可持续信息披露涉及大量前瞻信息、价值链相关信息，为缓解企业因披露这些信息而产生法律责任的担忧，提高企业可持续信息披露的积极性和质量，需要考虑引入安全港规则，即明确相关主体只有在没有合理依据或非善意披露、鉴证等情况下才对安全港规则所覆盖相关信息（包括前瞻信息、价值链相关信息）的披露、鉴证等承担法律责任，同时明确针对该等信息的诉讼只能由原告承担举证责任。ISSB在首批两项准则审议阶段提出，考虑和监管机构合作依托现有的法律资源，需要推动安全港制度的执行。

基于以上分析，笔者认为，需要尽快研究制定可持续信息披露的专门法律或行政规章，明确上市公司、金融机构及其他公共利益主体必须依据中国可持续披露准则披露可持续信息，并聘请第三方鉴证机构进行鉴证，明确所披露的可持续信息应该涵盖的环境主题、社会主题和治理主题，披露机构和鉴证机构及提供相关数据和信息的第三方机构的法律责任，以及安全港规则覆盖的信息及具体内容。在制定专门法律或行政规章的同时，还需要配套完善与可持续信息披露相关的其他法规，包括：在《证券法》第五章信息披露中加入可持续信息披露的要求；在修订《公司法》时，将“社会责任报告”修改为“可持续发展报告”，将“鼓励公布”调整为“强制披露”，并将强制鉴证纳入法定要求（适用于公共利益主体的公司）；在修订《会计法》时，明确公共利益主体必须按照中国可持续披露准则披露可持续信息；在修订《注册会计师法》时，在第三章业务范围和规则中补充业务范围，加入可持续信息披露鉴证等内容；在修改《政府采购法》时，要求采购主体将供应商的可持续信息披露要求纳入相关条款并提出明确要求。

二、可持续披露准则底层标准

可持续披露准则涉及环境、社会和治理方面众多的领域，且覆盖各行各业，准则相关规定不可避免地引入各领域、各行业诸多标准，如温室气体核算标准、绿色建筑标准、矿产资源和石油天然气储量估算标准等，这些称为底层标准。2023年6月，ISSB正式发布的《国际财务报告可持续披露准则第1号——可持续相关财务信息披露一般要求》（IFRS S1）指出，主体在识别可合理预期会影响主体发展前景的可持续相关风险和机遇时，主体应参考可持续发展会计准则委员会（SASB）于2018年发布的可持续发展会计准则（简称“SASB准则”）中的披露主题并考虑其适用性，还可参考气候变化信息披露标准委员会（CDSB）披露框架（简称“CDSB框架”）应用指引之水资源和生物多样性相关披露要求，以及旨在满足通用目的财务报告使用者信息需求的其他准则制定机构制定的最新文告；在相同行业或地理区域经营的主体识别的可持续相关风险和机遇。同时，发布《国际财务报告可持续披露准则第2号——气候相关披露》（IFRS S2），要求主体按照《温室气体核算规程：公司核算与报告标准（2004年）》计量其温室气体排放量，除非各司法管辖区当局或主体上市的证券交易所要求采用不同的方法计量温室气体排放，并按照《温室气体核算规程：公司价值链（范围三）核算与报告准则（2011年）》披露范围三温室气体排放计量中包括的类别。IFRS S2附录中包含ISSB在SASB准则的行业分类基础上向11个主行业、68个子行业提供的实施指南，尽管该实施指南目前并非强制要求。该实施指南沿用SASB准则，涉及众多欧美标准，特别是很多内容涉及美国政府、州立政府、公司、民间组织制定的标准。这些标准中，有些标准与中国目前所执行的标准存在重大差异，有的标准闻所未闻，况且美国标准并非国际标准。该实施指南中也涉及很多国际标准，但有些国际标准中国企业并不执行[①]。目前，ISSB已经启动对SASB准则的改造，以提高SASB准则的国际适用性，其方法包括：引用相关国际组织或机构发布且获得了多数国家或地区认可或遵循的国际通用的标准、定义或计算方法，以替换原特定国家或地区的参考标准；采用本国或地区适用的法律法规、计算方法或指南，以替换原特定国家或地区的参考标准。可见，ISSB准则涉及诸多底层标准，未来发布的其他主题准则也会涉及其他底层标准，而行业披露指南更是涉及各行各业众多底层标准。参照ISSB准则及其他主流准则或报告框架，并结合中国实际制定的中国可持续披露准则必然也会引入诸多底层标准，为支撑中国可持续披露准则的实施，亦需要尽快完善相关底层标准。

1. 温室气体核算标准

目前，国际上最具影响的碳排放核算标准是世界资源研究所（WRI）和世界可持续发展工商理事会（WBCSD）联合建立的温室气体核算规程（GHG Protocol），主要包括：《温室气体核算规程：企业核算与报告标准（2004）》（又称《企业标准》），《温室气体核算规程：项目核算标准（2005）》（又称《项目标准》），《温室气体核算规程：产品生命周期核算和报告标准（2011）》（又称《产品标准》），《温室气体核算规程：企业价值链（范围三）核算与报告标准（2011）》（又称《范围三标准》）。这四大主要标准相互联系，相互补充。此外，WRI和WBCSD还发布了《温室气体核算规程——范围二指南》（2015）和《温室气体核算规程——范围三排放计算技术指南》（2013）。WRI和WBCSD已于2022年11月启动对《企业标准》的公开咨询，准备进一步完善《企业标准》。此外，还有国际标准化组织（ISO）制定的ISO 14064、ISO 14067系列标准，英国

① 例如，半导体行业要求主体披露含有国际电工委员会的《电工行业产品材料申报》（IEC 62474）中规定的申报物质产品的收入百分比，而非按照中国已有的《危险化学品安全管理条例》等法律法规中的化学品种类、阈值进行界定。

标准协会发布的《PAS 2050：2011产品与服务生命周期温室气体排放的评价规范》（简称《PAS 2050规范》），以及碳核算金融联盟（PCAF）于2020年11月发布的《全球金融行业温室气体核算与报告标准》。

WRI和WBCSD制定的《企业标准》已经被ISSB准则、ESRS以及美国SEC气候信息披露新规所采纳。ISSB在IFRS S2的结论基础中指出，采用《企业标准》，便于主体如实反映其温室气体排放量，有助于主体与核算温室气体排放量的主要企业实践保持一致，也有助于促进各主体之间温室气体核算和披露的一致性和透明度[①]。考虑到澳大利亚、中国、法国、日本、韩国等要求主体使用其他方法来计量温室气体排放，若采用《企业标准》，会产生额外成本，ISSB决定，当主体被各司法管辖区当局或主体上市的证券交易所要求使用不同于《企业标准》的温室气体排放计量方法时，主体可以使用此方法[②]。但这一豁免并不免除主体对范围一、范围二、范围三温室气体排放的相关披露。

在中国，国家发展改革委参考联合国政府间气候变化专门委员会（IPCC）发布的《2006年IPCC国家温室气体清单指南》，于2013—2015年先后分三批制定和发布了24个行业的《企业温室气体排放核算方法与报告指南（试行）》，涵盖了关于核算边界和核算方法的详细描述，以及在国内适用的相关参数默认值。同时，国家质量监督检验检疫总局、国家标准化管理委员会于2015年批准《工业企业温室气体排放核算和报告通则》（GB/T32150-2015）以及发电、钢铁、民航、化工、水泥等10个重点行业共11项温室气体核算国家标准。以上标准共同构成了中国目前的温室气体核算标准体系，相关标准较少涉及或不涉及范围三的温室气体排放，难以适应碳达峰碳中和的政策要求，也无法满足披露范围三温室气体排放的需要。

鉴于此，在制定中国可持续披露准则的同时，需要推进温室气体排放核算标准建设，其思路有两个：一是直接采纳《企业标准》，但在WRI和WBCSD修订《企业标准》的过程中，相关政府部门以及主要市场主体需要积极收集、反馈中方意见，让修改后的标准能够充分体现中国国情，考虑中国各行业企业的实践经验。采用这种思路的好处是节省时间，并且能够实现中国企业与其他国家和地区企业温室气体核算披露的一致性，但由于修订过程中会有众多国家和地区提供反馈意见，中方提出的修改意见完整体现于修改后的标准中并不现实。若采用这一思路，需要立即行动，因为相关修订工作已经启动。二是对中国目前的温室气体核算标准体系，参照《企业标准》并结合修订情况进行修改完善，让修改后的温室气体核算标准体系既反映中国国情，又实现国际趋同。笔者建议采用第二种思路，因为可以充分体现中国国情。对于金融企业投融资排放的核算，

---

① 参见IFRS S2的结论基础Basis for Conclusions on Climate-related Disclosures第87段。
② 参见IFRS S2的结论基础Basis for Conclusions on Climate-related Disclosures第88段。

中国人民银行借鉴PCAF标准，于2021年10月发布了《金融机构碳核算技术指南（试行）》。但PCAF标准和《金融机构碳核算技术指南（试行）》覆盖的资产类别尚有限，计算中涉及变量的定义细节尚未标准化，需要不断完善。

2. 其他相关底层标准

可持续披露准则底层标准众多。以石油天然气上游企业为例，按IFRS S2所附行业实施指南，需要披露探明储量（proved reserve）和概算储量（probable reserve）并进行敏感性分析，以及已探明储量中的预计二氧化碳排放。在中国，油气储量评估可遵循CCPR（Classifications for Petroleum Resources/Reserves）标准，该标准由国家标准化管理委员会于2004年制定并发布，适用于中国石油公司储量管理或向国家申报储量。国际上油气公司常用的标准有两个：一是美国SEC标准，即SEC于20世纪70年代制定并于2009年修订的标准，适用于上市公司储量披露；二是PRMS（Petroleum Resources Management System）标准，由美国石油工程师学会（SPE）、石油评价工程师学会（SPEE）、美国石油地质学家协会（AAPG）和世界石油大会（WPC）等组织于2007年联合制定，适用于行业交流和国际合作。上述三大标准在分类框架、储量定义和估算方法等方面均存在一定程度的差异。简单来说，CCPR的储量为，当资源国的政策允许在某一区域从事油气资源评估或勘探开发时，这一区域可能存在的油气资源数量即总原地资源量。PRMS与CCPR类似，其储量是资源国政策允许在设定期限内从事勘探开发时某一区域内可能存在的油气资源总量。而SEC储量则是资源国政策允许在设定期限内从事勘探开发，钻探上已经发现、技术上可采且可经济生产的油气资源数量。相比之下，SEC标准注重资源的经济属性，储量必须具有经济性，按该标准估算的储量数值通常低于按PRMS标准和CCPR标准估算的数值。

由于中国三大石油集团所属上市公司中国石油化工股份有限公司、中国石油天然气股份有限公司、中国海洋石油有限公司曾于美国上市，作为美国上市公司，必须按SEC标准披露油气储量。尽管三家上市公司已经从美国证券市场退市，但其储量披露沿用至今。如中国石油天然气股份有限公司于2022年年报中披露，其证实油气储量是指自给定日期至合同约定权利到期日（除非有证据合理保证该权利能够得到延期），通过地球科学和工程数据的分析，采用确定性评估或概率性评估，在现有经济条件、作业方法和政府监管条件下，可以合理确定已知油气储层经济条件可采的原油、天然气的估计量。A股上市公司广汇能源在其2022年年报中虽然并未明确表述其采用了SEC标准，但其对探明经济可采储量的描述与中国石油天然气股份有限公司的年报描述如出一辙。我国香港上市公司联合能源在其年报中明确披露其使用的是PRMS标准。由此可见，中国上市油气公司采用了不同的储量标准。从可持续信息披露角度，为便于中国信息使用者了解企业编制可持续信息时所使用的储量基础，需要求企业明确披露其使用的储量标准，该标准需要与其编制财务报告所使用的标准相一致。

此外，IFRS S2所附行业实施指南，需要披露探明储量和概算储量，这一要求超越了上市石油公司现有的披露范围。三大石油集团所属上市公司沿袭了其在美国上市时的储量披露范围，仅披露了探明储量。若中国可持续披露准则遵循IFRS S2披露探明储量和概算储量的原则，则目前上市公司的披露范围难以满足要求。新增披露带来的增量成本，以及如何与现行上市公司监管规则协同，是需要解决的问题。

对于其他各种底层标准，不再一一列举。笔者建议中国准则制定机构协调相关政府部门和监管机构、相关行业协会和组织对可持续信息披露中涉及的底层标准进行全面梳理，识别其与相关国际标准的差异，再结合中国国情和企业实践，逐一进行补充、修改和完善，争取早日建立完善的可持续披露准则底层标准体系。

三、可持续信息披露基础设施

数据的可获得性和可靠性是高质量可持续信息披露的基础，要实施中国可持续披露准则，必须有完善的基础设施来保障数据的可获得性和质量。由于中国企业披露ESG报告和可持续发展报告起步晚，大多数企业尚未建立可持续信息的收集、验证、分析和利用系统，相关部门和机构亦未建立完善的可持续信息披露系统和共享平台。为保障中国可持续披露准则的实施，需要着力推进可持续信息披露的基础设施建设。

1. 企业可持续信息管理系统

企业披露的可持续信息涵盖环境、社会和治理的诸多领域，不仅涉及各个部门和分支机构以及各级子公司，还涉及与价值链上的活动、互动和关系以及资源使用有关的信息。如此之多的信息，其收集、验证、分析和利用需要通过搭建可持续信息管理系统来实现。搭建系统时，需要基于企业现有的业务系统、财务系统等，保持可持续信息管理系统与其他信息系统的有效连接，实现可持续发展相关数据，包括气候变化、能源消耗、水资源、废物与污染、健康和安全、人力资本等方面数据的自动抓取。考虑到披露价值链相关信息的需要，可持续信息管理系统还需要实现与外部各类信息平台的有效连接，能够从外部共享的各类信息平台获取相关信息。

对于中小企业而言，自行开发可持续信息管理系统并不现实，可以通过购买第三方开发的信息系统来实现对可持续信息的收集、验证、分析和利用。2021年9月25日，北京绿色交易所与北京绿色金融协会、评安国蕴（北京）科技有限公司共同开发的“企业ESG信息管理和披露系统”正式发布，该系统为企业提供专业化、信息化、自动化、定制化的ESG管理和信息披露一站式、全流程服务[①]。随着未来中国可持续披露准则的实施，将会有更多企业存在对第三方可持续信息披露系统的需求，也会有更多机构基于准则的要求开发适用于中小企业的可持续信息管理系统。

2. 可持续信息披露系统和共享平台

目前，相关政府部门已经在推进环境信息披露系统的开发和环境信息共享平台的搭建。2020年12月，中央全面深化改革委员会第十七次会议审议通过了《环境信息依法披露制度改革方案》。该方案第八条提出：市（地）级以上生态环境部门依托官方网站或其他信息平台，设立企业环境信息强制性披露系统，集中公布企业环境信息强制性披露内容，供社会公众免费查询；建立信息共享机制，市（地）级以上生态环境部门及时将企业环境信息强制性披露情况及监督执法结果等信息共享至同级信用信息共享平台、金融信用信息基础数据库，并转送至同级有关管理部门。此后，各地生态环境部门陆续启动相关工作。例如，上海市生态环境局于2023年2月发布《关于做好环境信息依法披露系统填报及管理工作的通知》，要求设立企业环境信息依法披露系统；同时设立管理平台，各管理部门应协同管理，积极配合，在数据推送、信息共享等方面为企业披露信息提供便利。

生态环境部于2021年11月26日发布《企业环境信息依法披露管理办法》，仅要求重点排污单位、实施强制性清洁生产审核的企业、有生态环境违法行为的上市公司及合并报表范围内的各级子公司，以及有生态环境违法行为的发行企业债券、公司债券、非金融企业债务融资工具的企业披露环境信息，其中，需要披露的碳排放信息仅包括排放量、排放设施等。所以，按照以上要求开发的环境信息披露系统和搭建的环境信息共享平台，与按照可持续披露准则披露环境、社会、治理各领域可持续信息的要求尚存在较大差距。需要相关部门，包括财政部、国家发展改革委、人民银行、金融监管总局、中国证监会、工业和信息化部、生态环境部、自然资源部、水利部、国务院国资委等进行充分协调，指定某一部门在借鉴生态环境部经验基础上开发综合性的可持续信息披露系统，搭建综合的可持续信息共享平台，该系统和平台接受以上部门的联合管理，并与各部门现有的相关系统进行有效连接，同时为企业提供信息共享等便利。为推进上述系统和平台的建设，准则制定机构需要借鉴ISSB和ESRS的经验，制定可持续信息披露分类标准。

3. 其他基础设施

除企业可持续信息管理系统以及相关政府及监管部门的可持续信息披露系统和共享

---

① 参见北京绿色交易所于2021年9月28日在其官网上发布的新闻稿：北京绿色交易所在“2021中国金融学会绿色金融专业委员会年会”发布《全球碳信用机制演进及展望研究报告》和“企业ESG信息管理和披露系统”。

平台外，完善的可持续信息披露基础设施还应包括碳排放因子库和核心产品碳排放数据库，以及第三方数据供应商。

碳排放因子库是温室气体核算的重要基础，但目前国内碳排放因子缺失严重、管理分散、更新滞后，不能适应根据可持续披露准则进行气候相关信息披露的要求。2022年8月，国家发展改革委、国家统计局、生态环境部印发《关于加快建立统一规范的碳排放统计核算体系实施方案》（简称《实施方案》），提出要加强我国关键排放源特征参数统计调查和排放因子定期监测，结合全国碳市场企业数据，建立我国官方权威的排放因子数据库，为不同层级碳核算提供技术参数，降低碳核算成本并提高核算的准确性。考虑到气候相关信息披露的迫切性，建议相关部门对碳排放因子数据库建设的顶层设计进行统筹谋划，明确碳排放因子数据库建设的时间表、路线图，规范碳排放因子数据库的管理和使用，并建立碳排放因子数据库的常态化更新机制。

核心产品碳排放数据库是范围三温室气体排放核算的重要数据来源，但目前国内并没有官方的产品碳足迹核算指南，更无权威的核心产品碳排放数据库。这导致范围三的核算困难重重，虽可查询国外数据但数据精度不高，依赖一些市场机构开发的数据库却又互不认可。基于这一现状，《实施方案》要求有序开展重点产品碳排放核算，研究制定重点产品碳排放核算方法，推动出台相关标准，指导企业和第三方机构开展产品碳排放核算，并在完善产品碳核算的基础上探索建立碳标签制度体系。建议相关政府部门在推进重点产品碳排放核算的基础上，建设权威的核心产品数据库。数据库的建设需做好顶层设计及遵照国家相关标准和要求，以确保数据的准确性、完整性、可靠性、可维护性等。企业上传的相关数据需经过第三方核查机构核查，对上传虚假数据的企业，需建立相应的惩罚机制。为保证相关数据的时效性，需建立核心产品碳排放数据库的常态化更新机制。

第三方数据供应商在可持续发展生态上不可或缺，其提供的数据能够在一定程度上满足可持续信息披露中对相关信息的需求。目前，已经有市场机构利用大数据和人工智能技术打造可持续信息平台，为各类机构提供可持续数据，但从第三方机构的数量和其提供数据的数量和质量看，尚不适应众多企业可持续信息披露的需要。建议相关政府部门制定引导政策，引导市场机构进一步打造和完善第三方可持续信息平台，并协调相关部门为与其共享相关数据提供便利，同时制定第三方可持续信息平台的数据质量标准和安全标准，为第三方可持续信息平台数据的可靠性和安全性提供保障。

四、可持续信息披露相关内部控制

内部控制是由企业董事会、监事会、经理层和全体员工实施的、旨在实现控制目标的过程，其目标是合理保证企业经营管理合法合规、资产安全、财务报告及相关信息真实完整，提高经营效率和效果，促进企业实现发展战略。完善的内部控制，有利于可持续发展目标和战略的实现，有利于管理可持续发展相关风险和机遇，是高质量可持续信息披露的基石。可持续披露准则要求公司披露的可持续信息与按照会计准则披露的会计信息具有相同的质量特征，包括相关性、如实反映两个基础性质量特征和可比性、可验证性、可理解性、及时性四个提升性质量特征。没有完善的内部控制，符合上述质量特征要求的高质量可持续信息披露将成为空谈。可持续信息披露存在的一系列乱象，包括信息披露不完整、不一致、不可比，报喜不报忧，重要信息缺失，既与缺乏统一的可持续披露准则有关，也是由可持续信息披露内部控制缺失所致。确保可持续信息披露质量，需要建立完善的可持续信息披露相关内部控制。

建立完善的可持续信息披露内部控制亦是可持续披露准则的要求。以IFRS S1为例，该准则要求在治理方面，可持续相关财务信息披露的目标是使通用目的财务报告使用者了解主体监控、管理和监督可持续相关风险和机遇时所用的治理流程、控制措施和程序。IFRS S1要求主体披露负责监督可持续相关风险和机遇的治理机构，具体包括：治理机构对于可持续相关风险和机遇的监督职责及其胜任能力，治理机构获悉可持续相关风险和机遇的方式与频率，治理机构如何考虑可持续相关风险和机遇，治理机构如何监督有关可持续相关风险和机遇的目标设定并监督实现目标的过程，如是否将相关绩效指标纳入薪酬政策以及如何考量等。在风险管理方面，IFRS S2要求主体披露其识别、评估、优先考虑和监控可持续相关风险和机遇的流程和相关政策，以及相关风险和机遇的管理流程如何融入主体的整体风险管理流程及其融入程度。上述披露要求，客观上需要企业建立完善的可持续信息披露内部控制。

建立完善的可持续信息披露内部控制也是开展可持续信息鉴证的前提。无论是按照国际审计与鉴证准则理事会（IAASB）制定的《国际鉴证业务准则第3000号——历史财务信息审计或审阅以外的鉴证业务》（ISAE 3000）或中国注册会计师协会发布的《中国注册会计师其他鉴证业务准则第3101号——历史财务信息审计或审阅以外的鉴证业务》开展可持续信息鉴证，还是按照IAASB制定的《国际鉴证业务准则第3410号——温室气体排放报告鉴证业务》（ISAE 3410）对温室气体排放报告开展鉴证，均需要了解可持续信息披露内部控制，若发表合理保证意见，还需要对相关内部控制的有效性进行测试。若内部控制存在重大缺失，鉴证机构因此可能拒绝承接该企业的可持续信息鉴证，也可能因此而无法为企业披露的可持续信息提供保证。目前，IAASB正在专门制定可持续信息鉴证准则，其征求意见稿已于2023年8月2日正式发布。从IAASB相关讨论文件看，准则同样要求鉴证机构了解企业的内部控制，若提供合理保证，则还需要对内部控制的有效性进行测试，解决可持续信息披露流程存在的重大挑战。因此，若对可持续信息披露引入强制鉴证制度，需要企业建立完善的可持续信息披露内部控制。

应投资者及利益相关方对可持续信息披露的强烈呼声，美国反虚假财务报告委员会下属的发起人委员会（COSO）于2017年开展了《利用COSO内部控制综合框架提高对可持续发展绩效数据的信心》的研究，于2023年3月31日正式发布《实现对可持续发展报告的有效内部控制——通过COSO内部控制综合框架建立信任和信心》的指南。该指南提出了可持续发展报告内部控制（ICSR）的框架（如图1所示），并基于COSO内部控制综合框架提出了ICSR的17项原则（COSO，2023），包括：（1）诚信和道德价值观的承诺；（2）行使董事会监督职责；（3）建立架构、权力与责任；（4）对合格人力资源的承诺；（5）强化问责制；（6）制定合适的目标；（7）识别和分析实现可持续商业目标的风险；（8）评估欺诈风险；（9）识别和分析重大变化和新的趋势，识别并评估内部控制的重大变化；（10）选择和开展控制活动；（11）选择并发展对技术的一般控制；（12）通过政策和程序部署监督；（13）使用相关信息；（14）内部沟通；（15）外部沟通；（16）进行持续和/或单独评估；（17）评估和沟通不足。

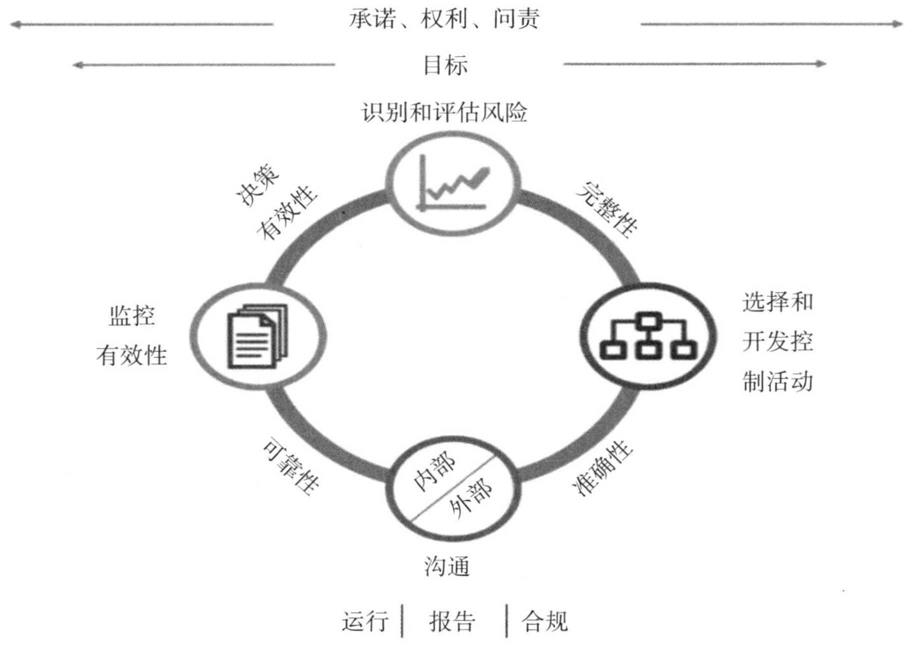

图1 ICSR框架

配合未来中国可持续披露准则的实施，需要参照上述COSO指南，在现有内部控制规范基础上，结合中国国情以及未来中国可持续披露准则的相关要求，制定中国企业可持续信息披露内部控制指引，以指导企业建立和完善可持续信息披露内部控制。制定指引时，需要考虑可持续信息与会计信息之间的差异，可持续信息要求披露前瞻信息，存在很多定性信息，还涉及价值链相关信息的披露；也需要考虑可持续信息的生成方式不同于传统财务报告，很多可持续信息（包括温室气体排放、水资源、能源消耗等数据）并非通过严谨的会计流程和复式记账所产生，而是来自于第三方机构，存在验证上的难度。以上差异，决定了相关的风险评估、控制活动、信息和沟通及监控活动也存在差异，在进行风险评估时需要考虑不成熟的信息流程带来的风险，与估计、期望和预测未来有关的风险，与第三方信息相关的风险，与向客户提供信息相关的风险，与可持续商业活动有关的欺诈风险等。而企业在开展可持续信息披露内部控制建设时，需要参照COSO指南以及未来中国制定的内部控制指引。

五、可持续信息鉴证制度

如本文第一部分所述，面对强制鉴证这一趋势，为抑制“漂绿”现象，确保可持续信息披露的质量，中国有必要建立强制鉴证制度。研究欧盟CSRD的相关要求以及美国SEC气候信息披露新规，并基于对可持续信息鉴证实务的观察，需要研究以下具体事项的制度安排。

1.鉴证主体

鉴证主体涉及鉴证机构是否必须是被鉴证单位所聘请的进行法定财务报表审计的会计师事务所，还是可以为其他会计师事务所或者咨询机构、认证机构及研究机构这一重要制度安排。尽管欧盟CSRD和美国SEC气候信息披露新规均未对鉴证主体进行限定但笔者认为，为了确保财务报表审计质量和可持续信息鉴证质量，需要对鉴证主体作出慎重的安排。

会计师事务所对可持续信息进行鉴证的优势很多。注册会计师行业经过40多年的发展，已经建立了完善的职业道德守则、质量控制准则及审计和鉴证准则体系，拥有丰富的财务报表审计经验，熟悉各类企业的行业特征、商业模式、业务流程、信息系统及所在行业受到的监管，并且注册会计师行业一直在监管部门强监管下开展业务。勤勉尽责、职业谨慎已经成为基本要求。由会计师事务所进行可持续信息鉴证，有助于确保可持续信息的鉴证质量。当然，也有人认为前瞻信息、定性信息、价值链信息超出了注册会计师的专业胜任能力范围，但这忽略了一个事实，当前的财务报表审计已经无法回避前瞻信息、定性信息和价值链信息。如果回避前瞻信息，在财务报表审计中，注册会计师如何开展商誉减值及其他长期资产减值、金融资产预期信用损失等的审计？如果回避定性信息，注册会计师又如何审计财务报表附注中各种详细的注释性描述以及风险管理部分的定性信息？如果回避价值链信息，注册会计师在开展IPO审计时如何开展客户和供应商的尽职调查？在年度财务报表审计中又如何进行延伸审计以预防舞弊风险？还有人认为，可持续信息披露涉及诸多主题领域，包括温室气体排放、水资源管理、生物多样性、能源管理、碳中和与碳减排、碳捕捉与碳抵消、碳定价、职业健康与安全生产、食品安全、数据安全、隐私保护、供应链管理、商业诚信管理、合规管理、反洗钱与制裁合规管理等，而这些领域的信息披露同样超出了注册会计师的专业胜任能力。

对注册会计师行业的这一劣势，笔者并不否认。需要指出的是，经过多年的发展，一些大型会计师事务所已经拥有能源管理、食品安全、数据安全、隐私保护、供应链管理、商业诚信管理、合规管理、反洗钱与制裁合规管理等领域的专家，可持续信息鉴证中若涉及这些领域的信息披露，完全可以利用内部专家的工作。对于温室气体排放、水资源管理、生物多样性、碳中和与碳减排、碳捕捉与碳抵消、碳定价、职业健康与安全生产、食品安全等没有相关专家的领域，会计师事务所在开展鉴证工作时，可以考虑利用外部专家的工作。在财务报表审计中，利用外部专家的工作并不少见，在对离退福利以及保险企业进行审计时，需要利用精算师的工作，在对矿产资源、石油天然气上游企业财务报表进行审计时，需要利用储量估算机构的工作。注册会计师行业在利用专家工作方面拥有丰富的经验，亦有《中国注册会计师审计准则第1421号——利用专家的工作》对其利用专家工作进行规范。

咨询机构、认证机构及其他第三方机构可能是可持续信息披露涉及的某一个或多个主题领域的专家，拥有该等领域丰富的经验，但这些机构并不受类似注册会计师职业道德守则和会计师事务所质量控制准则等规则的约束，相关监管机构对其监管力度与对注册会计师行业的监管无法类比，由这些机构担任可持续信息鉴证主体可能让市场产生顾虑。若由这些机构对整体可持续发展报告进行鉴证，因其专长领域不能覆盖可持续信息披露所有主题领域，而对其他主题领域发表意见十分困难，更因为这些机构并不熟悉公司的财务报表，不是财务领域的专家，对可持续风险与机遇的财务影响、对可持续信息与财务报表的关联发表鉴证意见难乎其难。

基于以上分析，笔者认为，除非仅仅就个别可持续信息进行鉴证，可持续信息的鉴证主体应该为会计师事务所。与此同时，考虑到财务报表与可持续信息的关联，可持续信息的鉴证主体应该是被鉴证单位所聘请的进行法定财务报表审计的会计师事务所。可持续信息披露与财务报表存在天然联系，两者均需要披露可持续相关风险和机遇对当期财务状况、经营成果和现金流量的影响，相关的披露必须保持一致，由从事财务报表审计的会计师事务所对可持续信息进行鉴证，有助于保证两者相关披露的一致性，也会减少因不熟悉公司业务、财务而给企业带来的干扰。另外，由从事财务报表审计的会计师事务所对可持续信息进行鉴证，还可以进一步通过收集的可持续信息为财务报表审计提供佐证，从而识别和防范舞弊风险，提高财务报表审计质量。

2. 鉴证对象与鉴证范围

从鉴证对象看，欧盟豁免了上市微型公司的强制鉴证要求，美国SEC气候信息披露新规豁免了对市值较低公司的强制鉴证要求。考虑到强制鉴证对小企业的负担，中国在引入强制鉴证制度时，亦有必要豁免对小企业可持续信息强制鉴证的要求。

就鉴证范围而言，欧盟CSRD要求对整体可持续发展报告进行鉴证，美国SEC气候信息披露新规及新加坡近期发布的咨询文件均是仅仅要求对范围一、范围二的温室气体排放进行鉴证。在目前可持续信息鉴证实务中，既有就整体可持续发展报告进行鉴证并发表鉴证意见的，也有就可持续发展报告中的部分数据进行鉴证的，但更多的是分别就可持续发展报告中的不同信息，如温室气体排放、生物多样性、水资源等聘请不同鉴证机构进行鉴证，发表鉴证意见。以苹果公司为例，根据其披露的2021财年环境进展报告，该公司聘请了两家机构分别对七类环境信息进行鉴证，并出具了七份鉴证意见（王鹏程，2022a）。对可持续发展报告中的部分数据进行鉴证，不能满足投资者及利益相关方对可持续发展报告整体提供保证的诉求，同时，因为不同企业选择进行鉴证的数据范围可能存在差异，会导致企业之间的不可比，对投资者及利益相关方容易造成误导。考虑到满足投资者及利益相关方对可持续发展报告整体提供保证的需要，笔者建议参照欧盟CSRD的做法，要求对可持续发展报告整体进行鉴证，作为过渡，前几年可以采用有限保证，逐步过渡至合理保证。

3. 法律责任与安全港规则

可持续信息的鉴证涉及众多主体，包括客户、供应商及第三方数据供应商等提供的证据，还会引入专家的工作。为营造可持续信息鉴证的良好环境，确保可持续信息鉴证质量，必须明确有关各方的责任并引入安全港规则。对于客户、供应商和第三方数据供应商，相关法律需要明确该等单位的配合责任，并要求其对回函及提供的有关资料的及时性、真实性、完整性、准确性负责。对于利用专家的工作，相关法律需要明确执行鉴证的机构对利用专家工作的结果负责，相关领域的专家应当对其出具的专家报告或发表的专家意见承担法律责任。同时，建议对执行可持续信息鉴证的机构引入安全港规则，明确只有在没有合理依据的情况下才对前瞻信息、价值链相关信息的鉴证以及利用专家工作的结果承担法律责任。

4. 审计委员会职责

欧盟CSRD要求审计委员会监控可持续发展报告流程、内部质量控制和风险管理体系的有效性及内部审计对公司可持续发展报告的有效性，监督可持续发展报告的鉴证，并审查和监督法定审计师或审计机构的独立性。同时，COSO于《实现对可持续发展报告的有效内部控制——通过COSO内部控制综合框架建立信任和信心》中也提出了类似的建议，包括：监督可持续发展报告、ICSR体系、内部审计职能，确定可持续信息的保证水平，确定外部鉴证机构等。笔者认为，在建立全球一致的可持续披露准则背景下，在强制披露和强制鉴证可持续信息披露的趋势下，重新定位审计委员会职责，让审计委员会履行可持续信息披露监督职责成为必然（王鹏程，2022b）。

5. 鉴证费用

目前的可持续信息鉴证实务中，费用普遍偏低，与执行可持续信息鉴证所需要花费的时间完全不相匹配，令人对可持续信息鉴证质量极其担忧。究其原因，可能与参与机构众多（包括会计师事务所、咨询机构、认证机构）而形成的恶性竞争有关，也与可持续信息鉴证的法律责任不明确、企业对可持续信息披露的重视程度不高、未能形成以质量为导向的委托机制有关。为了保障可持续信息鉴证质量，除明确鉴证主体和法律责任外，笔者建议，压实审计委员会对财务报表审计机构和可持续信息鉴证机构的选聘和监督责任，需要强调由审计委员会负责选聘，选聘过程要独立于公司管理层进行，审计委员会要确保选聘标准的重点落在审计质量和鉴证质量上，并确保审计和鉴证费用就高质量审计和鉴证所需工作而言是足够的。

6. 鉴证准则

在可持续信息鉴证领域，存在不同的鉴证标准，制定全球一致的可持续信息鉴证准则非常迫切。目前，IAASB正在专门制定可持续信息鉴证准则ISSA 5000，征求意见稿已经于2023年8月2日发布，IAASB计划于2024年第二季度正式发布最终准则。为推进可持续信息的鉴证工作，中国注册会计师协会亦有必要紧跟ISSB可持续信息鉴证准则制定步伐，尽快研究制定中国可持续信息鉴证准则。

六、可持续信息披露监管体系

外部监管是可持续披露准则实施保障机制不可或缺的重要组成部分，其目的有两个：一是规范各市场主体的行为，提高信息披露质量和透明度，保证市场的有效性；二是对不遵守可持续披露准则的行为（包括虚假陈述、误导性陈述、重大遗漏等“漂绿”行为）进行惩戒，追究行为人的行政责任、民事责任和刑事责任，保护投资者及其他利益相关方的利益。目前，企业信息披露中不同程度地存在“漂绿”行为，更有甚者，一些企业在采样和预处理、仪器分析、数据传输环节对自动监测数据弄虚作假[①]。“漂绿”行为大行其道，严重影响投资者及其他利益相关方的利益，不利于金融市场的资金流动以及经济社会的绿色转型和低碳转型。中国可持续披露准则实施后，会有更多企业披露可持续信息，可能会出现更多的“漂绿”行为。为确保准则的贯彻实施，抑制“漂绿”行为，需要未雨绸缪，构建和完善可持续信息披露监管体系。

1. 监管部门及其协调机制

可持续信息披露的主体涉及各种公众利益主体，既有上市公司也有非上市公司，既有金融机构也有非金融机构，既有国有企业也有民营企业、外资企业，而可持续信息披露生态系统还涉及鉴证机构、评级机构、信息披露平台与第三方数据供应商等。相应地，可持续信息披露的监管也会涉及多个政府部门及监管机构，需要明确各监管部门的职责，并建立相互之间的协调机制。

财政部作为综合管理部门，其所属监督评价局承担了监督检查会计信息质量的职责，考虑到会计信息与可持续信息之间的密切关联，建议由财政部来总体负责可持续信息披露的监管。同时，考虑到各个部门现有的监管职责，可考虑上市公司及公开发行债券企业、证券及基金行业企业可持续信息披露的监管由中国证监会及其派出机构、证券交易所负责；国有企业可持续信息披露的监管由国务院国资委及各地国资局负责；除证券及基金行业企业外的金融机构，包括银行、保险、信托等的可持续信息披露，由金融监管总局及各地金融监管局负责。对于非上市、非金融类的民营企业与外资企业，可由财政部会商有关部门确定其可持续信息披露的监管部门。考虑到可持续信息披露涉及诸多主题领域，有些领域的监管，如气候变化、水资源等，可能超出直接负责的监管部门的监管能力，所以，各监管部门在对可持续信息披露进行监管时，需要与国家发展改革委、人民银行、工业和信息化部、人力资源社会保障部、生态环境部、自然资源部、住房和城乡建设部、水利部、农业农村部、商务部、国家市场监督管理总局密切协同配合，加强信息共享。

对于鉴证机构、评级机构、信息披露平台与第三方数据供应商等可持续信息披露生态系统机构，可依据各监管部门现有职责，明确对该等机构的监管归口部门。就鉴证机

① 2023年6月29日，生态环境部召开6月例行新闻发布会。新闻发布稿显示，生态环境部2023年1—5月份采取“双随机、一公开”检查企业22.6万次，下达环境行政处罚决定书2.69万份，罚款21.1亿元，注意到一些企业对自动监测数据弄虚作假。

构而言，若确定可持续信息的鉴证机构必须为会计师事务所，则对会计师事务所的监管便归属于财政部门。就评级机构的监管而言，国际上尚缺乏统一做法，可以考虑由中国证监会或金融监管总局负责。

此外，行业协会的自律监管也必不可少。作为注册会计师行业组织，中国注册会计师协会及地方协会需要承担其对会计师事务所开展可持续信息鉴证的自律监管职责。

2.监管方式及其运用

对可持续信息披露的外部监管方式主要包括制定规则、准入机制、监督检查和责任追究等。在制定规则方面，各监管部门可以在可持续披露准则基础上出台相关规则，就市场主体的可持续信息披露提出额外要求，以满足更广泛利益相关方的信息需求。监管部门还可以根据可持续信息披露实践中出现的新情况、新问题，出台相应规则。比如，针对市场对评级机构透明度、质量和可靠性的担忧，IOSCO于2021年11月出台《ESG评级和数据产品提供商》报告，建议监管机构制定ESG评级和数据产品提供商行业标准或行为准则，以改进ESG评级和数据产品提供商的透明度、治理、系统和控制以及利益冲突管理（IOSCO，2021）。该报告发布后，英国金融行为管理局（FCA）、日本金融服务厅（JFSA）等监管机构一直在推进该项工作。2023年7月，英国FCA成立的数据和评级工作组（DRWG）正式发布了《ESG评级和数据产品提供商自愿行为准则》草案，征求意见截止到2023年10月5日，预计在2023年年底正式发布。在中国，负责监管评级机构和第三方数据供应商的监管部门亦需要跟进IOSCO的建议，及时出台相关规则。

在准入机制方面，对可持续信息鉴证机构、评级机构等是否需要设置准入许可、审核、备案等，需要深入研究。在监督检查方面，相关监管机构需要建立健全重点检查和日常监管相结合的监管机制，明确重点检查对象的选取标准和检查频率、检查重点、检查程序，随机选派执法人员，及时公开抽查情况和检查结果，确保监督检查的透明度。同时，监管部门需要设立监管平台，监管平台可以与相关信息披露平台和共享平台有效连接，监管部门可以通过大数据分析等方式，对可持续信息披露及相关主体进行日常监测，提高监管的及时性和精准性。在责任追究方面，监管部门需要根据监管检查结果，依据可持续信息披露相关法律法规，协同其他相关部门追究有关行为人的行政责任、民事责任和刑事责任，并确保问责中的公平、公正、公开。

综上所述，本文从法规体系、底层标准、基础设施、内部控制、鉴证制度、监管体系等六个方面分析可持续披露准则保障机制的构建，并提出了相应的解决方案和政策建议。但是，可持续披露准则的实施是一项宏大的工程，相关保障机制本文无法一一列举，需要理论界和实务界深入研究、探索，共同为可持续披露准则的实施出谋划策。

（原载于《财会月刊》2023年第17期）

主要参考文献

1. 王鹏程，黄世忠，范勋，等．制定中国可持续披露准则若干问题研究［J］．财会月刊，2023（15）：11-22.

2. 王鹏程．可持续发展信息鉴证服务的发展机遇与战略应对［J］．财会月刊，2022a（16）：83-89.

3. 王鹏程．可持续发展信息披露中的审计委员会职责与政策建议［J］．财会月刊，2022b（18）：98-103.

4. COSO. Achieving effective internal control over sustainability reporting （ICSR）: Buildingtrust and confidence through the COSO internal control—integrated framework［EB/OL］.［2024-12-18］. https：//www.coso.org.

5. OICU-IOSCO. Environmental，social and governance （ESG） ratings and data products providers［EB/OL］.［2024-12-18］. https：//www.iosco.org.

构建国家统一的可持续披露准则，推动经济、社会和环境可持续发展

——《企业可持续披露准则——基本准则（征求意见稿）》分析

王鹏程　黄世忠

【摘要】2024年5月27日，财政部发布《企业可持续披露准则——基本准则（征求意见稿）》，标志着国家统一的可持续披露准则体系建设拉开序幕。本文深入分析《基本准则》征求意见稿的出台背景与历程，归纳总结其总体思路、基本定位与准则体系，展望其相关影响与未来前景，希望有助于社会各界深入了解《基本准则》征求意见稿以及国家统一的可持续披露准则体系的构建思路。

【关键词】可持续披露准则；基本准则；出台背景；总体思路

2024年5月27日，财政部发布《企业可持续披露准则——基本准则（征求意见稿）》（以下简称《基本准则》征求意见稿），标志着国家统一的可持续披露准则体系建设拉开序幕。《基本准则》征求意见稿及其起草说明，明确了企业可持续披露准则的制定目的与适用范围，确立了国家统一的可持续披露准则体系的框架，规定了企业可持续相关信息的披露目标、披露原则、质量要求与披露要素。《基本准则》征求意见稿的发布，充分传递了我国作为负责任大国对国际可持续披露准则的借鉴策略，积极回应了市场各利益相关方对加快制定统一的可持续披露准则的诉求。经广泛征求意见和修改完善后，《基本准则》及陆续出台的具体准则、应用指南，将为推动我国高质量发展，促进经济、社会和环境的可持续发展发挥重要的基础作用。本文深入分析《基本准则》征求意见稿的出台背景与历程，归纳总结其总体思路、基本定位与准则体系，全面展望其相关影响与未来前景，希望有助于社会各界深入了解《基本准则》征求意见稿及国家统一的可持续披露准则体系的构建思路。

一、出台背景与出台历程

（一）出台背景

财政部在《基本准则》征求意见稿起草说明中对相关背景情况进行了说明。总体看，制定发布包括基本准则在内的国家统一的可持续披露准则，是构建新发展格局、推动高质量发展的需要，是积极响应有关各方加快制定我国统一可比的可持续披露准则强烈呼声的需要，是明确我国对国际可持续披露准则借鉴策略的需要。

1. 构建新发展格局、推动高质量发展的需要

党的二十大报告指出，“高质量发展是全面建设社会主义现代化国家的首要任务”，“必须完整、准确、全面贯彻新发展理念，坚持社会主义市场经济改革方向，坚持高水平对外开放，加快构建以国内大循环为主体、国内国际双循环相互促进的新发展格局”。构建新发展格局、推动高质量发展，需要坚持“创新、协调、绿色、开放、共享”的新发展理念。需要企业创新与全球向净零排放经济转型相适应的治理体系、经营战略、商业模式和风险管理，提高可持续发展的驾驭能力；需要企业协调经济效益、社会效益和环境效益，促进经济、社会和环境的可持续发展；需要企业加快绿色低碳转型和社会公平正义转型，促进人与自然和谐共生、构建和谐社会关系、保障社会公平正义；需要企业以开放的态度借鉴国内外最佳实践，披露与可持续发展相关的影响、风险和机遇等信息，提升其信息披露质量，反映受环境和社会的影响以及对环境和社会的影响；需要企业与投资者之外的其他利益相关者（客户、员工、供应商、当地社区等）共享发展成果，构建休戚与共的利益共同体。所有这些，都离不开高质量的可持续披露准则的制定。高质量的可持续发展信息披露是高质量发展的基础性制度安排，在动员各方面树立可持续发展意识、评价可持续发展绩效、强化政府监管及社会监督，引导金融市场和资本市场资金流向绿色领域、低碳领域，推动生产方式和生活方式转变等方面发挥着至关重要的作用。强化可持续发展信息披露已经成为中国社会各界的共识，制定可持续披露准则成为社会各界的迫切需求（王鹏程等，2023）。制定高质量的可持续披露准则，是促进企业践行可持续发展理念、更好地参与全球经贸投资活动、提高国际竞争力、推动高质量发展的有效途径；是促进经济、社会和环境可持续发展，人与自然和谐共生的迫切需要。

2.响应制定统一可持续披露准则强烈呼声的需要

我国企业与可持续发展相关的信息披露始于20世纪90年代，根据监管部门要求，上市公司需要在招股说明书及公司年报中披露公司治理信息。自我国加入世界贸易组织后，监管部门开始探索建立环境和社会责任信息披露制度。梳理截至目前的信息披露法规可以看出，我国可持续发展信息披露制度和相关规则仍然侧重于公司治理信息的披露，环境信息披露仅要求重点排放单位及受到监管处罚的公司披露相关信息，对于其他企业以及社会领域信息披露则无相应的体系化要求。在披露规则方面，相关法规仅作出原则性要求，并无类似全球报告倡议组织（GRI）、可持续发展会计准则理事会（SASB）、世界经济论坛（WEF）、气候相关财务披露工作组（TCFD）和气候披露准则理事会（CDSB）所制定的ESG（环境、社会、治理）报告或可持续发展报告框架的披露标准。企业关于可持续信息的披露多数为自愿行为，且所依据的标准很不统一，不利于鉴证、评级和监管等工作的开展，也不利于发挥可持续信息在投资决策和经济发展中的支持作用。有关各方强烈呼吁加快制定我国统一可比的可持续披露准则。上交所、深交所和北交所三家证券交易所不久前正式发布的《上市公司可持续发展报告指引》，要求上证180指数、科创50指数、深证100指数、创业板指数样本公司及境内外同时上市的公司最迟在2026年首次披露2025年度可持续发展报告，鼓励其他上市公司自愿披露。同时，指引对披露框架以及应对气候变化、乡村振兴、创新驱动等21个议题的披露作出了原则性要求。指引的发布，无疑是我国可持续披露领域的重大事件，标志着我国强制披露可持续信息时代的到来。但指引对可持续信息披露的框架、内容与要求的规定相对宽泛，仅仅依据指引，企业尚无法编制高质量的可持续发展报告，监管部门难以对可持续发展报告进行监管，鉴证机构也难以进行鉴证。为保障上市公司可持续信息披露的质量，需要尽快制定发布国家统一的可持续披露准则。

3.明确我国借鉴国际可持续披露准则策略的需要

2023年6月26日，国际可持续准则理事会（ISSB）正式发布两项国际财务报告可持续披露准则（以下简称“ISSB准则”）。欧盟于2023年7月31日发布了第一批共12项可持续发展报告准则（ESRS），美国证监会于2024年3月6日发布了气候披露新规。英国、巴西、澳大利亚、加拿大、日本、新加坡、韩国、马来西亚、新西兰、尼日利亚、南非、印度、斯里兰卡、菲律宾等国家或是启动对ISSB准则的认可程序，或是发布了与ISSB准则趋同的可持续披露准则的征求意见稿。在我国香港地区，特区政府于2024年3月25日发表可持续披露愿景宣言，将全面采用ISSB准则，香港联交所于2024年4月19日发布新的ESG指引，全面纳入ISSB两项准则的披露要求，于2025年1月1日生效。面对可持续披露准则加速发展这一新趋势，作为ISSB准则的坚定支持者和重要贡献者，我国需要明确我国对国际可持续披露准则的借鉴策略，加强与国际规则深度对接的高标准市场体系基础制度建设，推动可持续披露领域制度型开放改革。

（二）出台历程

如财政部在《基本准则》征求意见稿起草说明中所述，为贯彻绿色发展理念、推动高质量发展，展现中国参与可持续披露准则国际治理负责任大国姿态，财政部会同外交部、国家发展改革委、工业和信息化部、生态环境部、商务部、中国人民银行、国务院国资委、金融监管总局、中国证监会等9部门成立跨部门工作专班，立足我国企业可持续披露实践和投资者、债权人、监管部门等信息使用者的需求，深度参与国际准则制定，促进国际财务报告准则基金会北京办公室成功设立并投入运营，对国际准则在中国适用性开展评估等，在上述工作基础上，以国际准则为基础，制定体现国际准则有益经验、符合中国国情且能彰显中国特色的国家统一的可持续披露准则。回顾《基本准则》征求意见稿出台历程，我国国家统一的可持续披露准则的研究制定充分体现了“共建、共治、共担”的原则，在跨部门工作专班机制下，各部门分工协作，共同研究制定准则，共同参与国际治理，共同承担建设任务。

1.深度参与国际可持续准则制定

一方面，在ISSB于2022年3月31日发布《国际财务报告可持续披露准则第1号——可持续相关财务信息披露一般要求》（IFRS S1）和《国际财务报告可持续披露准则第2号——气候相关披露》（IFRS S2）两份准则征求意见稿后，财政部会同可持续披露准则工作专班成员，在广泛征求社会各方面意见并深入研究的基础上，形成了向ISSB的反馈意见，许多反馈意见在ISSB发布的最终准则中得到了采纳或体现。另一方面，财政部通过参加或推荐人员参加可持续披露准则咨询论坛（SSAF）、司法管辖区工作组（JWG）、过渡实施工作组（TIG），深度参与国际可持续准则的研究制定。

2.开展国际可持续准则适用性评估

为扎实做好应用ISSB准则的中国策略研究，推进我国可持续披露准则建设，2023年7月底至10月中旬，财政部会同工作专班成员单位，邀请理论界、实务界（编报企业、投资机构）、中介机构（鉴证机构、咨询机构、评级机构）代表组成评估专家组，通过问卷调查、模拟测试、调研访谈等方法，围绕ISSB准则的国际基准性，对中国企业披露能力、政府监管能力以及支撑体系的影响、挑战、风险等方面开展国际可持续准则在中国适用性的评估。评估工作为确定国家统一的可持续披露准则的制定策略，为起草《基本准则》讨论稿提供了坚实的基础。

3. 形成《基本准则》征求意见稿

在开展国际可持续准则中国适用性评估的基础上，财政部于2024年年初形成了《基本准则》讨论稿。在广泛听取理论界、实务界和理事会专家意见建议并征求相关部门意见的基础上，财政部对《基本准则》讨论稿进行了反复修改完善，形成了《基本准则》征求意见稿。

二、总体思路、基本定位与准则体系

（一）总体思路

《基本准则》征求意见稿的起草，坚持了“积极借鉴、以我为主、兼收并蓄、彰显特色”的原则，这一原则既是我国制定国家统一的可持续披露准则的总体思路，亦是我国对国际可持续披露准则的应用策略。

积极借鉴，是指以ISSB准则为基础制定我国国家统一的可持续披露准则，即与ISSB准则的披露要求总体保持一致。ISSB准则定位为全球基线标准，各国可以结合其实际，在ISSB准则的基础上添加额外的信息披露要求。因此，除非涉及难以逾越的法律障碍，或明显不适应我国国情，否则我国应当以ISSB准则为基础制定可持续披露准则，以提高企业和金融机构据此披露的可持续信息的国际可比性，更加有效地应对潜在的绿色贸易壁垒。

以我为主，是指立足我国国情打造可持续披露领域的中国话语表达体系，对于ISSB准则中的披露要求，如果与我国法律法规存在相抵触或明显不适应我国国情的情形，我国在制定准则时将予以剥离。

兼收并蓄，是指秉持博采众长的原则，在准则制定中充分借鉴吸收GRI标准和ESRS关于影响重要性方面的披露要求，同时，在ISSB准则尚未涉及的领域里借鉴吸收GRI标准和ESRS的做法。

彰显特色，是指可持续准则的制定应体现我国在可持续发展领域里的特色和优势。党的十八大以来，我国的可持续发展成效显著，涌现出许多具有中国特色的最佳实践，包括环境保护方面的以国家公园为主体的自然保护地体系、中央生态环保督察、党政同责，社会领域的乡村振兴、共同富裕、就业优先、社会保障、员工权益保障和中国工会全国代表大会，治理领域的反腐倡廉、全面从严治党、依法治国等。这些特色优势和最佳实践应当融入我国所制定的可持续披露准则之中，以彰显中国特色，讲好中国故事，展示中国可持续发展成效。

（二）基本定位

与ISSB准则以投资者为导向、以财务重要性为基础的全球基线准则的定位不同，我国可持续披露准则定位为适用于所有企业，满足广泛利益相关方，既考虑财务重要原则，又考虑影响重要性原则。

《基本准则》征求意见稿第二条，明确准则适用于在中华人民共和国境内设立的按规定开展可持续信息披露的企业。这表明，我国的可持续披露准则不仅适用于按《上市公司可持续发展报告指引》强制披露或自愿披露可持续发展报告的上市公司，也适用其他按规定开展可持续信息披露的企业，包括未在境内上市的中央国有企业、地方国有企业、民营企业和外资企业。目前，中国内地已经有大量企业在中国香港以及美国、英国、新加坡、日本、瑞士等国家和地区的证券交易所上市，还有不少企业正在申请或考虑到这些证券交易所发行和上市股票。在我国可持续披露准则实现与ISSB准则以及相关国家和地区可持续披露准则互操作后，这些在境外上市的内地企业可以按我国可持续披露准则披露可持续相关信息。

《基本准则》征求意见稿第九条指出，可持续信息使用者包括投资者、债权人、政府及其有关部门（以下统称主要信息使用者）和其他利益相关方。其他利益相关方包括利益受到或者可能受到企业活动影响的群体或者个人，如员工、消费者、客户、供应商、社区以及企业的业务伙伴和社会伙伴等。这表明，我国的可持续披露准则不仅要满足财务报告主要信息使用者的信息需求，还需要满足其他利益相关方的信息需求。

《基本准则》征求意见稿第十一条规定，企业应当结合具体适用的企业可持续披露准则的要求，评估可持续风险和机遇是否对企业带来重要的当期或者预期财务影响，以及企业活动是否对经济、社会和环境产生重要的影响。这表明，我国的可持续披露准则在ISSB准则的财务重要性原则的基础上添加了影响重要性原则，要求企业既要反映受环境和社会的影响，也要反映对环境和社会的影响。

（三）准则体系

《基本准则》征求意见稿第三条指出，企业可持续披露准则包括基本准则、具体准则和应用指南。

基本准则对企业可持续信息披露提出一般要求，是可持续披露准则体系的概念基础，是具体准则、应用指南等的制定依据，地位超然，在整个可持续披露准则体系中具有统驭地位。其作用主要包括：第一，统驭具体准则和应用指南的制定。基本准则规范了包括披露目标、报告主体、信息质量特征等在内的基本问题，以及若干重要概念的定义和解释，是制定具体准则和应用指南的基础，对各具体准则和应用指南的制定起着统驭作用，以确保各具体准则和应用指南的内在一致性。第二，为实务中存在的、具体准则尚未规范的可持续发展主题提供披露依据。

具体准则针对企业环境、社会和治理方面的可持续主题的信息披露提出具体要求。环境方面的主题包括气候、污染、水与海洋资源、生物多样性与生态系统、资源利用与循环经济等，社会方面的主题包括员工、消费者和终端用户权益保护、社区资源和关系管理、客户关系管理、供应商关系管理、乡村振兴、社会贡献等，治理方面的主题包括商业行为等。

应用指南，包括行业应用指南和准则应用指南两类。行业应用指南针对特定行业应用基本准则和具体准则提供指引，以指导特定行业企业识别并披露重要的可持续信息。准则应用指南对基本准则和具体准则进行解释、细化和提供示例，以及对重点难点问题进行操作性规定。此外，为解决企业实施可持续披露准则过程中出现的问题，在必要时提供准则实施问答，提高可持续信息的可比性和透明度，推动可持续披露准则的应用。

（四）准则实施

《基本准则》征求意见稿起草说明指出，综合考虑我国企业的发展阶段和披露能力，《基本准则》的施行不会采取“一刀切”的强制实施要求，将采取区分重点、试点先行、循序渐进、分步推进的策略，从上市公司向非上市公司扩展，从大型企业向中小企业扩展，从定性要求向定量要求扩展，从自愿披露向强制披露扩展。在《基本准则》发布后的初期阶段，先由企业结合自身实际自愿执行。待各方面条件相对成熟以后，财政部将会同相关部门对实施范围、缓释措施、相关条款的适用性、具体衔接规定等作出针对性安排。

三、基本内容与主要特征

（一）基本内容

《基本准则》征求意见稿共六章三十三条。第一章为总则，规定了制定目的、适用范围、准则体系、报告主体、可持续信息和价值链的概念、关联信息、信息系统和内部控制要求等。第二章为披露目标与原则，规定了可持续信息披露目标和信息使用者，并对披露目标所涉及的重要性原则、重要性评估、汇总和分解以及相称性方法等予以明确。第三章为信息质量要求，规定了企业披露的可持续信息应当满足的6个信息质量要求，即可靠性、相关性、可比性、可验证性、可理解性和及时性。第四章为披露要素，规定了企业披露的可持续信息应包括的四个核心要素，即治理、战略、风险和机遇管理、指标和目标，以及每一要素下需要披露的内容。第五章为其他披露要求，规定了报告时间、可比信息、合规声明、判断和不确定性、差错更正、报告和披露位置等。第六章为附则，规定了解释权。

（二）主要特征

从《基本准则》征求意见稿中，可以归纳总结出以下主要特征。

1. 要求披露可持续影响信息

征求意见稿第四条指出，企业既需要基于财务重要原则披露可持续风险和机遇信息，也需要基于影响重要性原则披露企业活动对经济、社会和环境产生的影响，包括实际影响或者可预见的潜在影响、积极影响或者消极影响。这一披露要求与前述准则定位相一致，体现了双重重要性原则。鉴于披露可持续影响信息的需要，征求意见稿明确了影响重要性的评估标准，即：对于实际的消极影响，应当以消极影响的严重程度为评估标准；对于可预见的潜在的消极影响，应当以消极影响的严重程度和发生的可能性为评估标准。对于消极影响严重程度的评估，应当以消极影响的规模、范围、不可补救性为评估标准。对于实际的积极影响，应当以积极影响的规模和范围为评估标准；对于可预见的潜在的积极影响，应当以积极影响的规模、范围以及发生的可能性为评估标准。

2. 强调与财务报表信息之间的关联

与ISSB准则一致，征求意见稿突出强调了可持续信息与财务报表信息之间的关联，包括可持续定量信息直接取自财务报表相关项目数值，或者取自财务报表相关项目数值的一部分或者合计数。征求意见稿第七条指出，企业编制可持续信息所使用的数据和假设应当考虑所适用的企业会计准则的要求，尽可能与其编制相关财务报表所使用的数据和假设保持一致；若存在不一致的，应当披露重大差异的信息。以货币计量的可持续信息应当使用与其相关财务报表相一致的币种。

3. 提出健全信息系统和内部控制要求

征求意见稿第八条指出，企业应当建立健全与可持续信息披露相关的数据收集、验证、分析、利用和报告等系统，完善可持续信息披露的内部控制，确保可持续信息披露的质量。企业披露的可持续信息涵盖环境、社会和治理的诸多领域，涉及各个部门和分支机构以及各级子公司，还涉及与价值链上的活动、互动和关系以及资源使用有关的信息。如此之多的信息，其收集、验证、分析、利用和报告，需要通过搭建可持续信息管理系统来实现。征求意见稿要求企业披露的可持续信息与按照会计准则披露的会计信息具有相同的质量特征，包括可靠性、相关性两个基础性质量特征和可比性、可验证性、可理解性、及时性四个提升性质量特征。为保障所披露的可持续信息满足以上信息质量要求，企业需要建立完善的内部控制。完善的内部控制，有利于可持续发展目标和战略的实现，有利于管理可持续发展相关风险和机遇，是高质量可持续信息披露的基石。

4. 借鉴ISSB准则引入相称性机制

由于资源的限制、数据和专家的可得性限制，很多主体可能无法完全遵守ISSB准则的披露要求。考虑到全世界范围内的主体应用ISSB准则的能力和准备程度，ISSB引入了相称性（Proportionality）机制，并作出了多项决定。相称性机制适用于风险和机遇的识别、价值链范围的确定、当前和预期财务影响的确定以及在第一年采用时提供可比信息等。借鉴ISSB准则，《基本准则》征求意见稿亦引入相称性机制，于第十三条中指出，企业在识别可持续风险、机遇和影响，确定价值链范围，编制可持续风险或者机遇预期财务影响的信息，以及可持续影响的信息时，应当采用与其技能、能力和资源相称的方法，使用报告日合理且有依据的信息（该信息无须付出过度成本或者努力即可获得）。

5. 对禁止披露信息等的例外性豁免

根据IFRS S1，如果当地法律法规禁止主体披露ISSB准则所要求的信息或所要求的有关可持续相关机遇的信息具有商业敏感性，则免除主体披露该信息的责任，且不妨碍使用这一豁免条款的主体主张其遵守了ISSB准则。《基本准则》征求意见稿亦对法律法规禁止披露信息以及具有商业敏感性的可持续相关机遇的信息给出了例外性豁免，除此之外，征求意见稿还免除了国家秘密和知识产权或创新成果信息的披露义务。

6. 独立的可持续报告的披露要求

IFRS S1规定，可持续相关财务信息披露应作为其通用目的财务报告的一部分，但对于信息在通用目的财务报告的特定位置并未作要求。可持续相关财务信息可在通用目的的财务报告的不同位置进行披露，具体取决于适用于主体的法规或其他要求。与ISSB准则不同，《基本准则》征求意见稿第三十二条指出，企业应当将企业可持续披露准则要求披露的可持续信息作为独立的可持续发展报告。可持续发展报告应当采用清晰的结构和语言，可以与财务报表同时对外披露，也可以按照监管部门的要求在规定日期之前单独披露。

四、相关影响与未来展望

（一）相关影响

《基本准则》征求意见稿的发布，影响深远。一方面，准则积极借鉴了ISSB准则的有益经验，在信息质量特征、披露要素和相关披露要求等方面与ISSB准则保持了衔接，与ISSB准则实现了趋同，将有助于我国企业更好地参与全球经贸投资活动，更好地融入国际资本市场。另一方面，在三家证券交易所发布《上市公司可持续发展报告指引》后，国家统一的可持续披露准则将为各上市公司按指引编制和披露可持续发展报告提供了基本遵循。

（二）未来展望

《基本准则》征求意见稿的发布，拉开了建设国家统一的可持续披露准则体系的序幕。展望未来，我国可持续披露各项具体准则、应用指南将陆续出台，到2030年，国家统一的可持续披露准则体系将基本建成。与此同时，与可持续信息披露相关的法规体系、底层标准、基础设施、内部控制、鉴证制度、监管体系亦将逐步完善。总之，国家统一的可持续披露准则体系呼之欲出，财务报告为主的单一格局将向财务报告与可持续发展报告并重的格局转变，这两个报告提供的信息有助于投资者和债权人更加有效地评价企业的经济效益、社会效益和环境效益，更加科学地评估企业的可持续发展前景。

（原载于《财会与会计》2024年第12期）

主要参考文献

1. 王鹏程，黄世忠，范勋，等. 制定中国可持续披露准则若干问题研究［J］. 财会月刊，2023，44（15）：11-22.

2. 王鹏程. 中国可持续披露准则实施保障机制研究［J］. 财会月刊，2023，44（17）：7-15.

加强与国际规则深度对接，构建国家统一可持续披露准则

周艳坤　王鹏程

【摘要】 2024年5月27日，财政部发布《企业可持续披露准则——基本准则（征求意见稿）》，标志着国家统一的可持续披露准则体系建设拉开序幕。本文基于国际视角，深入分析《基本准则》征求意见稿的出台的国际背景和发展的四个历程，归纳《基本准则》征求意见稿出台的国际必要性及对我国企业"走出去"的深远影响，并对如何保障《基本准则》的实施提供建议，以期为社会各界深入了解《基本准则》征求意见稿的国际背景及对全球价值链上的我国企业影响提供信息。

【关键词】 可持续披露准则；基本准则；国际背景；全球价值链

随着环境、社会和治理（ESG）因素对公司价值所产生的影响，市场需要对企业因可持续发展问题产生的风险和机遇进行评估。然而，缺乏统一的可持续信息披露标准导致我国企业的披露框架不尽相同，增加了利益相关者的使用信息成本，市场对建立一套可比的可持续信息披露准则的需求愈发强烈。在此背景下，2024年5月27日，财政部发布《企业可持续披露准则——基本准则（征求意见稿）》（以下简称《基本准则》征求意见稿）及起草说明。《基本准则》征求意见稿发布后迅速引起了学界和实务界的热议。专家学者们站在国家的战略高度表示，《基本准则》征求意见稿的发布回应了国内市场各利益相关方对加快制定统一的可持续披露准则的诉求，标志着国家统一的可持续披露准则体系建设拉开序幕，也将为推动我国高质量发展发挥重要作用（黄世忠和王鹏程，2024）。事实上，《基本准则》征求意见稿的发布对于全球价值链上的我国企业更好地参与全球经贸活动、提高国际竞争力也有着深远影响。

基于此，本文基于国际视角，深入分析《基本准则》征求意见稿的出台的国际背景与发展历程，归纳《基本准则》征求意见稿出台的国际必要性，探究《基本准则》征求意见稿对我国企业"走出去"的深远影响，并对如何保障《基本准则》的实施提供建

议，以期为社会各界深入了解《基本准则》征求意见稿的国际背景及对全球价值链上的我国企业影响提供信息。

一、《基本准则》征求意见稿出台的国际背景

近30年来，随着各国政府和国际组织逐渐意识到可持续发展的重要性，不少机构，如全球报告倡议组织（GRI）、可持续发展会计准则理事会（SASB）、世界经济论坛（WEF）、气候相关财务信息披露工作组（TCFD）和气候披露准则理事会（CDSB）、全球环境信息研究中心（CDP）等逐步形成了一些具有代表性的可持续发展报告框架。但随着可持续理念的深入发展，不同报告框架之间的较大差异使得披露的可持续信息不可比的弊端逐渐出现，也给信息使用者造成了困扰。因此，要求不同报告框架和标准实现更高连贯性、一致性和可比性的呼声日益强烈。为此，国际证监会组织（IOSCO）下设的可持续金融工作组（STF）于2020年下半年就投资者对可持续相关信息的需求进行了广泛的调查，调查结果发现投资者迫切希望制定并强制采用国际可持续披露准则，以解决可持续信息披露的完整性、一致性和可比性问题。

面对社会各界对于建立一套全球一致的可持续披露标准的强烈呼声，二十国集团（G20）和七国集团（G7）及IOSCO、金融稳定委员会（FSB）、国际会计师联合会（IFAC）等国际组织因势利导，呼吁尽快制定全球性的可持续披露准则。在这一背景下，国际财务报告准则（IFRS）基金会在第26届联合国气候变化大会（COP26）上宣布成立国际可持续准则理事会（ISSB）。ISSB成立后先后于2021年11月和2022年8月完成了对CDSB和VRF的合并和整合。此外，ISSB也采取多地办公模式，在全球多处设立办公室，如在旧金山、伦敦、法兰克福、蒙特利尔以及北京设立办公室，旨在促进与世界各利益相关方的合作和交流。与此同时，ISSB借助各方力量，在经IFRS基金会受托人应循程序监督委员会（DPOC）确认后，于2022年3月31日，发布《可持续相关财务信息披露一般要求》和《气候相关披露》两份准则征求意见稿，面向全球公开征求意见，并最终于2023年6月26日正式发布《国际财务报告可持续披露准则第1号——可持续相关财务信息披露一般要求》（IFRS S1）和《国际财务报告可持续披露准则第2号——气候相关披露》（IFRS S2）两份准则，并规定于2024年1月1日正式生效。ISSB准则发布后得到了全球积极响应，除了得到国际证监会组织（IOSCO）背书，联合国可持续证券交易所倡议（UNSSE）、世界银行、国际货币基金组织（IMF）等主要国际组织的支持外，英国、巴西、澳大利亚、加拿大、日本、新加坡、韩国、马来西亚、新西兰、尼日利亚、南非、印度、斯里兰卡、菲律宾、中国香港地区等近20个辖区先后宣布采用或者以其他方式使用ISSB准则。

与此同时，欧盟于2023年7月31日发布了第一批共12项可持续发展报告准则（ESRS），美国证监会也于2024年3月6日发布了气候披露新规。在全球可持续发展行动中，中国一直以来是可持续发展行动的贡献者和参与者，也一直展现出负责任大国的担当。因此，在面对国际上一系列可持续信息披露新规的出台以及世界主要经济体的积极参与，中国政府在充分考虑国情的基础上，明确借鉴策略，积极加强与国际可持续信息披露规则的深度对接，融入到全球可持续信息披露准则制定的大潮中。

二、《基本准则》征求意见稿出台的历程

《基本准则》征求意见稿的出台经历了四个阶段，即参与ISSB准则的制定阶段、在中国开展国际可持续准则适应性评估阶段、《基本准则》征求意见稿的起草阶段以及《基本准则》征求意见稿的发布阶段。

（一）参与国际可持续准则制定阶段

中国作为ISSB的坚定支持者，在ISSB于2022年3月31日发布《可持续相关财务信息披露一般要求》和《气候相关披露》两份准则征求意见稿后，财政部高度重视，一方面，会同外交部、国家发展改革委、工业和信息化部、生态环境部、商务部、中国人民银行、国务院国资委、金融监管总局、中国证监会等9部门成立了跨部门可持续披露准则工作专班。可持续披露准则工作专班在广泛征求社会各方面意见的基础上，深入研究，形成了两份准则征求意见稿的反馈意见，其中，许多反馈意见获得了ISSB的采纳；另一方面，财政部通过参加或推荐人员参加可持续披露准则咨询论坛（SSAF）、司法管辖区工作组（JWG）、过渡实施工作组（TIG）等，深度参与国际可持续准则的研究制定。财政部深度参与国际可持续准则制定为后续开展中国可持续准则制定工作奠定了良好的基础。

（二）开展国际可持续准则适用性评估阶段

2023年6月，ISSB准则正式发布。考虑到中国企业具有自身的特殊性，盲目照搬ISSB准则可能会带来水土不服，财政部为了扎实做好应用ISSB准则的中国策略研究，推进我国可持续披露准则建设，于2023年7月底至10月中旬会同外交部、国家发展改革委、工业和信息化部、生态环境部、商务部、中国人民银行、国务院国资委、金融监管总局、中国证监会等9部门的工作专班成员，邀请理论界、实务界（编报企业、投资机构）、中介机构（鉴证机构、咨询机构、评级机构）代表组成评估专家组，通过采用问卷调查、模拟测试、调研访谈等方法，围绕ISSB准则的国际基准性，对中国企业披

露能力、政府监管能力以及支撑体系的影响、挑战、风险等方面开展国际可持续准则在中国的适用性的评估。评估工作为确定国家统一的可持续披露准则的制定策略，为起草《基本准则》讨论稿提供了坚实的基础。

（三）起草《基本准则》征求意见稿阶段

在深入开展国际可持续准则中国适用性评估的基础上，财政部基于评估结果，形成“积极借鉴、以我为主、兼收并蓄、彰显特色”的总体思路，启动中国《基本准则》征求意见稿的起草工作。起草工作中本着“以国际准则为基础，制定体现国际准则有益经验、符合中国国情且能彰显中国特色的国家统一的可持续披露准则”的初心和“共建、共治、共担”的原则，在跨部门工作专班机制下，各部门分工协作，共同研究，于2024年年初形成了《基本准则》讨论稿。《基本准则》讨论稿形成后，财政部本着“兼听则明”的理念，广泛听取理论界、实务界和理事会专家意见建议，并在相关部门中进行多轮意见征求，并基于各方意见对《基本准则》讨论稿进行反复修改完善，最终形成了《基本准则》征求意见稿。

（四）发布《基本准则》征求意见稿的阶段

2024年5月27日，财政部发布《企业可持续披露准则——基本准则（征求意见稿）》（以下简称“《基本准则》征求意见稿”）及起草说明，迅速获得社会的广泛关注。据统计，2024年5月27日10时至2024年5月29日17时，来自微信公众号、新闻网站、新闻App、数字报、网页以及论坛等传播平台有关《基本准则》征求意见稿的原创宣传数据高达1 733条。其中，来自微信公众号平台的发文和转载量共617篇，来自新闻客户端和新闻平台的新闻报道和转载量共839篇。除西藏、青海以及台湾未对该事件撰文反响外，其他各省份均不同程度地通过公众号发文或者媒体报道的方式关注到该事件，学界和实务界也进行了热烈讨论，不少学者和实务界专家纷纷撰文解读及评价。国际财务报告准则基金会受托人主席Erkki Liikanen在5月28日的国际证监会组织年会上还表示“欢迎中国财政部宣布要以ISSB准则为基础制定国家统一的可持续信息披露准则。我也非常感谢中国财政部自ISSB成立以来一直支持ISSB建立全球基准。”

三、《基本准则》征求意见稿出台的国际必要性

尽管《基本准则》征求意见稿的适用对象为中华人民共和国境内设立的按规定开展可持续信息披露的企业，但中国作为国际大国，是全球供应链上的重要一员，制定“以国际准则为基础，制定体现国际准则有益经验、符合中国国情且能彰显中国特色的国家

统一的可持续披露准则”对于适应国际资本市场可持续信息披露、参与国际供应链竞争以及构建可持续信息披露国际话语体系均具有必要性。

（一）促使中国企业适应国际市场可持续信息披露需要

信息披露理论认为，企业披露有效信息能够通过降低与利益相关者的信息不对称程度和减少内部委托代理问题促进企业的未来发展。对于参与国际市场的中国企业而言，有效信息披露能够降低外在的信息壁垒，而信息壁垒的存在将阻碍企业在国际市场的信息流通，进而影响企业的贸易行为（金祥义和戴金平，2019）。可持续信息是重要的有效信息，中国内地已经有大量企业在中国香港、美国、英国、新加坡、瑞士、日本等国家和地区的证券交易所上市，还有不少企业正在申请或考虑到这些证券交易所发行股票。与此同时，中国大量企业在世界各地设有分支机构或子公司，遍布世界各地进行贸易活动。以出口贸易为例，出口贸易是驱动中国经济增长的三驾马车之一，对中国经济发展具有重要作用。海关总署公布的数据显示，2023年中国全年的出口额为237 726亿元，占国内生产总值（GDP）的18.86%。根据以往研究，制度基础观则强调企业面临的政治、法律等合规性压力对其出口决策的影响。在该观点下，目前已有大量文献研究了出口国（地区）环境法规或政策、披露制度对企业出口有影响（毛其淋和许家云，2019）。因此，中国内地企业“走出去”融入国际市场，需要遵守所在国家和地区信息披露规则，比如对于赴中国香港或者新加坡上市的企业，需要按照规定披露相关可持续信息。又比如作为欧盟各国，以及英国、日本、韩国、澳大利亚等国家供应链上的中国企业，也需要按这些国家的规定披露可持续信息。若中国缺乏可持续信息披露准则，将严重影响中国企业的国际竞争力。

随着全球经济格局的变化和新兴经济体崛起，中国企业需要持续调整和优化自身的可持续信息披露能力，以适应日益多变的国际市场可持续信息需求。而我国出台的《基本准则》征求意见稿与ISSB准则保持国际衔接，可以确保中国企业及时、准确地向国际市场披露与可持续发展相关的信息，这将有助于国际市场的投资者、客户和供应商能够更好地了解和评估中国企业在可持续性方面的表现，从而增强对中国企业的信任感，与中国企业建立更加健康和可靠的商业关系，为中国企业按照更高标准走向国际，融入国际大循环中，为中国企业融入国际市场提供制度保障。

（二）增强中国企业国际供应链竞争力的需要

20世纪90年代以来，国际分工越来越精细，供应链也趋向于全球化。欧美大企业普遍把设计和品牌价值留给自己，而将制造外包给全球供应商。可持续披露准则的强制披露要求将会对遍布全世界的供应链企业产生影响。而可持续披露准则所要求披露的信息与传统财务信息相比较，其一大特点就是要求企业充分考虑其价值链上下游的影响，大型企业选择供应商时通常优先考虑能够提供可持续发展相关信息的供应商，以便减少范围三排放，控制供应链的环境风险和社会风险。譬如，苹果公司在2011年年初被揭露在华供应链中涉及职工安全、环境污染、劳工权益等问题，引发了世人对苹果供应商的疑虑。面对舆论和消费者的压力，苹果公司目前每年定期发布《供应商责任报告》，要求供应商按照相关行业标准和准则提供可持续发展报告，以控制供应链的环境风险和社会风险。若企业不能提供可持续发展信息，则苹果公司将可能把供应商从名单中剔除。

基于信息不对称理论，若进口辖区采用或以其他方式使用ISSB准则，作为全球产业链供应链上的我国企业也有披露可持续信息的要求，将为我国企业提供缓解信息不对称的途径，有利于供应链上下游之间形成更稳定的合作关系（信春华等，2024）。而基于合法性理论，若进口辖区采用或以其他方式使用ISSB准则，作为全球产业链供应链上的我国企业也有披露可持续信息的要求将有助于我国出口企业在其辖区获得合法性身份，从而获取更多的国际市场和海外客户资源。

因此，中国出台的《基本准则》征求意见稿使作为全球产业链供应链上的中国企业以规范的方式充分披露与国际接轨的可持续风险和机遇信息，有助于中国企业提高自身和价值链的信息透明度，增强与投资者、客户和供应商之间的信任关系，也有助于中国企业顺应国际供应链中核心企业评估配套企业环境风险和社会风险的新要求，推动中国企业参与国际分工与合作，不断提高中国在全球价值链中的地位，在国际供应链的竞争中赢得新优势。

（三）提高中国可持续信息披露国际话语权的需要

ISSB主席Emmanuel Faber于2023年6月26日在IFRS基金会大会上指出，ISSB制定的可持续披露准则将可持续发展转化为一种新的通用语言，一种基于会计的一致而全面的语言。2024年5月28日，在雅典举行的国际证监会组织年会上，IFRS基金会发布的《关于采用或以其他方式使用ISSB准则的首份司法管辖区指南》指出，超过20个司法管辖区已决定采用或者以其他方式使用ISSB准则，这些司法辖区占全球经济总量的55%以上、全球市值的40%以上，以及全球温室气体排放量的一半以上。如此大经济体量的司法管辖区采用或者以其他方式使用ISSB准则，意味着可持续披露准则正在成为全球通用语言。

因此，中国作为世界第二大经济体，出台《基本准则》征求意见稿，是我国加强与可持续披露准则这一新的世界通用商业语言和话语体系进行深度对接的必然要求，有利于打造可持续披露领域的中国话语表达体系，提高中国可持续信息披露的国际话语权，以便在可持续发展领域中发出中国声音，讲好中国故事，为全球可持续治理和可持续发展贡献中国力量与智慧。

1. 相关政策建议

《基本准则》征求意见稿的公布拉开了中国构建可持续披露准则体系的序幕。

为了更好地满足中国企业适用国际市场可持续信息的需要、增强中国企业国际供应链竞争力的需要以及提高中国企业可持续信息披露国际话语权的需要，保障可持续信息披露质量，防止《基本准则》征求意见稿成为一纸空文，我国政府还需从法规体系、基础设施、鉴证制度以及监管体系等方面构建准则实施保障机制（王鹏程，2023）。

2. 尽快研究制定可持续信息披露的专门法律或行政规章

尽管《基本准则》征求意见稿中对中国企业没有采取“一刀切”的强制实施要求，但“区分重点、试点先行、循序渐进、分步推进”的策略也意味着我国企业可持续信息披露在未来发展到一定的成熟阶段后，最终要实现从上市公司向非上市公司扩展，从大型企业向中小企业扩展，从定性要求向定量要求扩展，从自愿披露向强制披露扩展。而最终实现企业可持续信息的强制披露，需要相关法律法规进行保障。因此，相关部门应尽快研究制定可持续信息披露的专门法律或行政规章，确保可持续准则的最终实施有法可依，同时，也需要配套完善与可持续信息披露相关的其他法规，明确企业，金融机构，鉴证机构，提供相关数据、信息的第三方机构以及其他利益相关主体等的法律责任，真正确保我国可持续准则的落地实施。

3. 着力推进可持续信息披露的基础设施建设

尽管中国上市公司中已有部分企业发布过可持续相关披露报告，即对可持续信息披露有所涉足，但中国大多数企业尚未建立可持续发展信息的收集、验证、分析和利用系统，相关部门和机构亦未建立完善的可持续信息披露系统和共享平台。为保障中国企业可持续披露准则的实施，在数字化、智能化的大背景下，相关部门需要着力推进可持续信息披露的基础设施建设，引领企业进行可持续信息数据库建设，同时，为了兼顾不具备可持续数据库建设能力的企业，相关部门还需要做好第三方数据供应商的培育工作，确保中国企业的可持续信息披露质量。

4. 建立可持续信息鉴证制度

为信息使用者提供高质量的可持续发展信息是实施可持续信息披露准则的主要目的。因此，为了防止企业可持续信息披露不规范或者虚假披露，从而误导信息使用者的决策，我国相关部门需要构建一套可持续信息鉴证制度，实现对可持续发展报告整体的鉴证。同时，考虑到鉴证可持续发展信息需要一定的专业性，且财务报表与可持续发展信息存在一定的关联性和相互验证性，可持续信息的鉴证业务可以由会计师事务所承接。

5. 保障监管机构的有效监管

良好的可持续信息披露离不开监管机构的有效监管。因此，保证可持续披露准则顺利实施还需要构建和完善可持续信息披露监管体系，明确归口监管部门并建立协调机制，严惩企业虚假披露和“漂绿”行为，以及规范第三方机构提供可持续披露业务，即综合运用各种监管方式确保准则的贯彻实施。

（原文载于《中国注册会计师》2024年第6期）

主要参考文献

1. 毛其淋，许家云．贸易自由化与中国企业出口的国内附加值［J］．世界经济，2019，42（1）：3-25.

2. 信春华，张笑愚，王鑫怡．企业ESG表现有助于稳定供应链合作关系吗？［J］．经济与管理研究，2024，45（1）：35-54.

3. 王鹏程．中国可持续披露准则实施保障机制研究［J］．财会月刊，2023，44（17）：7-15.

可持续披露准则中的报告主体及相关概念

王鹏程

【摘要】报告主体决定了所披露的可持续相关风险和机遇信息的范围边界，在可持续信息披露中扮演了重要角色，是可持续披露准则的关键概念。国际可持续披露准则理事会发布的国际财务报告可持续披露准则征求意见稿、欧洲财务报告咨询组发布的欧盟可持续发展报告准则草案以及美国证监会发布的《面向投资者的气候相关信息披露的提升和标准化》规则草案，在报告主体及相关概念界定上存在一定的差异。本文对此进行了梳理和分析，对未来我国可持续披露准则中如何厘清报告主体及其相关概念提出建议。

【关键词】可持续披露准则；报告主体

2022年3月31日，国际可持续披露准则理事会（ISSB）发布了两项国际财务报告可持续披露准则（IFRS Sustainability Disclosure Standards，ISDS）《国际财务报告可持续披露准则第1号——可持续相关财务信息披露一般要求》（以下简称《可持续相关财务信息披露一般要求》）和《国际财务报告可持续披露准则第2号——气候相关披露》（以下简称《气候相关披露》）的征求意见稿。欧洲财务报告咨询组（the European Financial Reporting Advisory Group，EFRAG）制定的第一批12项欧盟可持续发展报告准则（EU sustainability reporting standards，ESRS）也于2022年11月提交欧盟机构和成员国审批。与此同时，美国证监会（U.S. Securities and Exchange Commission，SEC）也计划于近期正式发布《面向投资者的气候相关信息披露的提升和标准化》（The Enhancement and Standardization of Climate-Related Disclosures for Investors）规则（以下简称“SEC规则”）。可持续披露准则的密集出台，标志着可持续信息的规范从报告框架向报告准则的重大转变。适应这一趋势，为推进经济社会的可持续发展，我国可持续披露准则的制定也有望提上议事日程。

研究制定我国可持续披露准则，需要明确准则服务于哪些可持续信息的使用者，考虑采用单一重要性抑或双重重要性的准则取向，也需要对报告主体（Reporting Entity）以及与报告主体相关的概念进行厘清。分析ISDS、ESRS以及SEC规则，笔者注意到相关准则对报告主体概念的界定存在一定差异，在使用报告主体的同时，存在报告企业（Reporting Undertaking）、报告边界（Reporting Boundary）、组织边界（Organization Boundary）等不同概念，在确定组织边界时，相关准则所认可的方法亦存在差异。为制定我国可持续披露准则，有必要深入分析并厘清报告主体及相关概念。

一、财务报告概念框架中的报告主体

一直以来，主体假设和持续经营假设、会计分期假设、货币计量假设作为四大会计假设，被会计理论界和实务界所广为接受。但直到2010年，报告主体才被正式纳入《财务报告概念框架》。其时，国际会计准则委员会（IASB）在和美国财务会计准则委员会（FASB）联合发布的征求意见稿中，对报告主体的重要特征进行了描述，但在最终发布的2010年版《财务报告概念框架》中并未给出报告主体的定义，亦未描述如何确定报告主体的范围。在综合考虑2010年、2015年的征求意见稿及其反馈意见后，IASB于2018年版《财务报告概念框架》中阐述了报告主体的重要地位，明确了报告主体及其特征。

如2018年版《财务报告概念框架》引言所述，通用目的财务报告的目标构成了概念框架的基础。由于通用目的财务报告的目标是提供关于报告主体的，有助于现有和潜在投资者、贷款人和其他债权人作出有关向主体提供资源的决策的财务信息，所以报告主体与通用目的财务报告目标紧密相联。没有报告主体，就没有财务信息的范围边界，可能会将报告主体与其他主体的财务信息混为一谈，无法满足通用财务报告主要使用者的信息需求。所以，报告主体是财务报告概念框架中的关键概念，决定了会计确认和终止确认以及计量、列报的范围边界。

根据2018年版《财务报告概念框架》，报告主体是被要求或主动选择编制财务报表的主体，其特征可以概括为：

1.报告主体可以是单个主体或单个主体的一部分，也可以由一个以上主体所构成，并不必然是一个法律主体。

2.合并财务报表的报告主体由基于控制和被控制关系而形成的母公司及其子公司构成；未合并财务报表提供的是母公司作为单独报告主体的财务信息；汇总财务报表的报告主体由两个或两个以上主体所构成，这些主体间不都是基于控制所形成的母子公司。

3.如果报告主体不是法律主体，且不是仅由具有母子公司关系的法律主体组成，则在确定其边界（Boundary）时应该考虑财务报表使用者的信息需求。使用者需要的是具有相关性并且如实反映其意在反映内容的信息，因此，纳入边界的不能是随意划分的一组经济活动或不完整的经济活动，应确保纳入这些经济活动能够带来中立的信息。

4.为帮助使用者了解财务报表中包含的内容，财务报表必须描述报告主体边界的确定方法和报告主体的组成。

可以看出，财务报告中的报告主体并非统一的，而是多样化的。具体如何构成取决于财务报告使用者的信息需求，既可以是合并主体，也可以汇总主体，还可以仅仅是母公司或某一主体的某一部分。

二、ISDS中的报告主体及相关概念

在ISDS中，报告主体的概念同样重要。ISDS将可持续相关信息定位为财务报告的组成部分，并将其披露目标确定为披露报告主体面临的所有可持续相关重大风险和机遇的重要信息（ISDS已于2022年10月会议上决定删除“重大”的表述）。根据这一披露目标，报告主体决定了所披露的可持续相关风险和机遇信息的范围边界，在可持续信息披露中扮演重要角色，是ISDS系列准则的关键概念。

鉴于ISDS将可持续相关信息定位为财务报告的组成部分，ISSB并未在其发布的《可持续相关财务信息披露一般要求》征求意见稿中对报告主体进行重新定义，而仅仅明确“可持续相关财务信息披露应与相关通用目的财务报表的报告主体相同”，同时要求主体披露“关于其面临的所有可持续相关重大风险和机遇的重要信息。这些风险和机遇与活动、互动和关系以及主体价值链周围的资源使用相关”。分析ISDS的制定背景以及《可持续相关财务信息披露一般要求》征求意见稿及《气候相关披露》征求意见稿，ISSB在可持续相关财务信息披露中的报告主体上，所持立场如下：

1.2018年版《财务报告概念框架》有关报告主体定义及其特征的描述适用于ISDS中的报告主体。

2.可持续相关财务信息的报告主体应当与与其相关联的财务报表的报告主体保持一致。

3.报告主体可持续相关财务信息的披露需要延展至价值链，因为主体面临的可持续相关风险和机遇与其价值链上的活动、互动和关系以及资源使用有关，根据征求意见稿第40条，具体包括：主体及其供应商的雇佣行为、与其销售的产品包装相关的浪费，或可能破坏其供应链的事件；主体控制的资产；主体控制的投资，包括对联营企业和合营企业的投资；资金来源等。

4.以上报告主体特征的描述适用于包括《气候相关披露》在内的其他ISDS，《可持

续相关财务信息披露一般要求》之外的其他准则将明确主体需要如何披露或计量其价值链相关的可持续风险和机遇。

针对以上第四点，《气候相关披露》征求意见稿明确了主体需要如何披露价值链温室气体排放。根据该征求意见稿，主体需要分别披露合并会计集团（母公司及其子公司），以及联营企业、合营企业、未合并子公司或附属公司披露范围1和范围2排放。对于后者，主体需要披露排放纳入主体排放所用的方法，如《温室气体核算体系——企业核算与报告标准》（以下简称《企业标准》）中的股权比例法或运营控制权法。即温室气体排放的披露，除纳入合并范围的母公司及其子公司的范围1和范围2排放外，还需要按股权比例法或运营控制权法披露联营企业、合营企业、未合并子公司或附属公司的范围1和范围2排放。

《气候相关披露》征求意见稿中对价值链温室气体核算的要求来自于《企业标准》中有关组织边界的界定。在界定组织边界时，《企业标准》给出了股权比例法、控制权法两类温室气体排放量合并方法。在采用股权比例法的情况下，企业根据其拥有的股权比例核算温室气体排放量；在采用控制权法的情况下，企业对其控制的业务范围内的全部温室气体排放量进行核算，对其享有权益但不持有控制权的业务产生的温室气体排放量不核算。所谓控制与否，可以从财务或运营的角度界定，因而派生出财务控制权法和运营控制权法。财务控制权，即从编制财务报表所遵循的会计准则来界定控制与否，如果一家企业能够直接影响财务和运营政策，并从相关活动中获取经济利益，则表明具有控制权（此为《企业标准》对控制的定义，与《国际财务报告准则第10号——合并财务报表》中关于控制的定义和判断并不一致）。而对于运营控制权，《企业标准》认为，如果一家企业有提出和执行一项业务的运营政策的完全权力，这家企业便对这项业务享有运营控制权。《企业标准》下，企业对相关主体温室企业排放的核算可以采用上述三种方法。而按照ISSB发布的《气候相关披露》征求意见稿，企业对按照会计准则的规定纳入合并财务报表范围的子公司，其全部温室气体范围1和范围2的排放纳入披露范围，不可以按股权比例来进行核算和披露；对于联营企业、合营企业、未合并子公司或附属公司，包括投资性主体或类似机构采用公允价值核算的子公司、联营企业、合营企业，则需要按照股权比例法或运营控制权法核算和披露范围1和范围2排放。

对以上有关ISDS两份征求意见稿中报告主体及相关概念的描述，在征求意见过程中，仅有少数机构对此提出修改意见。在ISSB自2022年10月至2023年4月的历次会议上，也未讨论这一话题。鉴于ISSB已经完成两份征求意见稿的审议，理事会已经进入准则起草和投票程序中，预计正式出台的两份准则对于有关报告主体及相关概念的描述不会进行较大的修改。

考虑到ISSB的成立背景，以及ISDS企业价值导向和财务影响重要性的定位，ISDS

中的报告主体遵循《财务报告概念框架》有关报告主体定义及其特征的描述，要求可持续相关财务信息的报告主体应当与与其相关联的财务报表的报告主体保持一致有其合理性。笔者认为，尽管可持续相关财务信息的披露必须与通用目的财务报表相关联，但毕竟信息的内涵存在差异，过于强调一致性可能影响准则之间的逻辑一致性，亦有可能给实际执行带来诸多困扰。

第一，一方面强调报告主体应当与与其相关联的财务报表的报告主体保持一致，另一方面强调将可持续相关财务信息的披露需要延展至价值链，两者自相矛盾。实际上，价值链相关的可持续风险和机遇的信息是通用目的财务报告使用者的需求，既然需要按信息的质量特征要求进行披露，其信息披露必然符合完整性和中立性特征，只要说明描述报告主体边界的确定方法和报告主体的组成，价值链上游和下游相关主体符合《财务报告概念框架》有关报告主体特征的描述。

第二，《可持续相关财务信息披露一般要求》征求意见稿第40条提及“主体控制的投资，包括对联营企业和合营企业的投资”，这里的“控制”不符合《国际财务报告准则第10号——合并财务报表》有关控制的定义和判断标准，可能考虑了《企业标准》中所提及的运营控制。如果涵盖运营控制，则基于同时考虑财务控制和运营控制概念延展报告主体，进一步突破了通用财务报表的报告主体。

第三，《可持续相关财务信息披露一般要求》征求意见稿中有关报告主体的描述适用于可持续相关财务信息披露的所有主题，即除遵守与财务报表相同的报告主体外，还需要将可持续相关财务信息的披露需要延展至价值链，只不过各主题领域主体如何披露或计量其价值链相关的可持续风险和机遇，由《可持续相关财务信息披露一般要求》之外的其他准则明确规定。基于这一描述，各主题领域将可持续相关财务信息的披露需要延展至价值链的具体方法可能存在差异。

第四，根据《气候相关披露》征求意见稿，对按照会计准则的规定纳入合并财务报表范围的子公司，其全部温室气体范围1和范围2的排放纳入披露范围的要求，可能带来实际操作的困扰。这一规定与《企业标准》不一致，很多企业可能已经按照股权比例法或运营控制权法对温室气体进行盘查，确定基准年度的排放量，制定了减排目标，各年温室气体排放亦按一致的方法进行核算，此时调整为按财务控制权法进行核算和披露，存在较大的难度和较高的成本。

三、ESRS中的报告主体及相关概念

EFRAG根据《企业可持续发展报告指令》（CSRD）的授权，以双重重要性原则和利益相关者导向制定ESRS。CSRD将可持续发展报告披露的信息定位为独立于财务报告

的信息，将可持续发展报告披露的信息统称为“可持续相关信息”（Sustainability-related Information）。CSRD第19a 3条规定，在适用的情况下，可持续发展报告“应包含有关企业自身运营及其价值链的信息，包括其产品和服务、其业务关系和供应链”；第19a 2（f）（ii）条要求企业报告“与企业自身运营及其价值链相关的主要实际或潜在不利影响，包括其产品和服务、业务关系和供应链……”；第29a条指出，合并可持续发展报告的内容是指“集团”，即母公司及其所有子公司。可以看出，CSRD已经就类似报告主体的相关要求进行了清晰的描述。

ESRS中并未出现报告主体概念。在EFRAG2022年4月发布的《欧盟可持续发展报告准则第1号 一般要求》（以下简称《ESRS 1 一般要求》）征求意见稿中，类似于报告主体的概念是“报告边界（Reporting Boundary）”。然而，在2022年11月提交欧盟委员会和成员国审批的《ESRS 1 一般要求》草案中，以“报告企业（Reporting Undertaking）”取代了报告边界。

根据2022年4月发布的《ESRS 1 一般要求》征求意见稿，企业可持续发展报告的报告边界是其财务报表所保持的边界，该边界扩展到企业上下游价值链，根据权益法核算的联营企业和合营企业被视为上游或下游价值链的一部分，按比例合并法核算的主体被视为合并报告边界的一部分。将报告边界扩展至价值链，有助于可持续发展报告的使用者了解企业的重大影响，以及企业重大可持续相关风险和机遇如何影响企业的发展和业绩。征求意见稿指出：（1）当特定主体或特定行业的ESRS要求采用特定的报告边界披露特定信息时，应以特定ESRS的要求为准；（2）企业应定期重新评估其报告边界，当企业边界发生变化时，如其法律或运营架构或产品和服务、业务关系和供应链发生变化，报告边界的定义应相应调整，报告边界调整时，企业应在尽一切合理努力后重述比较信息。

根据2022年11月发布的《ESRS 1 一般要求》草案，可持续发展报告的报告企业应为相关财务报表的报告企业。如果报告企业是一个集团，且母公司需要编制合并财务报表，则合并财务报表和可持续发展报告将针对母公司及其子公司所编制。可持续发展报告中提供的关于报告企业的信息应扩展到企业价值链上游和下游相关重大影响、风险和机遇的信息。根据草案，将信息披露扩展到价值链并不要求提供价值链中每个主体的信息，而是包括重要的价值链信息。《ESRS 1 一般要求》草案的结论基础对扩展至价值链的要求进行了解释：第一，现有的可持续发展报告框架，包括气候变化相关财务信息披露指南（TCFD）也反映出，报告的信息并不局限于报告企业控制范围内的事项，而是延伸到其价值链（如与范围2和范围3间接温室气体排放有关）。第二，根据负责任商业国际标准，特别是《联合国工商企业与人权指导原则》和《经合组织跨国企业准则》，企业对人和环境影响的责任不是基于其对财务报告所定义的活动的“控制”程度，而是因为存在（实际或潜在）不利的人权或环境影响，这种影响通过其活动或商业关系（包括上下游价值链）与其运营、产品或服务有关。这一解释充分揭示了ESRS所坚持的双重重要性原则。

将报告边界修改为报告企业，体现了EFRAG为保持与ISDS协调的努力，但二者并不存在实质差异，实际上都是对可持续相关信息范围边界的界定，都是财务报表边界及企业上下游价值链。

根据《ESRS 1一般要求》草案中有关报告企业的描述，EFRAG于《欧盟可持续发展报告准则E1气候变化》（以下简称《ESRS E1气候变化》）草案中明确规定，在披露温室气体排放信息时，应遵循《ESRS 1一般要求》中有关报告企业及其价值链的相关要求。同时，《ESRS E1气候变化》草案对联营企业、合资企业、未合并子公司（投资主体）等的温室气体排放核算和披露提出了如下具体要求：

1. 如果企业对联营企业、合营企业（权益法核算或在合并财务报表中按比例合并）和未合并子公司（投资主体）具有运营控制权，即企业有能力控制这些主体的运营活动和关系，则应将其全部范围1和范围2温室气体排放量包括在其报告中，而不得按股权比例核算其温室气体排放。如果企业是非金融公司，则作为范围1和范围2排放披露；如果企业是金融机构，则主要作为金融投资类别下的范围3温室气体排放披露。

2. 如果企业对非通过实体构建的联合安排中的合同安排具有运营控制权（共同控制的运营和资产），则企业应将其全部范围1和范围2温室气体排放量纳入其报告中。

3. 企业报告的范围1和范围2温室气体排放中，不应包括来自不具有运营控制权的主体（包括联营企业、合营企业和未合并子公司）和合同安排的任何范围1和范围2的温室气体排放。当这些主体和合同安排是企业价值链的一部分时，其范围1、2和3的温室气体排放应作为企业范围3温室气体排放的一部分进行披露。

以上温室气体排放核算要求与ISDS中的要求存在差异。对于联营企业、合营企业和未合并子公司，ISDS下既可以按运营控制权法将其全部温室气体范围1和范围2的排放纳入披露范围，也可以按照股权比例法将其温室气体排放纳入报告。相比之下，ESRS只允许采用运营控制权法。

四、SEC规则中的报告主体及相关概念

SEC规则草案仅规范气候变化信息的披露，未提及报告主体概念，在具体规定上引入《企业标准》中的组织边界（Organization Boundary）这一类似于报告主体的概念。草案要求注册人使用与合并财务报表中包含的实体、运营、资产等相同的范围，并基于适用于合并财务报表的同一套会计原则，为温室气体排放披露设定组织边界，即财务数

据和温室气体排放数据的合并和报告范围必须保持一致。在SEC看来，与合并财务报表合并和报告范围保持一致，有助于避免投资者对温室气体排放量的合并和报告范围与合并财务报表产生混淆，也有助于降低注册人的合规成本（因为注册人使用了熟悉的范围来合并和披露温室气体排放数据）。同时，这一做法还有助于增强注册人温室气体排放数据的可比性。

根据草案中的要求，注册人的温室气体排放数据需要包括合并主体的所有排放，而对于权益法核算的投资或按比例合并的运营主体，则需要按注册人所持有的股权将其温室气体排放数据纳入注册人报告中。草案强调，用于记录被投资的单位收益或损失份额的股权比例须与核算其温室气体排放份额的百分比保持一致。

对于纳入合并范围的主体而言，SEC规则草案中的要求与ISDS及ESRS并无不同；而对于联营企业、合营企业而言则存在实质差异。ISDS下可以选择采用股权比例法或运营控制权法，ESRS下仅能采用运营控制权法，SEC规则草案下仅能采用股权比例法。当然，SEC规则草案并未提及对未合并子公司（如投资性主体按公允价值核算对子公司的投资）的温室气体排放。根据规则草案上下文理解，此种情况下，不需要按运营控制权法或股权比例法，而仅是将其温室气体排放纳入范围3。

对于SEC草案中的以上要求，许多机构在反馈意见中表达了不同看法。这些机构认为：

1.既然该规则以TCFD自愿披露框架和《企业标准》为基础，就应该允许注册人按《企业标准》所认可的三种方法合并和报告温室气体排放。

2.许多公司已经按照《企业标准》设定的组织边界核算温室气体排放量，重新调整边界以符合美国公认会计准则的要求，将需要财务团队和可持续披露团队投入巨大成本；同时许多注册人需要永久保存两组记录，以符合国内和国际监管要求。

鉴于SEC规则将投资者作为主要的信息使用者，遵循财务重要性原则而制定，强调财务数据和温室气体排放数据的合并和报告范围必须保持一致有其背后逻辑和理由，但许多机构表达出的担忧也是客观存在。

五、对未来我国制定可持续披露准则中报告主体及相关概念的建议

基于以上的分析，可以看到，ISDS、ESRS及SEC规则在报告主体及相关概念上存在一定差异，表现在：

1.ISSB作为同属于IFRS基金会的准则制定机构，基于可持续相关财务信息与财务报表的关联性，于ISDS中使用IASB在《财务报告概念框架》中给出的报告主体概念；ESRS则使用的是报告企业概念；SEC规则则直接引入《企业标准》中的组织边界概念。

2.ISDS要求报告主体与与其相关联的财务报表的报告主体保持一致，但同时强调可持续相关财务信息的披露需要延展至价值链；ESRS中的报告企业涵盖了财务报表边界及企业上下游价值链；SEC规则引入的《企业标准》中的组织边界，强调与合并财务报表合并和报告范围保持一致。

3.对于联营企业、合营企业温室气体的核算，ISDS下可以选择采用股权比例法或运营控制权法，ESRS下仅能采用运营控制权法，SEC规则草案下仅能采用股权比例法；对于未合并的子公司，ISDS和ESRS遵循联营企业、合营企业相同的核算方法，而SEC规则则直接将其温室气体排放纳入范围3。

当然，三大准则在报告主体及相关概念的描述上亦存在相同之处。一方面，尽管三大准则表述方法各异、使用不同的概念，但都强调需要披露价值链上下游可持续风险和机遇的重要信息；另一方面，ISDS和ESRS均强调报告主体和报告企业的概念将运用于可持续信息披露各主题领域，而各主题领域则可能对如何就该领域如何披露价值链上下游可持续风险和机遇提出特定要求。

未来制定我国可持续披露准则时，亦需要在相关准则中对报告主体及相关概念进行界定。其核心问题有二：一是可持续信息披露中的报告主体与财务报告概念框架中的报告主体是否一致并具备相同的特征；二是可持续信息披露中的报告主体是否必须与与其相关联的财务报表的报告主体保持一致。对于前者，财务报告概念框架有关报告主体定义及其特征的描述适用于可持续信息披露中的报告主体，并无差异，但我国没有出台财务报告概念框架，在《企业会计准则—— 基本准则》中也尚未对报告主体进行定义，未来需要考虑修订《企业会计准则—— 基本准则》时，对报告主体进行定义并对其特征进行描述。对于后者，笔者认为，可持续信息披露需要披露价值链上下游可持续风险和机遇的重要信息，报告主体必然不同于与其相关联的财务报表的报告主体，报告主体的差异无需回避，只需要在可持续信息披露中说明二者差异即可。具体来说，对未来我国可持续披露准则中如何厘清报告主体及其相关概念，笔者有以下建议：

1.明确报告主体在可持续信息披露中的重要作用，即报告主体决定了所披露的可持续相关风险和机遇信息的范围边界。

2.明确可持续信息披露中的报告主体不同于与其相关联的财务报表的报告主体，涵盖了财务报表边界及企业上下游价值链。主体在披露可持续信息时，需要说明其报告主体的确定方式、具体组成以及与财务报表报告主体的差异。

3.对于相关主体可持续信息是否需要纳入合并可持续信息，必须遵照合并财务报表相同的“控制”定义进行判断确定，合并主体内部交易产生的相关可持续数据是否需要进行抵销，需要由相关主题准则进行规范。

4.对于联营企业、合营企业及未合并子公司，其可持续信息如何于合并可持续信息中反映，由相关主题准则进行规范。

5. 对于联营企业、合营企业及未合并子公司，其温室气体排放如何于合并温室气体排放中反映，可给予一定灵活性，主体可以参照《企业标准》进行核算和披露。

6. 在特定主题领域，价值链可持续风险和机遇信息的披露应该在不同披露内容间保持一致。例如，温室气体排放的核算和披露范围应该一致地运用于气候目标、气候适应性分析、气候重大风险和机遇财务影响等信息的披露。

（原载于《财会与会计》2023年第12期）

可持续披露准则中的商业模式及其对会计准则的影响

王鹏程

【摘要】商业模式是可持续披露准则中的重要概念，国际财务报告可持续披露准则和欧盟可持续发展报告准则对商业模式进行了清晰的界定，在相关披露要求中全面引入了商业模式。文章系统分析可持续披露准则中商业模式的定义及其内在逻辑，商业模式在可持续信息披露中的重要地位，并基于可持续披露准则与会计准则的关联提出完善财务报告概念框架和会计准则的相关建议。文章认为，在可持续披露准则全面引入商业模式并确立了商业模式在可持续信息披露中的重要地位后，需要重新考虑商业模式在财务报告中的地位，并基于商业模式完善财务报告概念框架，系统且明确地运用商业模式完善会计准则，重新考虑管理层评论的定位和可持续信息的披露位置。

【关键词】可持续披露准则；商业模式；会计准则

2023年6月26日，国际可持续准则理事会（ISSB）发布了《国际财务报告可持续披露准则第1号——可持续相关财务信息披露一般要求》（IFRS S1）和《国际财务报告可持续披露准则第2号——气候相关披露》（IFRS S2）。2023年7月31日，欧盟委员会（EC）发布了第一批12项欧盟可持续发展报告准则（ESRS）。两项ISSB准则与第一批ESRS的颁布，是全球可持续披露准则建设中的重要里程碑，对推动全球经济、社会和环境的可持续发展意义非凡。商业模式是可持续披露准则中的重要概念，无论是两项ISSB准则，还是第一批ESRS，均对商业模式进行了清晰的界定，在相关披露要求中均全面引入商业模式。IFRS S1和IFRS S2正文中分别有15处和18处提及商业模式，而欧盟委员会（EC）公布的第一批准则中提及商业模式的则有125处之多。本文系统分析ISSB准则与ESRS中商业模式的定义及其内在逻辑，商业模式在可持续信息披露中的重要地位，并基于可持续披露准则与会计准则的关联提出完善财务报告概念框架和会计准则的相关建议。

一、ISSB准则与ESRS中商业模式的定义

多年以来，国际会计准则理事会（IASB，以下简称理事会或“IASB”）在如何运用商业模式制定会计准则方面进行了不懈的探索，多项会计准则已经隐含或明确运用了商业模式。在修订财务报告概念框架之初，IASB亦详细分析了商业模式在会计准则中的应用，并广泛征求各界意见。遗憾的是，IASB最终发布的财务报告概念框架回避了“商业模式”，取而代之的是“业务活动”。2021年5月27日，IASB发布了《管理层评论（Management Commentary）（征求意见稿）》，全面引入商业模式，将商业模式定义为“主体创造价值和产生现金流量的过程”，并认为商业模式是一个事实，可以通过主体的活动表现出来。主体既可以有多种商业模式，也可以在一种商业模式中有多种经营方式（IASB，2021）。在ISSB成立并研究制定ISSB准则之后，考虑到可持续信息披露与管理层评论的内在关联，IASB并未进一步推进管理评论实务公告的修订。近期发布的两项ISSB准则与第一批ESRS，全面引入商业模式并给出商业模式的定义，确立了商业模式在可持续信息披露中的重要地位。

（一）IFRS S1中商业模式的定义

ISSB在制定可持续披露准则时，并未沿用IASB发布的《管理层评论（征求意见稿）》中商业模式的定义。IFRS S1在附录1的术语定义中将商业模式定义为“主体通过其活动将投入转化为产出和结果的系统，旨在实现主体的战略目标并在短期、中期和长期为主体创造价值，从而产生现金流量”（ISSB，2023）。这一定义与IFRS S1征求意见稿存在一定差异。ISSB在2022年3月发布的S1征求意见稿中将商业模式定义为“主体通过其商业活动将投入转化为产出和结果的系统，旨在实现主体的战略目标并在短期、中期和长期创造价值”（ISSB，2022）。IFRS S1征求意见稿中的定义与国际综合报告委员会（IIRC）在综合报告框架中对商业模式的定义完全一致。可以看出，发布稿将IFRS S1征求意见稿中的“商业活动（Business Activities）”调整为“活动（Activities）”，将“创造价值（Create Value）”限定为“为主体创造价值（Create Value for the Entity）”，并增加了“产生现金流量（Generate Cash Flows）”的表述。前者不难理解，因为主体的相关活动不仅仅是商业活动，也包括如慈善等公益活动，而后者的修改则与发布稿中删除“企业价值（Entity Value）”有关。IFRS S1征求意见稿将可持续信息披露的目标定位为“有助于通用目的财务报告主要使用者评估企业价值和作出是否向主体提供资源的决策”，并给出了企业价值的定义，即“主体的总价值，是主体的权益价值（市值）与其净债务市场价值的总和”（ISSB，2022）。考虑到企业价值定

义存在一定的分歧，ISSB于2022年10月18日至21日会议中决定删除“企业价值”和“评估企业价值”等表述，同时改进相关概念的表述，但这一决定并未改变ISSB对可持续信息披露企业价值导向的定位。基于这一决定，S1发布稿中未再给出企业价值的定义，但将可持续相关风险和机遇定位为“可合理预期会影响主体发展前景的可持续相关风险和机遇”，并将创造价值限定为“为主体创造价值”并增加了“产生现金流量”，其目的仍然是考虑可持续信息披露的企业价值导向定位。

实际上，IFRS基金会在启动ISSB准则咨询之初，便将ISSB准则定位为价值报告范畴。IFRS基金会于2020年9月发布的可持续披露准则咨询文件中指出，如果设立ISSB，其目标便是专注于提供相关事项对报告主体影响的信息，因为这些信息将支持投资者及其他财务报告使用者的决策。全球环境信息研究中心（CDP）、气候披露标准委员会（CDSB）、全球报告倡议（GRI）、国际综合报告委员会（IIRC）和可持续会计标准委员会（SASB）五个机构于2020年12月联合发布的《企业价值报告下气候相关财务信息披露准则原型》，便将气候相关财务信息披露准则原型定位于价值报告，侧重于向投资者提供气候和其他相关可持续事项如何影响企业价值的信息。证监会国际组织（IOSCO）对于这一定位，在2021年6月发布的《发行人可持续信息披露报告》中进行了确认，认为ISSB以企业价值为导向制定准则是务实的，也是最可能达成国际共识的，与IFRS基金会的使命、治理架构以及监督委员会和受托人的组成相匹配，也有助于制定可持续信息鉴证准则。IOSCO也认为，ISSB的准则制定需要确保其准则随着时间的推移不断发展，以适应不断扩大的企业价值创造视角（IOSCO，2021）。IOSCO在2023年7月25日发布的ISSB准则认可评估报告中，IOSCO设定的第一条评估标准便是“为投资者提供必要的信息，以准确评估可持续性问题对公司创造和维护企业价值能力的影响”；经过评估，IOSCO认为，“IFRS S1和IFRS S2都为资本提供者提供了必要的信息，以准确评估可持续性和气候问题对公司未来前景的影响”（IOSCO，2023）。所以，从IFRS S1征求意见稿到发布稿，ISSB对商业模式及相关概念的定义，均凸显出ISSB将可持续信息披露定位于企业价值报告的准则制定思路，在发布稿中将创造价值限定为“为主体创造价值”并增加了“产生现金流量”是对“企业价值”的进一步表述。

（二）ESRS中商业模式的定义

欧盟于2014年发布的《非财务报告指令》（NFRD）中给出的商业模式的定义是，“一家公司的商业模式描述了它如何通过其产品或服务长期产生和保持价值”，“它通过描述公司如何通过商业活动将投入转化为产出，概述了公司的运营方式及其结构”，“更简单地说，一家公司做什么，如何做以及为什么做”。这一定义简单明了，通俗易懂，但在欧盟财务报告咨询组（EFRAG）发布的第一批ESRS征求意见稿以及欧盟委员会

（EC）发布的第一批ESRS中，这一定义均未得到沿袭。在EC于2023年7月31日发布的《欧洲议会和理事会关于可持续报告准则的2013/34/EU补充法令》附件二缩写和术语表中，商业模式是指“企业通过其活动将投入转化为产出和结果的系统，旨在实现企业的战略目标并在短期、中期和长期内创造价值”（EC，2023）。可以看出，尽管ESRS与ISSB准则保持高度互通，但在商业模式的定义上，晚于ISSB准则发布的ESRS并未紧跟IFRS S1发布稿中商业模式的定义，定义与IIRC以及IFRS S1征求意见稿基本一致，既未将创造价值限定为“为主体创造价值”，也未增加“产生现金流量”的表述。与此同时，第一批ESRS全文中也未提及企业价值。

ESRS中商业模式的定义不同于IRFS S1，反映了两者定位的差异。ISSB准则服务于满足投资者的信息需求，关注企业如何为投资者创造价值，而ESRS除满足投资者的信息需求外，还要满足包括供应商、客户、员工、社区、环保团体等更广泛利益相关者的信息需求，重视的是企业如何为所有利益相关者创造共享价值（Shared Value）。产生这一差异的重要原因在于ISSB准则所遵循的是单一重要性原则（Single Materiality），而ESRS遵循的是双重重要性原则（Double Materiality）。单一重要性原则下，要求企业基于由外到内的视角，披露与环境和社会相关的可持续发展风险和机遇如何对企业的发展前景产生影响。双重重要性原则要求企业在可持续披露中同时考虑由外到内和由内到外的重要性，既要求企业披露可持续相关风险和机遇对企业财务状况、财务业绩和现金流量的影响（财务重要性），也要求企业披露企业商业活动（包括价值链活动）对环境和社会产生的影响（影响重要性）（王鹏程等，2023）。

二、商业模式在可持续信息披露中的重要地位

商业模式是可持续披露准则中的重要概念，连同与之紧密相关的战略和价值链概念，系统地将主体的战略、风险管理以及指标和目标串联起来形成一系列的有用信息，帮助投资者及其他利益相关方识别影响主体未来前景的可持续信息，更好地满足投资者及其他利益相关方的信息需求。

（一）战略、价值链与商业模式紧密相关

战略、价值链同样是可持续披露准则中的重要概念。ESRS征求意见稿将战略定义为企业实现其特定使命和愿景及运用于其核心价值的计划。EFRAG认为，战略的层次高于商业模式，且高度概括商业模式，商业模式对于了解企业战略具有基础性作用（黄世忠等，2023）。商业模式与战略的这种联系同样可以见诸IASB发布的《管理层评论（征求意见稿）》。根据该征求意见稿，战略涉及如何在短期、中期和长期确保商业模式

得以维持和发展，也就是说，战略发挥了维持和发展商业模式的重要作用。尽管ESRS最终发布稿以及IFRS正式发布稿均没有给出战略的定义，但战略和商业模式存在紧密联系是不争的事实。

对于价值链这一重要概念，IFRS S1和ESRS给出了基本一致的定义。根据IFRS S1，价值链是与报告主体的商业模式和主体所处的外部环境相关的所有互动、资源和关系。价值链包括主体创造产品和服务，将其从概念转化到交付、消费和报废所使用和依赖的互动、资源和关系。相关互动、资源和关系包括主体经营中的活动、资源和关系，例如人力资源；主体供应、营销和分销渠道中的活动、资源和关系，例如原材料和服务采购以及产品和服务的销售和交付；主体所处的融资、地理、地缘政治和监管环境（ISSB，2023）。可以看出，价值链体现的是商业模式与外部环境的互动、资源和关系，没有这些价值链要素的协同，也就没有商业模式的成功。

战略、价值链与商业模式紧密联系，IFRS准则和ESRS的核心披露要求体现了对战略、价值链和商业模式的高度重视。投资者及其他利益相关方需要了解主体可持续相关重要风险与机遇对其战略、商业模式和价值链的影响，了解主体在战略、商业模式和价值链上采取的应对举措，进而作出与向主体提供资源相关的决策。

（二）商业模式与可持续披露准则中的核心披露要求

商业模式以及与之紧密相关的战略和价值链，系统地串联了可持续信息披露中的战略、风险管理以及指标和目标等核心披露要求。

IFRS S1要求主体披露可持续相关风险和机遇对其商业模式和价值链的当前和预期影响，包括：①可持续相关风险和机遇对主体商业模式及其价值链的当前和预期影响的描述；②在主体的商业模式和价值链中，可持续相关风险和机遇集中的领域。同时，IFRS S1还要求主体披露可持续相关风险和机遇对其战略和决策的影响，以及主体对可持续相关风险引起的不确定性作出调整的能力即韧性分析。在指标和目标方面，IFRS S1要求主体披露其为监控实现战略目标的进展而设定的目标以及实现目标所取得进展的指标，同时要求主体披露的指标包括与特定商业模式、活动或其他表明主体参与某一行业的共同特征相关的指标（ISSB，2023）。上述披露要求同样体现在IFRS S2《气候相关披露》中。作为一般披露要求，IFRS S1有关战略、商业模式和价值链的上述披露要求，也必然体现在ISSB今后制定的其他主题准则中。

在ESRS方面，EFRAG曾于2022年1月20日公布了《战略与商业模式》（Strategy and Business Model）工作稿，提出了8项披露要求。基于减少披露数据点的考虑，在欧盟委员会（EC）正式发布的第一批12项ESRS中，有关战略、商业模式和价值链，连同治理、影响、风险和机遇的披露进行了整合，全部纳入ESRS 2《一般披露要求》。

ESRS 2专门明确了战略、商业模式和价值链的披露要求，具体披露要求有三个方面。一是要求描述企业总体战略中与可持续性事项相关或影响可持续性事项的关键要素，以及企业商业模式和价值链的关键要素。二是要求企业披露其战略和商业模式如何考虑利益相关方的利益和看法，包括企业如何修改或期望调整或修改其战略和商业模式，以满足利益相关方的利益和看法。三是要求企业披露其重大影响、风险和机遇，以及它们如何与其战略和商业模式相互作用，包括：①商业模式、价值链中可持续相关重大影响、风险和机遇集中的领域；②重大影响、风险和机遇对企业商业模式、价值链、战略和决策的当前和预期影响，以及其如何应对或计划应对这些影响；③企业战略和商业模式的韧性的信息，即应对重大影响和风险以及利用重大机遇的能力等（EC，2023）。重大影响、风险和机遇以及它们如何与企业战略和商业模式相互作用的披露要求，在EC发布的第一批ESRS中的10项主题准则，包括气候变化、污染、水与海洋资源、生物多样性与生态系统、资源利用和循环经济、自己的劳动力、价值链中的工人、受影响的社区、消费者和终端用户、商业操守均相应地作出了更加具体的规定。

作为可持续披露准则中的重要概念，商业模式在可持续信息披露中担当了重要的角色，通过披露主体战略、商业模式及价值链所面临的可持续风险和机遇，以及主体在战略、商业模式和价值链上采取的应对措施以及所具有的韧性，促进投资者及利益相关方的决策，也推动主体的战略、商业模式和价值链更加可持续，进而推动全球经济、社会、环境的可持续发展。

三、可持续披露准则对会计准则的影响及应对

ISSB将可持续信息披露视为财务报告的一个组成，可持续披露准则与会计准则相互关联。ISSB在制定可持续披露准则时，使用了与IFRS会计准则类似术语和概念，包括“重要性”“重要信息”“报告主体”“通用目的财务报告主要使用者”“无须付出过度成本或努力即可获得合理且有依据的信息”“报告时间”“可比信息”“判断、假设和估计”等，还将IASB《财务报告概念框架》的两个基础性质量特征（相关性和如实反映）和四个提升性质量特征（可比性、可验证性、及时性和可理解性）直接引入，作为可持续相关财务信息的质量特征（王鹏程等，2023）。而当可持续披露准则全面引入商业模式并确立了商业模式在可持续信息披露中的重要地位后，需要重新考虑商业模式在财务报告中的地位，并基于商业模式完善财务报告概念框架、会计准则与管理层评论实务公告。

（一）基于商业模式完善财务报告概念框架

IASB在最近一次的对财务报告概念框架的修订过程中，曾经对商业模式与财务报告之间的关系问题进行了深入研究，研究过程中，一些利益相关方认为，商业模式能够更好地实现财务报告的目标，财务报告概念框架中应该充分体现商业模式的角色。欧洲财务报告咨询小组（EFRAG）、法国会计准则委员会（ANC）、德国会计准则委员会（ASCG）、意大利财务报告组织（OIC）和英国财务报告委员会（FRC）曾于2013年6月联合发布了《商业模式在财务报告中的角色》的公告，欧洲财务报告咨询小组（EFRAG）、法国会计准则委员会（ANC）和英国财务报告委员会（FRC）于2013年12月联合发布了《商业模式在财务报告中的角色》的研究论文。上述公告和研究论文认为，商业模式应在财务报告中发挥作用，而且该作用不应该仅仅局限于具体准则层面对商业模式的运用，而应该上升到概念框架的高度，即通过在概念框架中规范一些基本原理对具体准则的制定提供指导。但IASB考虑到商业模式并无统一且公认的定义且商业模式对不同的财务报告要素影响程度不一，在2018年发布的更新版财务报告概念框架中，回避了一些利益相关方要求的将商业模式如何影响财务报告的原则在概念框架中体现的诉求，仅在个别财务报告要素中提及企业如何开展业务活动可能对准则制定产生影响。

在ISSB准则和ESRS对商业模式给出清晰而且被广泛认可的定义之后，再以无统一且公认定义的理由在财务报告概念框架中回避"商业模式"便显得不合时宜。更何况，在ISSB成立之初，IFRS基金会便将可持续信息披露定位为财务报告的重要组成部分，财务报表和可持续信息披露共同构成了财务报告。ISSB不再单独制定概念框架，所制定的IRFS SI的相关概念和信息质量特征直接来自于财务报告概念框架。财务报告概念框架是制定会计准则和制定可持续披露准则的共同依据。可持续披露准则已经明确了商业模式的定义，已经全面引入商业模式，已经确立商业模式在可持续信息披露中的重要地位，而财务报告概念框架中没有商业模式的定义，没有明确商业模式在财务报告中的重要地位，可持续披露准则的上述做法便成为"无本之木""无源之水"。此外，在新经济时代，在可持续发展的世界潮流中，商业模式日新月异。如果准则制定机构无法在其概念框架中明确商业模式如何影响财务报告，仅仅在具体准则层面努力寻找新的确认标准以及计量模式，恐怕财务报告也难以跟上不断创新的商业模式。基于此，笔者认为，需要基于商业模式完善财务报告概念框架，需要在财务报告概念框架中引入商业模式的定义，明确商业模式如何影响财务报告的原则。

（二）会计准则应当系统且明确地运用商业模式

长期以来，会计准则中一直隐含着商业模式的概念，如《国际会计准则第2号——存货》《国际会计准则第17号——租赁》《国际会计准则第39号——金融工具的确认和计量》《国际会计准则第40号——投资性房地产》等准则。商业模式首次在会计准则中的明确运用是IASB于2009年发布的《国际财务报告准则第9号——金融工具》。该准则要求主体按照管理金融资产的商业模式决定资产的分类和计量。其后发布的《国际会计准则第12号——所得税》同样明确运用了商业模式。尽管会计准则中运用商业模式由来已久，多项会计准则隐含运用商业模式，同时也有多项会计准则明确运用商业模式，这种临时的、不是系统地运用商业模式的做法总是被人诟病。在基于商业模式完善财务报告概念框架后，需要根据概念框架确定的原则，对商业模式对财务报表要素分类、确认、计量、列报产生的影响进行深入分析后，系统明确地运用商业模式对现有会计准则进行全面修改。只有这样，才能确保会计准则以及财务报告内部的逻辑一致性。

（三）重新考虑管理层评论的定位和可持续信息披露的位置

根据IASB于2010年12月发布的《国际财务报告准则实务公告第1号——管理层评论》，“管理层评论符合《国际财务报告准则前言》第7段中其他财务报告的定义，故属于财务报告的范畴”，“对于很多主体而言，管理层评论已经成为一个主体与资本市场沟通的重要要素，是对财务报表的补充和增强”。2021年5月27日，IASB发布的《管理层评论（征求意见稿）》全面引入商业模式，将商业模式定义为“创造价值和产生现金流量的循环涉及一个完整过程，即主体获得其运营的投入，将这些投入转化为产出，出售这些产出，将其交付给客户并收取现金的过程”。征求意见稿要求管理层评论包括六方面具体内容：①主体的商业模式，即主体如何创造价值和产生现金流，主体的商业模式是主体寻求创造价值以及产生现金流量的完整过程（包括长期过程）；②管理层维持和发展该商业模式的战略，包括方向目标、为实现目标的阶段性任务、为完成阶段性任务的计划安排；③商业模式和战略所依赖的资源和关系，包括主体财务报表中未确认为资产的资源；④可能破坏商业模式、战略、资源或关系的风险；⑤影响或可能影响商业模式、战略、资源、关系或风险的外部环境因素和趋势；⑥主体的财务业绩和财务状况，包括这些财务业绩或财务状况如何受到上述五方面因素的影响（IASB，2021）。

在ISSB成立并研究制定ISSB准则之后，IASB并未进一步推进管理层评论实务公告的修订。而根据IFRS S1，当管理层评论作为主体通用目的财务报告的一部分时，可持续相关财务信息可以被包括在主体的管理层评论或类似报告中。考虑到财务报表、管理层评论与可持续相关财务信息披露之间的关系，推进管理层评论实务公告的修订确有必要。尽管修订管理层评论时，可以引入IFRS S1中商业模式的定义，但管理层评论到底应该披露哪些内容，在ISSB发布首批两项准则之后，却令人困惑。按照2010年管理层评论实务公告，管理层评论应向财务报表使用者提供说明相关财务报表背景的整合信息，这些信息不仅应当说明管理层对已发生事项（包括正面和负面情况）的观点，还应当说明事项发生的原因及其对主体未来的影响；提供关于主体资源和对主体及其资源的求偿权，以及使其发生变化的交易和事项的整合信息；说明可能影响主体的未来业绩、状况和进展的主要趋势和因素。按照征求意见稿，管理层评论除提供增强投资者和债权人对主体财务报表中报告的财务业绩和财务状况理解的信息外，还需要提供主体在所有时间范围内（包括长期）创造价值和产生现金流的信息（IASB，2021）。可以看出，无论按2010年实务公告还是按征求意见稿，管理层评论所披露的内容与可持续信息披露很大程度上重叠，征求意见稿中的六方面披露内容，几乎全部在可持续信息披露中有所体现。鉴于可持续信息披露与管理层评论内容上的重叠，本文认为，需要IASB重新考虑管理层评论的定位，需要ISSB重新考虑可持续信息披露的位置。

（原载于《商业会计》2023年第17期）

主要参考文献

1 IASB. IFRS Practice Statement Exposure Draft ED/2021/6：Management Commentary ［EB/OL］.（2021-05-27）［2024-12-18］. https：//www.ifrs.org.

2. ISSB. IFRS S1 General Requirements for Disclosure of Sustainable-related Financial Information ［EB/OL］.（2023-06-26）［2024-12-18］. https：//www.ifrs.org.

3. ISSB. Exposure Draft IFRS Sustainability Disclosure Standard ［Draft］ IFRS S1 General Requirements for Disclosure of Sustainability-related Financial Information ［EB/OL］.（2022-03-31）［2024-12-18］. https：//www.ifrs.org.

4.OICU-IOSCO. Report on Sustainability-related Issuer Disclosures， Final Report ［EB/OL］.（2021-06-30）［2024-12-18］. https：//www.iosco.org.

5. OICU-IOSCO. IOSCO Endorsement Assessment of the ISSB Standards for Sustainabilityrelated Disclosures ［EB/OL］.（2023-07-25）［2024-12-18］. https：//www.iosco.org.

6.EC. Supplementing Directive 2013/34/EU of the European Parliament and of the Council as Regards Sustainability Reporting Standards ［EB/OL］.（2023-07-31）［2024-12-18］. https：//www.ec.europa.eu.

7. 黄世忠，叶丰滢.《战略与商业模式》的披露要求与趋同分析［J］. 财会月刊，2022（7）：3-7.

8. 王鹏程，黄世忠，沌勋，等. 制定中国可持续披露准则若干问题研究［J］. 财会月刊，2023（15）：11-22.

可持续披露准则中的价值链及相关问题研究

王鹏程　刘翔宇

【摘要】价值链相关信息是可持续信息披露的重要组成。在全球气候变化和社会责任备受关注的背景下，价值链中的环境、社会和治理问题已成为投资者及其他利益相关方关注的焦点。国际可持续准则理事会（ISSB）发布的可持续披露准则（以下简称"ISSB 准则"）、欧盟委员会（EC）发布的欧盟可持续发展报告准则（ESRS）和美国证监会（SEC）发布的《面向投资者的气候相关信息披露的提升和标准化》草案（以下简称"气候披露新规草案"），均要求报告主体披露价值链相关信息。本文深入分析价值链及价值链相关信息在可持续信息披露中的重要地位，全面总结主要可持续披露准则对价值链相关信息的披露要求，系统讨论价值链相关信息披露中的关键问题，包括价值链范围、重要性评估、价值链信息指标、价值链信息质量及缓释措施。在此基础上就制定和实施中国可持续披露准则，提出将价值链纳入可持续披露准则、制定出台价值链信息披露指引、减轻价值链中小企业披露负担、加快价值链信息披露能力建设等政策建议。

【关键词】可持续披露准则；价值链；相关信息；信息质量

随着全球气候变暖加剧，人们对环境问题和社会责任的关注日益增加。企业在经营过程中产生的环境影响、社会影响和治理问题已经成为投资者、消费者和监管机构关注的焦点，只有在可持续信息披露和管理中重视价值链的相关信息，企业才能兼顾价值创造与可持续发展。2023 年 6 月 26 日，ISSB 发布了《国际财务报告可持续披露准则第 1 号——可持续相关财务信息披露一般要求》（IFRS S1）和《国际财务报告可持续披露准则第 2 号——气候相关披露》（IFRS S2）。2023 年 7 月 31 日，EC 发布了首批 12 项 ESRS。无论是 ISSB 准则和 ESRS，还是 SEC 于 2022 年 3 月 21 日发布的气候披露新规草案，以及在实务中广为采用的全球报告倡议框架（GRI），均要求报告主体披露价值链相关信息。为此，本文深入分析价值链及价值链相关信息在可持续信息披露中的重要地位，全面总结主要可持续披露准则对价值链相关信息的披露要求，系统讨论价值链相关信息披露中的关键问题，并在此基础上就制定和实施中国可持续披露准则提出相关政策建议，以供有关部门参考。

一、价值链及价值链相关信息在可持续信息披露中的重要地位

价值链（Value Chain）概念由迈克尔·波特（Michael E.Porter）于1985年提出，他认为"每一个企业都是在设计、生产、销售、发送和辅助其产品的过程中进行种种活动的集合体，所有这些活动可以用一个价值链来表明"。价值链是可持续披露准则的重要概念，ISSB准则、ESRS和GRI均给出了价值链的定义。GRI对价值链的定义类似于迈克尔·波特的定义。根据GRI，价值链是组织及其上下游企业的经营范围，用于将组织的产品或服务从概念转化为最终用途。上游企业（如供应商）提供产品或服务，用于组织开发自有产品或服务，而下游企业（如分销商、客户）从组织获得产品或服务。

但ISSB准则和ESRS对价值链的定义与迈克尔·波特的定义略有不同。IFRS S1附录一中对价值链的定义是"与报告主体的商业模式和主体所处的外部环境相关的所有互动、资源和关系"，明确了价值链包括主体创造产品和服务，将其从概念转化到交付、消费和报废所使用和依赖的互动、资源和关系。相关互动、资源和关系包括主体经营中的活动、资源和关系（如人力资源），也包括主体供应、营销和分销渠道中的活动、资源和关系（如原材料和服务采购以及产品和服务的销售和交付），还包括主体所处的融资、地理、地缘政治和监管环境（ISSB，2023a）。根据ESRS所附术语表，价值链是与企业的商业模式和外部环境相关的全部活动、资源和关系的集合，涵盖了企业自身经营活动、供应、营销和分销渠道中的活动，以及企业所处的融资、地理、地缘政治和监管环境，包括企业上游和下游的参与者，上游参与者提供用于开发企业产品或服务的产品或服务，而下游参与者从企业接收产品或服务。

可以看出，无论是迈克尔·波特或GRI的定义，还是ISSB准则或ESRS的定义，价值链均有别于供应链。供应链通常是指报告主体上游的活动，而价值链不仅包括报告主体上游的活动，还涵盖报告主体自身及其下游的活动，强调创造产品和服务，将其从概念转化到交付、消费和报废全过程的活动。但ISSB准则或ESRS对价值链的定义要比迈克尔·波特、GRI的定义更加丰富，不仅涵盖了报告主体创造产品和服务的所有活动，还囊括了主体创造产品和服务所使用和依赖的资源与关系，如人力资源、报告主体所处的外部环境。

价值链相关信息在可持续信息披露中非常重要。这是因为报告主体与其整个价值链中的利益相关方、社会、经济乃至自然环境之间的互动和报告主体在短期、中期、长期

内产生现金流量的能力密不可分，同时，报告主体对价值链中资源和关系的依赖以及对这些资源和关系的影响产生了主体的可持续相关风险和机遇。报告主体可持续相关重大风险和机遇不仅仅产生于其自身运营，还产生于其上游或下游价值链。仅关注报告主体自身运营只能提供部分可持续相关重大风险和机遇的信息，并不能充分识别所有可持续相关风险和机遇。从价值的创造过程来看，价值链的各环节都受到环境和社会的影响，也会对环境和社会产生影响。通过对价值链的分析，利益相关方可以充分了解价值链上下游潜在的重大风险和机遇。例如，企业在农产品采购环节选择经营循环农业模式的供应商，可能会减少企业在整个价值链中的排放。生产环节中，企业积极购入绿色生产设备、引入绿色工艺，同样能够减少自身经济活动对环境的破坏。同时，价值链的各个环节都可能涉及治理问题，与企业的经营和发展息息相关。例如：采购环节可能涉及供应商的选择，这可能关系到商业道德和反腐败等问题；生产环节可能涉及员工的职业健康与安全培训；销售环节可能涉及客户的权益保护。

以温室气体排放披露为例，对大多数行业企业而言，其自身运营所产生的温室气体排放，包括直接温室气体排放（范围一）和电力、热力及蒸汽产生的间接温室气体排放（范围二），其排放量远远低于其他间接温室气体排放（价值链上下游温室气体排放，即范围三）的排放量。环境信息披露平台（CDP）对332家金融机构的研究显示，融资排放比金融机构直接排放（范围一排放）多出700倍以上，占其全部排放总额的比例通常超过99%（CDP，2021）。鉴于这一情况，如果忽视价值链排放（范围三排放），报告主体便很难实现其温室气体减排目标，要实现经济社会低碳转型和巴黎协定的温控目标亦将困难重重。相反，如果重视范围三排放，则有助于报告主体识别价值链中温室气体排放集中的领域，以及价值链中的资源和能源风险，从而确定价值链减排目标并采取相应的减排措施和能源效率提升措施，进而有助于调动员工积极性，让员工积极参与通勤减排和差旅减排。同时，披露范围三排放，有助于利益相关方了解报告主体价值链的减排目标和减排进展，并通过利益相关方作出的与向主体提供资源相关的决策引导资金流向低碳领域，从而推动经济社会的低碳转型。

二、主要可持续披露准则对价值链相关信息的披露要求

鉴于价值链相关信息在可持续信息披露中非常重要，ISSB准则、ESRS、气候披露新规草案以及GRI等都对价值链相关信息提出了一系列披露要求。

（一）ISSB准则对价值链相关信息的披露要求

IFRS S1要求报告主体披露可持续相关风险与机遇对主体商业模式及其价值链当前

和预期影响的描述，以及在商业模式和价值链中可持续相关风险和机遇集中的领域（如地理区域、设施和资产类型等）。鉴于IFRS S1在ISSB准则中处于统驭地位，是对一般披露要求的规范，上述有关价值链信息的披露要求适用于可持续信息披露的各个主题领域（ISSB，2023a）。IFRS S2中有关价值链相关信息的披露要求是IFRS S1上述披露要求在气候相关披露中的具体化。根据IFRS S2，报告主体需要披露气候相关风险和机遇对主体商业模式及其价值链当前和预期影响的描述，以及在主体的商业模式和价值链中，气候相关风险和机遇集中的领域的描述（如地理区域、设施和资产类型）（ISSB，2023b）。在目标与指标的披露上，IFRS S2要求除纳入合并范围的母公司及其子公司的范围一和范围二排放外，还需要披露联营企业、合营企业、未合并子公司或附属公司的范围一和范围二排放。同时，要求报告主体根据《温室气体规程：企业价值链（范围三）核算与报告标准（2011年）》所述的范围三类别，披露主体范围三温室气体排放计量中包括的类别。如果报告主体的活动包括资产管理、商业银行或保险，则需要披露主体有关类别温室气体排放或与其投资（融资排放）相关的额外信息（ISSB，2023）。根据《温室气体规程：企业价值链（范围三）核算与报告标准（2011年）》，范围三温室气体排放包括以下15个类别：①购买商品与服务；②资本商品；③范围一温室气体排放或范围二温室气体排放中未包含的燃料和能源相关活动；④上游运输和配送；⑤运营中产生的废物；⑥差旅；⑦员工通勤；⑧上游租赁资产；⑨下游运输和配送；⑩售出产品的加工；⑪售出产品的使用；⑫售出产品的报废处理；⑬下游租赁资产；⑭特许经营权；⑮投资。以上15项中，前8项属于价值链上游的温室气体排放，后7项属于价值链下游的温室气体排放。

（二）ESRS对价值链相关信息的披露要求

欧盟于2022年11月颁布的《公司可持续发展报告指令》（CSRD）中要求报告主体说明与自身运营及其价值链相关的主要实际或潜在不利影响，包括其产品与服务、业务关系和供应链，为识别和监控这些影响而采取的行动，以及根据欧盟其他要求进行尽职调查的过程中所需识别的其他不利影响。CSRD指出，企业的商业伙伴，包括客户，可能会依赖可持续性信息来了解并在必要时报告其在整个价值链中的可持续性风险。

基于这一要求，EC发布的《欧洲可持续发展报告准则第1号——一般要求》（ESRS 1），要求可持续发展报告中有关报告主体的信息应延伸至价值链，报告主体需利用尽职调查和重要性评估的结果，结合其他ESRS对价值链的具体要求，披露其价值链上下游活动的重要影响、风险和机遇。ESRS 1并不要求企业披露价值链中每个参与者的信息，而只要求将重要的价值链参与者的信息包括在内（EC，2023a）。ESRS要求报告主体披露符合以下特征的重要价值链信息：①该信息有助于利益相关方了解企业的重要影响、风险和机遇；②该信息有助于企业生成符合质量特征的一套信息。根据ESRS 1草案的结论基础，ESRS对报告主体的信息延伸至价值链源于两方面的原因：第一，现有的可持续发展报告框架指出，报告的信息并不局限于报告企业控制范围内的事项，而是延伸到其价值链（如与范围三温室气体排放有关）。第二，根据负责任商业国际标准，特别是《联合国工商企业与人权指导原则》和《经合组织跨国企业准则》，企业对人和环境影响的责任不是基于其对财务报告所定义活动的“控制”程度，而是因为存在（实际或潜在）不利的人权或环境影响，这种影响通过其活动或商业关系（包括其上下游价值链）与其运营、产品或服务有关。同时，ESRS 1指出，当按权益法或比例合并法核算的合营或联营企业成为企业价值链的一部分时，企业应将这些合营或联营企业的信息包括在内。在这种情况下，当确定影响指标时，合营或联营企业的数据不限于企业所持有的股份，而应考虑通过业务关系与企业的产品和服务相关联的影响（黄世忠和叶丰滢，2023）。

《欧洲可持续发展报告准则第2号—— 一般披露》（ESRS 2）要求报告主体：于一般情况下，披露可持续发展报告在多大程度上覆盖了企业的上下游价值链信息；于特定情况下，披露利用间接来源（如行业平均数据或其他替代变量）估计上下游价值链数据时，所使用的指标及这些指标的编制基础、准确性水平，以及在未来提高准确性拟采取的举措；于商业模式和价值链中，说明投入及其获取、开发和确保这些投入的方法，产出及其以客户、投资者、其他利益相关者的现有和预期收益表述的产出，上下游价值链的主要特征以及企业在价值链中的地位，包括主要业务参与者（如关键供应商、客户、分销渠道和终端客户）及其与企业的关系的描述；于影响、风险和机遇中，描述重要影响、风险和机遇集中在其商业模式、自身经营活动和上下游价值链的哪些领域，以及重要影响、风险和机遇对其商业模式、价值链、战略和决策的当期影响和预期影响（EC，2023b）。除ESRS 1和ESRS 2之外，EC首批发布的其他10项主题准则均对各主题领域涉及的价值链信息提出了相关披露要求。

《欧洲可持续发展报告准则第E1号——气候变化》（ESRS E1）要求报告主体：于影响、风险和机遇中，披露自身经营以及上下游价值链中与气候相关的物理风险和转型风险；于温室气体排放总量中，披露范围三温室气体排放总量，以及未在合并报表中完全合并的联营企业、合营企业或未合并子公司等的范围一、范围二的温室气体排放总量；于GHG清除和GHG缓解项目中，披露主体可能在自身运营中开发的项目或在其上下游价值链中参与的项目产生的GHG清除量和储存量，以及已经或打算通过任何碳信用购买融资的价值链之外的气候变化缓解项目的GHG减排量或清除量。《欧洲可持续发展报告准则第E2号——污染》（ESRS E2）要求报告主体：于影响、风险和机遇中，披露主体是否对其现场位置和业务活动进行了筛选，以确定其自身运营和上下游价值链中与污染相关的实际和潜在影响、风险和机遇；在与污染相关的行动延伸至价值链上下游时，于与污染相关的行动中披露延伸的上下游业务类型；于预期财务影响中，披露源于自身运营或价值链上下游污染可能导致业务中断所产生的财务影响。《欧洲可持续发展报告准则第E3号——水与海洋资源》（ESRS E3）、《欧洲可持续发展报告准则第E4号——生物多样性与生态系统》（ESRS E4）、《欧洲可持续发展报告准则第E5号——资源利用与循环经济》（ESRS E5）均对价值链信息提出了类似披露要求。而《欧洲可持续发展报告准则第S1号——自有劳动力》《欧洲可持续发展报告准则第S2号——价值链中的工人》《欧洲可持续发展报告准则第S3号——受影响的社区》《欧洲可持续发展报告准则第S4号——消费者与终端用户》等社会准则实际上是对报告主体与价值链利益相关方互动所产生的可持续相关影响、风险和机遇信息披露的规范。

（三）SEC气候披露新规草案及GRI对价值链的相关信息的披露要求

美国SEC于2022年3月21日发布了《面向投资者的气候相关信息披露的提升和标准化》（The Enhancement and Standardization of Climate-related Disclosures for Investors）的提案。该提案对在美上市公司报告温室气体排放和气候变化相关风险的信息提出了严格要求，要求在美上市公司报告其自身运营以及消耗的能源产生的温室气体排放，即范围一、范围二和范围三的温室气体排放，并对其排放量获取独立第三方的鉴证。

GRI准则中，除行业议题与实质性议题部分之外，有关价值链可持续信息披露要求和指南的语句主要集中在GRI 2 披露项 2-6“活动、价值链和其他业务关系”中。根据该部分的要求，企业需要在报告中详细说明其所在行业以及组织的价值链。这包括组织的活动、产品、服务以及所服务的市场，组织的供应链、下游企业及其活动、其他相关业务关系以及与先前报告期相比的重大变化。

在指南部分，企业确定行业可以根据一般类别，如公共或私营行业，或者可以使用GRI行业标准根据活动进行分类。而组织的价值链则包括组织以及组织的上下游企业为将产品或服务从概念转化为最终用途所开展的一系列活动。上游企业为组织提供产品或服务，用于组织开发自有产品或服务，而下游企业则从组织获得产品或服务。需要注意的是，价值链上的企业不仅限于上游和下游的第一级别企业。报告的信息应提供组织在整个价值链中的影响背景，包括使用其产品和服务产生的影响。此外，关于所服务市场的信息有助于进一步说明组织的产品和服务所面对的客户群体。虽然不要求组织详细说明价值链上的每项活动，但组织可以总体概括价值链的情况。另外，组织需要说明以下内容：其行业、价值链以及其他业务关系与先前报告期相比的重大变化；重大变化的披露可以包括活动的变化，如设施的开设、关闭或扩大；组织的供应链结构或与供应商关系的变化，包括选择和终止；供应商位置的变化。

可以看出，无论是ISSB准则还是ESRS，抑或气候披露新规草案或GRI，均强调披露价值链相关信息，特别是在气候相关信息披露方面，均要求披露范围三温室气体排放。

三、价值链相关信息披露中的关键问题

既然可持续披露准则对价值链信息提出了诸多披露要求，那么如何按照准则规定披露价值链信息便成为准则实施应用中的关键问题。通过研读ISSB准则和ESRS的正文、结论基础及应用指南，本文认为以下问题是价值链相关信息披露中的关键问题。

（一）价值链的范围

在价值链中，提供企业经营所需要产品和服务的企业、个体被视为上游价值链参与者，而接受企业产品和服务的企业、个体被视为下游价值链参与者。可见，企业的价值链活动从起点到终点均与各类参与者密切相关，价值链中的参与者与企业相互影响。在可持续信息披露中，虽然企业的价值链可持续信息涉及价值链中诸多参与者，但并非每一个参与者的信息都需要被考虑，仅需要考虑当重大风险和机遇发生时涉及的参与者的信息。合理界定价值链的起点和终点，有助于企业聚焦价值链可持续活动中的关键参与者，以确保信息披露的有效性。无论是ISSB准则还是ESRS，均未对价值链的起点和终点进行准确说明，仅对价值链以及价值链中的参与者作出了明确定义。此外，考虑到实务层面的技术难度，以及行业差别和企业特性，难以明确在可持续信息披露中一般性的价值链起点和终点的界定方法。

既然报告主体不需要披露价值链活动中涉及的所有参与者的信息，仅需披露涉及重大风险和机遇的参与者信息，那么报告主体需要基于对自身价值链活动可持续相关活动的了解，明确其自身在价值链可持续相关活动中面对的重大影响、风险和机遇的具体类型，以此为基础合理识别价值链中重大影响、风险和机遇的作用范围，进而识别哪些参与者受到相关影响。以喜力啤酒为例，该企业在2022年ESG报告中披露了企业已经识别的重大影响和风险，例如酒精管制、经济与政治不确定性、环境法规、供应链持续性、产品安全、信息安全等，并在风险应对中指出了可能存在的机遇。该企业虽未在报告中直接说明其价值链的起点和终点，但从其可持续管理活动来看，其价值链涵盖了农业、包装、运输、冷藏等环节，涉及包括消费者在内的一系列相关的参与者，基本涵盖了企业所识别的重大影响、风险和机遇。而且，企业对外部环境和重要资源的依赖可能会导致其面临价值链中潜在的重大影响和风险。因此，企业在确定价值链的起点和终点时需要考虑外部环境的变化以及自身对外部环境的依赖程度。此外，考虑到企业披露信

息的质量主要由数据质量决定，而范围三排放等温室气体检测技术目前尚未成熟，许多中小企业的技术能力有限。如果价值链跨度过大，可能会面临数据检测、采集困难等问题，进而影响披露信息质量。因此，企业在确定价值链起点和终点时需要充分考虑自身关键信息、数据的采集能力。

价值链的范围，除了涉及价值链的广度，还涉及价值链的深度，因为供应商上游还有供应商的供应商，客户下游还有客户的客户。在对ISSB准则征求意见时，欧洲证券及市场管理局（ESMA）及日本、德国、印度、韩国的准则制定机构曾建议ISSB明确价值链的披露范围，是仅披露上一级供应商和下一级客户，还是将全产业链的参与者均纳入披露范畴。在IFRS S1结论基础中，ISSB决定不对报告主体需要考虑的价值链范围施加限制，并确认报告主体需要就其整个价值链中产生的可持续相关风险和机遇提供重要信息（ISSB，2023a）。ESRS采取了相同的做法，欧洲财务报告咨询组（EFRAG）在其发布的《价值链应用指南》（Implementation Guidance for Value Chain）草稿中对此进行了举例说明。汽车行业中某公司有一家一级供应商，在缺水地区生产其最终产品的主要部件即钢。为了生产钢铁，该供应商需要一家严重依赖供水的矿业公司提供矿产。因此，如果矿业公司无法从现有水源获得足够的水，该供应商将面临风险，继而钢铁供应商未来可能面临物理风险，导致运营中断和成本增加，从而导致汽车公司钢铁供应中断、汽车生产中断。鉴于这一情况，汽车公司披露价值链信息时，需要考虑供应商的供应商即矿业公司所面临的风险。

（二）价值链信息指标披露

ISSB准则和ESRS规定报告主体在识别可持续相关风险和机遇时，需要考虑与其联营企业、合营企业和其他金融投资相关的风险和机遇，也包括与价值链上的主体相关的风险和机遇。这一规定并不意味着报告主体在进行可持续信息披露时需要将所有这些外围企业的指标包括在相关指标中进行披露，而是要求考虑上述报告主体范围外价值链上的企业的风险和机遇是否会被传导到报告主体，进而考虑哪些价值链信息需要包括在报告主体相关指标中予以披露。也就是说，只有那些可能会对报告主体短期、中期或长期产生重要财务影响的风险和机遇才会被囊括其中，所以归根结底可持续发展报告披露的还是报告主体的相关指标。通过ISSB准则和ESRS的规定不难看出，除以下方面的信息之外，价值链企业的相关信息一般不包括在报告主体的相关指标中：①范围三温室气体排放总量，以及未在合并报表中完全合并的联营企业、合营企业或未合并子公司等的范围一、范围二的温室气体排放总量；②上下游价值链中参与的项目产生的GHG清除量和储存量，以及已经或打算通过任何碳信用购买融资的价值链之外的气候变化缓解项目的GHG减排量或清除量；③与生物多样性和生态系统变化有关的指标，如保护区或关键生物多样性区域内或附近场地的数量和面积指标；④价值链中的工人、受影响的社区、消费者与终端用户对报告主体短期、中期或长期产生重要影响的相关指标。当然，如果通过重要性评估，当相关主题领域的价值链信息对了解报告主体相关可持续风险和机遇重要时，亦需要披露价值链相关信息或者将这些信息纳入相关指标进行披露。例如，当报告主体在其供应链中依赖于对环境有高度影响的活动时，应该披露供应商的影响数据。再如，社会保障计划覆盖的高风险地区价值链中工人的百分比、健康和安全事故减少的百分比等。

（三）价值链信息重要性评估

如前所述，报告主体不需要披露价值链活动中涉及的所有参与者的信息，仅需披露涉及重大风险和机遇的参与者信息，这就要求报告主体在披露价值链信息时进行充分的重要性评估。由于没有一种重要性评估流程能够适合所有企业来识别所有类型的经济活动、地点、业务关系或价值链中的重要风险和机遇，ISSB准则和ESRS仅提供了企业在设计其重要性评估流程时应考虑的相关因素，并提供了一般性指引。ESRS基于双重重要性原则的重要性评估流程具有代表性，EFRAG在其发布的《价值链应用指南》草稿中对此提供了相应的指引。

首先，参照重要性评估的一般组织流程，企业应当对自身运营状况和价值链进行分析，从而确定分析背景。一方面，企业应当分析其业务性质与价值链上下游的活动，包括业务关系类型和性质，最终确定需要报告的信息范围以进行重要性评估。另一方面，为了进一步确定价值链中影响、风险和机遇出现的位置，企业应分析自身业务计划、战略以及它们可能与影响、风险和机遇之间的关系，包括了解其价值链涉及的业务参与者、相关法律和监管环境、行业或其活动的性质、地理位置和流程。同时，企业需要合理确认披露主体，以确定信息披露的范围边界。这一步骤的主要目的是使得企业确定价值链影响、风险和机遇分析的背景，以进一步确定影响、风险和机遇可能在价值链中出现的区域。强调以价值链活动和参与者为转移，定位关键的价值链环节。

其次，企业需要确定潜在的实质性可持续发展事项及其影响、风险和机遇，并根据初步的识别结果列出清单，为进一步的重要性评估确定范围。参照重要性评估的一般组织流程，企业可以依据现有影响、风险和机遇的识别流程、结果进行分析，例如基于其他披露框架下现有重要性评估流程的结果、现有尽职调查的结果以及从现有利益相关者参与流程中收到的反馈或意见。在这一步骤，企业需要以价值链活动产生的潜在影响为基础进行分析，从而确定相关活动是否可能具有潜在的影响、风险和机遇。以人力资源管理活动为例，如果报告企业的人力资源部门不了解员工民族、信仰和族裔或忽视性别、平等、法规，就可能造成企业内部秩序混乱，并在未来发生声誉风险。为了识别潜在的可持续性问题及其相关影响、风险和机遇，企业既可以采取自上而下的方法，按照问题分级（主题、子主题、子子主题）识别，也可以采取自下而上的方法，先识别后分级，将影响、风险和机遇按照潜在影响大小分为主题、子主题、子子主题。经过这一步骤，企业可以列出潜在重大影响、风险和机遇的列表，并按其重要性和颗粒度进行详细分级。

最后，为了巩固前面步骤的结果，企业需要根据对影响、风险和机遇的重要性评估确定最终的重大事项清单。企业应使用适当的定量或定性阈值来评估当前和潜在的影响重要性。在影响重要性的评估中，企业应当根据第二步骤确定的清单进一步确定影响的规模、范围和不可补救的程度，并估计潜在影响可能发生的概率和时间范围。企业可以在主要利益相关者的参与下评估和验证重大影响清单的完整性，特别是在影响重要性的规模和不可补救性的确定以及可能性的估计方面，利益相关者的参与有助于企业拓展信息渠道，进行更全面的评估。在财务重要性的评估中，参照重要性评估的一般流程，可以认为可持续相关风险和机遇是根据其发生的可能性及其短期、中期和长期财务影响的潜在程度进行评估。因此，企业应仔细检查上一步中列出的潜在重大风险和机遇，并应用合适的阈值进行估计。在适用的情况下，企业可以将这些流程与企业风险管理流程进行比较，并相应地估计风险和机遇发生的可能性或其相关的财务影响。

IFRS S1 征求意见稿中曾要求主体于每个报告日重新评估价值链中的可持续相关风险和机遇的范围，例如，在每个报告日重新评估价值链上应纳入其范围三温室气体排放计量的范围三类别和主体。在听取各方反馈意见后，ISSB 于正式发布的 IFRS S1 结论基础中明确，只有在发生重大事件或环境发生重大变化时，主体才需要重新评估其价值链中所有受影响的可持续相关风险和机遇。这种重大事件或环境发生的重大变化可能在主体并未参与其中的情况下发生，也可能是主体对哪些信息对于通用目的财务报告使用者而言具有重要性的评估发生变化的结果。例如，若颁布一份主体并未预见到的与员工差旅相关的温室气体排放新规，则该主体可能需要重新评估哪些类别需要纳入范围三温室气体排放的计量中。相关重大事件或重大变化的情况可能包括：①主体价值链发生重大变化（例如，主体价值链中的供应商作出的会显著改变其温室气体排放的变化）；②主体的商业模式、活动或公司结构发生重大变化（例如，拓展主体价值链的合并或收购）；③主体面临气候相关风险和机遇的情况发生重大变化（例如，主体价值链中的供应商受到主体预期之外的排放法规出台的影响）。

（四）价值链信息质量及缓释措施

良好的信息质量是信息价值的基础。在价值链的可持续信息披露中，数据的准确度是信息质量的重要组成部分。首先，数据的收集和验证至关重要。企业需要确保数据来源可靠且准确，并使用多个来源进行验证，以此来减少单一数据源带来的风险，并增加数据的可信度。最常见的做法是从价值链上下游的参与者处获得原始数据。其次，为提高数据的透明度，企业应说明数据收集的方法和过程，并提供相关的背景信息，使读者了解数据的来源和收集方式。特别是在数据测量不确定性较高的情况下，企业应该披露不确定性的来源。再次，数据的标准化使得企业可以使用统一的标准和指标来衡量和报告数据，确保数据的一致性和可比性。然后，通过建立内部控制机制来确保数据的准确性和完整性。该机制应包括数据验证、数据清洗和数据分析等内部审核和验证过程。最后，在条件允许的情况下，进行独立的第三方审计和认证有助于增强数据的可信度，并向利益相关者提供更多的保证。

需要注意的是，在当前企业均在不同程度上缺乏价值链数据披露意识和能力的背景下，ISSB和EC均出台了相应的缓释措施，认可企业在付出合理努力后如果仍无法获得相关数据，可以说明原因并选择不披露，必要时可以选择采用行业均值或使用定性信息替代不确定性高或无法获得的定量数据。在IFRS S1中，主体在确定其价值链的范围时，对于每项可合理预期会影响主体发展前景的可持续相关风险和机遇应使用“主体在报告日无须付出过度成本或努力即可获得的所有合理且有依据的信息”。ISSB指出，通过建立编制价值链披露的信息类型标准，以及为获取此类信息所需付出的努力，“主体在报告日无须付出过度成本或努力即可获得的所有合理且有依据的信息”的概念会对主体有所帮助。这一概念明确了主体应使用在报告日无须付出过度成本或努力即可获得的所有信息，应使用合理且有依据的信息来确定其价值链的范围，而无须对其价值链相关信息进行全面详尽的搜索，因为这将需要主体付出过度成本或努力。

IFRS S2指出，主体对范围三温室气体排放的计量可能包括估计，而不是仅仅进行直接计量。当主体使用估计来计量范围三温室气体排放时，可以使用代表导致温室气体排放的主体活动的数据（活动数据）以及将活动数据转换为温室气体排放的排放因子。活动数据既可以是直接从主体价值链内特定活动中获得的数据（主要数据），也可以是直接从主体价值链中一般活动获得的数据（次要数据），或是两者的组合。主要数据可能来源于电表读数、水电费账单或代表主体价值链中特定活动的其他方法，可以从主体内部（例如，通过主体自身的记录）收集，也可以从外部供应商和其他价值链合作伙伴处收集（例如，外购商品或服务的供应商特定排放因子）。次要数据是指非直接从主体价值链内特定活动中获得的数据，通常由第三方数据提供商提供，包括行业平均数据（例如，来自已发布的数据库、政府统计数据、文献研究和行业协会的数据）。

四、对我国准则制定和实施的政策建议

在可持续信息披露从自愿披露迈入强制披露以及准则化时代的背景下，我国需要尽快制定实施可持续披露准则。鉴于价值链相关信息在可持续信息披露中的重要地位，考虑到主要可持续披露准则对价值链相关信息均提出披露要求，我国在制定和实施可持续披露准则时，亦需要充分考虑价值链相关信息的披露。

（一）将价值链纳入可持续披露准则

ISSB准则得到了证监会国际组织（IOSCO）的背书和二十国集团（G20）及主要经济体的支持，是全球可持续信息披露的基线标准。制定中国可持续披露准则，需要对标ISSB准则，在披露要求上需要与ISSB准则总体保持一致。既然ISSB准则已经纳入价值链，我国在制定可持续披露准则时，理应吸收ISSB准则有关价值链信息披露的要求。只有这样，我国的可持续披露准则才可能做到与ISSB准则的互操作，也才能被国际社会所认可，我国企业才能顺应国际供应链中核心企业评估配套企业环境风险和社会风险的新要求，在国际供应链的竞争中赢得新优势，我国企业所披露的可持续信息才可能被国际投资者及国际供应链中核心企业所接受。在制定ISSB准则的意见收集阶段，部分人士基于技术难度与成本投入的考虑，对要求企业披露范围三温室气体排放存有顾虑。但如果我国在制定可持续披露准则时不要求企业披露范围三温室气体排放，从微观层面来说将不利于我国企业实现减排目标与低碳转型，在宏观层面上不利于我国企业参与国际竞争，也不利于我国碳达峰、碳中和目标的实现，更不利于推动我国高质量发展，促进经济、社会和环境的可持续发展。

（二）制定出台价值链信息披露指引

当前如何按照准则规定披露价值链信息仍存在诸多困难。尽管ISSB准则正文提出了相关披露要求，其结论基础及应用指南也对相关披露要求进行了说明或补充，EFRAG还发布了《价值链应用指南》草稿，但对我国企业而言，尚需要结合我国企业实际情况的详细指引。基于此，建议在制定我国可持续披露准则的同时，适时制定出台价值链信息披露指引，在对价值链范围、重要性评估、价值链信息指标、价值链信息质量及缓释措施提供具体可操作的指南。在温室气体排放披露方面，我国目前已发布24个行业的《企业温室气体排放核算方法与报告指南（试行）》，但没有涉及范围三的温室气体排放，无法满足企业披露范围三温室气体排放的需要。鉴于此，我国在制定可持续披露准则的同时，需要尽快完善温室气体排放核算标准，并为我国企业核算范围三温室气体排放提供具体的标准。

（三）减轻价值链上中小企业披露负担

要求报告主体披露价值链相关信息，将不可避免地影响价值链上中小企业的信息披露。如果不采取相应措施，势必会加重中小企业负担。在这方面，欧盟CSRD要求EFARG尽快出台适用于中小企业的简化的可持续披露准则，并要求各成员国采取措施，以确保这一披露要求不会对中小企业带来不相称的影响，避免给微型企业带来不必要的行政负担。如前所述，无论是ISSB准则还是ESRS，在有关披露要求中均引入了“主体在报告日无须付出过度成本或努力即可获得的所有合理且有依据的信息”的概念。这一缓释措施不仅减轻了大型企业的报告负担，也避免了大型企业因披露价值链信息而给中小企业带来披露上的负担。我国中小企业众多，在国民经济中发挥了举足轻重的作用。为减轻这些中小企业特别是微型企业的报告负担，未来在我国制定可持续披露准则时，在明确价值链信息披露要求的同时，需要引入“主体在报告日无须付出过度成本或努力即可获得的所有合理且有依据的信息”，为报告主体提供缓释措施。不仅如此，也需要适时制定出台中小企业可持续披露准则，这既是简化中小企业披露要求的需要，亦是避免大型企业转移披露负担至中小企业的需要。

（四）加快价值链信息披露能力建设

目前，我国企业在社会责任报告、ESG（环境、社会及治理）报告和可持续发展报告披露实践中，只有少数企业披露了范围三温室气体排放数据，其原因与我国企业价值链信息披露能力不足有关。一方面是企业缺乏可持续管理方面的专业人才，另一方面是企业尚未建立可持续信息披露系统，包括碳信息系统（王鹏程，2023）。尤其是我国的排放因子库等基础设施不健全，第三方数据供应商缺乏。为实施可持续披露准则，需要加快价值链信息披露能力建设，具体包括引导企业建立和完善可持续信息披露系统，建设政府及监管部门的可持续信息披露系统和共享平台，建设权威的碳排放因子库和核心产品碳排放数据库，培育第三方数据供应商等。

（原载于《财会月刊》2023年第23期）

主要参考文献

1.黄世忠，叶丰滢．欧洲可持续发展报告准则解读：《一般要求》准则［J］．财会月刊，2023（21）：3-12.

2. 王鹏程. 中国可持续披露准则实施保障机制研究［J］. 财会月刊，2023（17）：7-15.

3.CDP. The Time to Green Finance—CDP Financial Service Disclosure Report 2020［EB/OL］.（2021-01-01）［2024-12-18］. http：//www.cdp.net.

4. EC. ESRS 1 General Requirements［EB/OL］.（2023-07-31）［2024-12-18］. http：//finance.europa.eu.

5.EC. ESRS 2 General Disclosures［EB/OL］.（2023-07-31）［2024-12-18］. http：//finance.europa.eu.

6. ISSB. IFRS S1 General Requirements for Disclosure of Sustainable-related Financial Information［EB/OL］.（2023-06-26）［2024-12-18］. http：//www.ifrs.org.

7. ISSB. IFRS S2 Climate-related Disclosures［EB/OL］.（2023-06-26）［2024-12-18］. http：//www.ifrs.org.

基于可持续信息披露的企业内部控制研究

王鹏程　杨昭铭

【摘要】在国际可持续准则理事会发布首批两项国际财务报告可持续披露准则，欧盟委员会发布首批欧洲可持续发展报告准则后，主要国家和地区也将陆续出台可持续披露准则。遵循可持续披露准则相关要求，确保可持续信息披露质量，需要加快可持续信息披露内部控制建设。本文梳理了可持续信息披露内部控制现状，基于当前可持续信息披露内部控制缺陷，从发展战略、风险管理流程、信息管理系统、风险管理系统、内部审计等方面提出了建立和完善可持续信息披露内部控制的相关建议。

【关键词】可持续信息披露；内部控制；ISSB；ESG；风险和机遇；内部审计

2023年6月，国际可持续准则理事会（ISSB）正式发布首批两项国际财务报告可持续披露准则（以下简称ISSB准则），即《国际财务报告可持续披露准则第1号——可持续相关财务信息披露一般要求》（以下简称IFRS S1）和《国际财务报告可持续披露准则第2号——气候相关披露》（以下简称IFRS S2）。在ISSB准则出台次月，新加坡可持续发展报告咨询委员会（SRAC）发布了题为《将气候雄心化为行动》的咨询文件，就新加坡市场采纳IFRS S2准则公开征集意见，也有意与ISSB准则保持一致。此外，澳大利亚、加拿大、日本、马来西亚、新西兰、尼日利亚、英国等国家也曾明确表示将考虑以ISSB准则为基础制定可持续披露准则。同月欧盟委员会也审批通过了首批欧洲可持续发展报告准则（以下简称ESRS）。由于ISSB准则定位为“全球基线准则”，ESRS和ISSB准则之间具有高度互通性，这使得ISSB准则被全球采纳成为必然趋势。同时，国际证监会组织（IOSCO）也明确支持和呼吁各国采纳、应用ISSB准则。ISSB准则的采纳与实施，正在全球范围内如火如荼地推进。

面对这一发展趋势，如何保障可持续信息披露的质量成为诸多企业面临的重大挑战。本文基于当前可持续信息披露内部控制的现状，分析可持续信息披露内部控制的不足，在此基础上提出建立和完善可持续信息披露内部控制的相关建议。

一、内部控制是高质量可持续信息披露的基石

内部控制可以帮助企业提高资产和运营效率，保护企业的资产安全并保证企业合法合规经营。在可持续信息披露的背景下，相关内部控制的建设旨在帮助企业更好地管理可持续发展相关的风险和机遇、抑制“漂绿”，并高质量地向各利益相关方披露可持续发展信息，完善的内部控制是高质量可持续信息披露的基石。

（一）实现可持续发展目标和战略需要完善的内部控制

2015年9月的联合国可持续发展峰会通过了2030年可持续发展议程，该议程提出了17项联合国可持续发展目标，并细化为169个细化目标。据联合国《2023年可持续发展报告》统计，可持续发展目标中期进展情况令人担忧：位于实现目标的轨道上的比例仅15%，48%的国家中度或严重偏离目标的轨道，甚至有37%的国家可持续发展目标处于停滞或倒退的趋势。由此可见，可持续发展目标的实现面临着严峻挑战。

作为国家重要的微观经济活动主体，企业制定可持续发展目标和战略需要完善的内部控制。以“气候行动”的可持续发展目标中“将气候变化措施纳入国家政策、战略和规划”的细化目标为例，联合国提出了两项指标用以衡量其实现，即“向《联合国气候变化框架公约》秘书处报告的有国家自主贡献、长期战略、国家适应计划和适应信息通报的国家数量”和“每年温室气体排放总量”。企业需要将每年温室气体排放总量和企业的经济活动相联系，并制定完善的内部控制保证企业经济活动始终符合可持续发展目标的要求。与温室气体排放量相关的企业可持续发展目标中，最典型的是科学基础减量目标倡议（SBTi）的科学碳目标。2023年4月SBTi发布了1.1版本的《SBTi CORPORATE NET-ZERO STANDARD》，为500人以上的公司提供指导、标准和建议，以支持企业设定待SBTi验证的净零目标。该标准的主要目标是为企业提供一种标准化和稳健的方法，以设定与气候科学相一致的净零目标。企业需要在完善的内部控制的帮助下制定SBTi净零目标的短期目标和长期目标。

监控可持续发展目标和战略的进展需要完善的可持续信息披露内部控制。IFRS S1提出：企业进行可持续信息披露时应当提供适当的方式帮助通用目的财务报表的使用者理解可持续性披露信息之间的关联性。换言之，企业需要披露其实现可持续发展战略目标、可持续相关风险管理和可持续发展公司治理的过程，并披露不同信息间的关联性。IFRS S1还对可持续信息披露的信息质量作出了要求。IFRS S1的以上两项规定表明：企业应当将其实现可持续发展战略的细节进行披露，以便通用目的财务报表的使用者清晰

了解其可持续发展战略目标是如何实现的，并及时掌握可持续发展目标的进展情况；在此过程中，企业还应当保证该披露信息符合IFRS S1信息质量的要求。只有高效、完善的可持续信息披露内部控制才能帮助企业实现可持续风险管理、可持续发展公司治理，并最终实现可持续发展战略目标，同时还能保证可持续信息披露的质量符合IFRS S1的要求。

（二）高质量的可持续信息需要完善的内部控制

2021年，IOSCO下设的可持续金融工作组（STF）曾就可持续信息披露存在的问题开展了广泛调查。调查结果显示，企业在可持续信息披露方面存在以下问题：①信息披露不完整，缺乏可比性。同行业的公司披露的指标和目标缺乏可比性，同时定量指标披露较定性指标少。这一现象在能源行业尤为明显。②随意选择报告框架。各公司在报告框架的使用上存在巨大差异，部分公司甚至不采用任何准则和框架。③信息披露质量参差不齐，缺乏定量信息披露。④可持续发展对公司财务的影响缺乏充分披露。大多数公司没有披露可持续因素对其财务影响的定量信息；可持续信息披露的位置不一致，披露的时间和报告期与财务报告的披露时间和报告期不一致。上述问题从侧面反映了企业可持续信息披露内部控制存在重大缺陷，亟须建立完善的内部控制来进一步规范。

IFRS S1披露准则对可持续信息披露的质量也提出了明确要求：有用的可持续相关财务信息有基本质量特征和提升性质量特征。基本质量特征包括相关性（Relevance）和忠实反映（Faithful Representation）；提升性质量特征包括可比性（Comparability）、可验证性（Verifiability）、及时性（Timeliness）、可理解性（Understandability）。

内部控制中可持续相关风险管理流程可以帮助企业合理应对可持续相关风险和机遇；可持续发展信息管理系统可以帮助企业管理、分析、披露可持续相关数据；可持续相关风险管理系统帮助企业快速捕捉、及时预警可持续性风险。在可持续信息披露内部控制的加持下，企业能够克服上述STF调查结果中呈现的种种信息披露低质量问题，也能够有效实现IFRS S1所提出的质量要求。

（三）抑制“漂绿”需要完善的内部控制

近年来，在可持续信息披露的浪潮下，市场对可持续性产品的需求和供应一直在增加，企业亟须绿色转型以适应市场大环境。这种变化的副作用之一是“漂绿”现象，它有可能通过降低可持续信息披露质量来降低投资者的信心和必要的投资，进而影响企业的绿色转型。

“漂绿”会给企业带来声誉风险、财务风险、诉讼风险，还会影响企业可持续发展报告的可信度，并对企业的市场形象产生负面影响。对碳排放相关数据和披露进行漂洗是企业“漂绿”的主要表现形式。企业的“漂绿”行为包括但不限于：虚构、伪造绿色项目的相关原始材料；夸大企业的绿色形象，以单项绿色项目将整个企业包装成绿色企业；以绿色环保项目的名义融资但将资金挪作他用等。“漂绿”行为形成虚假的碳数据，严重影响可持续信息披露的真实性和完整性，造成可持续发展报告的信任危机。

造成“漂绿”现象的原因有内部原因，也有外部原因。欧盟对此进行了总结和归纳，并给出了具体的驱动因素。2023年5月，欧盟的欧洲银行管理局（EBA）发布了《EBA关于“漂绿”监测和监督的进展报告》，指出“漂绿”形成的驱动因素有竞争诱发因素、监管诱发因素、非政府组织和媒体审查诱发因素、不完全信息诱发因素、实体诱发因素。其中，实体诱发因素指公司内部结构、公司道德文化、公司治理可能成为“漂绿”的驱动因素。如果公司内部有职位或内部结构被冠以“ESG”或“可持续”，或者产品被贴上绿色或可持续的标签，但背后没有适当的可持续政策支撑、缺乏道德规范、没有明确职责分配和行为标准也可能导致“漂绿”。由此可见，企业缺乏完善的可持续信息披露内部控制，无法相互制衡、相互牵制，导致企业内部无法及时察觉“漂绿”的各种端倪，进而导致可持续信息披露的不规范。

此外，欧洲证券市场管理局（ESMA）于2023年5月发布的《“漂绿”进展报告》提出，企业应当通过改进可持续发展公司治理、可持续风险管理流程，并采取相应的内部控制措施抑制“漂绿”。可持续信息披露内部控制是抑制“漂绿”的重要手段，有助于规范和避免整体市场的“泛绿化”现象，可有效帮助企业提高可持续信息披露的质量，净化市场的可持续信息披露环境。

（四）管理可持续风险和机遇需要完善的内部控制

可持续风险和机遇是企业可持续信息披露的核心所在。IFRS S1对此作出了相关规定：企业应当披露所有可合理预计会影响企业发展前景的可持续风险和机遇的重要信息。这些风险和机遇可合理预期将对企业短期、中期或长期的现金流量、融资渠道及资本成本产生影响。具体而言，企业应：①描述可持续风险和机遇，这些风险和机遇可合理预期会影响企业的发展前景；②针对企业识别的每项可持续风险和机遇，明确其合理预期会影响的时间范围；③解释企业有关“短期”“中期”和“长期”的定义，以及这些定义如何与企业战略决策的计划时间范围相关联。

根据以上IFRS S1对于可持续风险和机遇的披露要求，企业需要将可持续风险和机遇纳入整体风险管理流程，在可持续信息披露中对此进行详细准确的披露。传统的风险管理主要针对战略风险、财务风险、市场风险、法律风险、项目风险等内容，而可持续风险则是一种新型的风险，具有范围广、影响力大、难以量化等特点。以气候风险为例，气候相关财务信息披露工作组（TCFD）在2017年的报告中将气候相关风险分为两大类：①与向低碳经济转型相关的风险，即转型风险（过渡风险）；②与气候变化造成的物理影响有关的风险。这两类风险由于其特殊性难以使用传统的风险管理流程和风险管理系统进行衡量，因此传统的风险管理难以准确评估可持续相关风险，难以把握与之相应的可持续相关机遇。将可持续风险和机遇融入整体风险管理流程是对内部控制的"丰盈"，有助于企业及时应对可持续相关风险、把握可持续相关机遇。

二、当前的内部控制不能适应可持续信息披露需要

我国当前并未强制要求公司披露可持续发展报告，就目前的披露状况来看，披露可持续发展报告的企业逐年递增，但信息披露质量却不尽人意。

2022年11月，德勤会计师事务所的ESG分析评价体系的结果显示，中国香港证券交易所上市公司和中国A股上市公司在可持续相关的战略融入、机制建设、议题管理、信息披露等方面存在诸多问题，比如披露关键指标的完整性不足、披露质量有待提升、对于制度建设的成效追踪和目标管理欠缺等。此外，还有学者研究发现当前可持续信息披露存在政策性数据居多，缺乏量化数据的问题（北京证监局课题组，2021）。

上述问题反映了企业可持续信息披露内部控制的薄弱。正是内部控制发展的滞后性，未将可持续发展相关议题纳入内部控制的范畴，导致企业难以提供高质量的可持续发展报告。笔者对于当前企业中常见的可持续信息披露内部控制问题进行了梳理。

（一）可持续信息披露意识薄弱

在我国可持续信息披露实践中，最主要的问题是企业缺乏披露动力。企业可持续信息披露动力不足且披露质量不高（沈洪涛，2016）。《2022年度中国上市公司ESG信息披露分析报告》显示，截至2023年上半年，A股上市公司披露ESG报告的比例仅为34.08%。这表明中国仍有大量企业未进行可持续信息披露，可持续发展意识薄弱。2023中国500强企业高峰论坛上也有学者指出，2023年中国企业可持续发展指数为64.5分，较上一年小幅下降0.4分。从得分区间分布看，"良好"企业占比15.1%，"合格"企业占比51.4%，"需要改进"企业占比为33.5%。近半数企业在可持续发展各方面表现为合格，提升空间较大。

造成这一现象的原因是多方面的：①从企业内部看，基于成本效益原则，企业需将对内部控制投资的时间、成本需要与其获益量进行权衡。面对范围广、难以计量的可持续性信息的管理，企业需要大额的成本投入，且短期内很难见效。②从外部环境看，我国并未强制要求企业进行可持续信息披露，因此部分企业对可持续信息披露缺乏重视。③我国可持续信息管理尚缺少可供遵循的统一标准，虽然部分企业有可持续性信息披露

的意愿，也进行了可持续信息披露的实践，但整体看来披露质量参差不齐、披露重点也不突出。④企业对于可持续相关风险的认识不够全面，对可持续相关风险抱有侥幸心理，对披露缺乏动力。

可持续信息披露意识薄弱、缺乏主观能动性是企业缺乏可持续信息披露活动的内部控制环境的表现。无论是企业内部的成本效益原则约束，还是外部环境的相关法律制度不健全的影响，都是由于内部控制所处的环境变化导致了企业内部控制在可持续信息披露的质量控制方面失去了其应有的监督、校正的功能。缺乏可持续信息披露意识和主观能动性是企业建立可持续信息披露内部控制所面临的首要关卡。

（二）相关风险管理流程不健全

2022年的TCFD年度报告（Statues Report）根据2019—2021年数百家上市公司的披露数据，发现企业风险管理流程的披露虽低于平均水平，但仍在稳步提升，与TCFD其他建议的披露相比显示出强劲的增长趋势。2021年的披露数据显示，识别和评估气候相关风险的披露水平为33%；管理气候相关风险的流程为34%；风险管理流程是否融入整体风险管理为37%。数据表明，企业可持续相关风险管理流程的建设不足，仍有较大提升空间。

此外，2020年TCFD发布的《风险管理整合与披露指南》指出，自从TCFD于2017年6月发布最终的风险管理建议后，TCFD在后续追踪中有了新的发现。75%受TCFD调查的公司表示，风险管理建议在一定程度上非常难以实施，甚至一些公司表示它们没有识别、评估或管理气候相关风险的流程。TCFD的一系列调查结果表明，企业在实施可持续相关风险管理的过程中遇到巨大困难和障碍，使得企业可持续相关风险管理流程建设过程进展缓慢。

具体而言，在TCFD提供的可持续相关风险管理案例中，可持续相关风险管理流程建设面临着信息量化难、岗位配置复杂、专业人才紧缺、风险范围广泛、技术要求高等难题。以信息量化难为例，可持续相关风险的数据覆盖范围广，多以定性指标呈现，如何将其进行统一地量化是企业面临的巨大挑战。定性指标多为哑变量，这导致企业难以准确利用其建模进行压力测试和情景分析，也无法进一步开展可持续相关风险管理工作。

（三）相关基础设施不健全

可持续信息披露内部控制需要借助一定的数据系统和平台来进行可持续风险和机遇的管理、基础数据管理，此类数据系统和平台统称为可持续发展基础设施，根据提供方的不同可分为公共基础设施、企业自建基础设施、第三方提供的基础设施。公共基础设施包含碳排放因子库、核心产品碳排放数据库等需要国家和政府建设的公共资源库；企业自建基础设施包含可持续发展信息管理系统、可持续发展风险和机遇管理系统、可持续信息披露系统和共享平台等企业自建用于可持续信息收集、管理、分析的系统；第三方提供的基础设施与企业自建的基础设施部分重叠，包括但不限于企业自建的可持续发展基础设施，通常服务对象多元化，数据内容比企业更丰富。

从内部控制角度来看，企业需要自建的可持续发展基础设施主要有可持续发展信息管理系统、可持续发展风险和机遇管理系统。我国可持续信息披露起步相对较晚，国内大多数企业尚未建立可持续信息的收集、验证、分析和利用系统（王鹏程，2023）。目前市场上多为第三方提供的数据系统和服务平台（如商道融绿提供的PANDA碳中和数据平台、ESG风险雷达系统；妙盈科技推出的CarbonLens碳排放和能源管理系统、AMI系统、ESGhub系统；评安国蕴的PA2F中国ESG数据库），其服务对象通常包括金融企业、非金融企业、投资者。由于服务对象的多元化，其产品的服务内容繁杂、功能众多、数据源不尽相同，企业难以从中选出合适的、定制化的数据管理系统。大型企业还需建立自己的可持续发展信息管理系统、可持续发展风险和机遇管理系统，但中小企业仍可以借助第三方平台有效降低其数据管理成本。

我国可持续发展基础设施存在公共基础设施不完善、第三方可持续发展基础设施建设不规范、企业可持续发展基础设施缺位的情况。企业需尽快开发自身的可持续发展信息管理系统、可持续发展风险和机遇管理系统，为可持续信息披露内部控制的开展提供数据和平台的支撑。

（四）相关内部审计缺位

随着可持续信息披露的发展，可持续发展报告的信息质量日益备受关注。在传统的财务系统中，内部审计负责监督财务工作，为财务报告的信息质量提供了一项有力的保证。在可持续信息披露的过程中，可持续发展报告信息质量的保证也离不开企业内部的审计职能部门。然而当前国内可持续发展相关的内部审计职能在企业中并没有统一的归属。目前国内企业形成了四种可持续发展相关的公司治理模式，即整体模式、分散模式、专设模式、授权模式（王鹏程，2022）。在多种治理模式下，企业的可持续信息披露质量仍然不尽人意，这与可持续信息披露的内部审计职能的履行不规范、归属不明确有密切关系。

内部审计职能部门在企业中理应处于独立地位，其职权行使具有独立性，不受管理层的干涉。当前，可持续发展相关的公司治理尚不成熟；可持续发展相关职能的归属也并不明朗。可持续信息披露内部审计职能的归属自然也不明确，这使得可持续信息披露内部审计的职能独立性没有得到企业的有效保证，从而造成内部审计职能的履行不规范、监督效果不显著、可持续信息披露低质量等问题。

此外，由于我国尚未出台相关法律、政策指引强制规定企业可持续发展相关的内部审计职能归属问题，企业在可持续发展公司治理中将可持续发展相关的内部审计职能赋予审计委员会缺乏依据，造成职能混乱、治理效率低下的局面。同时，部分企业对可持续发展相关内部审计职能的具体内容认识不够清晰，导致可持续发展相关的内部审计职能缺失、失能，不能有效发挥监督和服务作用、不能有效提高可持续信息披露质量。

三、基于可持续信息披露完善企业内部控制

1992年COSO发布《内部控制——整体框架》（ICIF）。随着企业ESG报告披露的增加，2023年COSO发布了对ICIF的最新解释，以说明如何将其灵活的结构用于ESG报告以及可持续发展报告，由此形成了适用于可持续发展报告的内部控制框架（ICSR）。该框架提出了针对可持续发展报告的17项原则。结合ICSR的17项原则，针对上文企业可持续信息披露内部控制的现状，笔者提出以下5条建议。

（一）制定可持续发展战略，深化可持续发展观念

针对企业可持续信息披露意识薄弱的现状，有必要加强制定可持续发展战略、建设可持续发展的企业文化，为可持续信息披露内部控制建立良好的控制环境。ICSR第六项原则提出，企业应当制定合适的可持续发展战略目标。制定清晰的可持续发展目标不仅有助于识别、评估与目标相关的风险，还有助于将组织的目的或使命、价值观和企业社会责任目标与战略联系起来。

在制定可持续发展战略时，可以参考2016年全球报告倡议组织（GRI）与联合国全球契约（UN Global Compact）、世界可持续发展工商理事会（WBCSD）共同编制推出的《SDGs（联合国可持续发展目标）企业行动指南》（以下简称《SDGs行动指南》）。《SDGs行动指南》阐述了联合国可持续发展目标对企业的影响，并为企业围绕可持续发展制定战略提供了框架基础。企业可以根据此行动指南制定可持续发展战略，从而将SDGs融入企业可持续发展战略当中。

此外，企业需要建设可持续发展的企业文化。深化可持续发展观念需要从可持续发展报告的治理和文化入手，即通过企业的文化内涵、价值观、愿景进行实现（曾繁荣，2019）。ICSR第一项原则规定，企业营造可持续发展的内部环境可从以下几个方面入手：①自上而下奠定基调。高层领导需注意其行为、言语、行动以及指导他人的行动。通过高层领导的行为促进建立可持续发展的业务，进一步影响企业员工的行为和业绩。②制定行为标准。企业制定员工行为准则，在高层次上声明其价值使命和目的。该价值观在可持续发展业务计划和政策中具化，进而贯穿企业上下。③评估行为标准的遵守。

企业需制定监督程序以评估企业成员遵守价值观和政策的情况。该监督程序包括适当的内部审计审查。

但需要注意的是，可持续信息披露不足并非仅仅企业自身的原因，需要多方共同努力才能从根本上改变现状。

（二）将可持续风险嵌入风险管理流程

风险管理是企业内部控制的重要组成部分。随着可持续信息披露的发展，可持续风险亟须纳入企业现有的风险管理流程，从而帮助企业在新形势下灵活应对风险、及时抓住机遇。

2018年COSO和WBCSD合作制定的COSO-WBCSD指南提出了ESG风险管理的流程，为企业将可持续风险和机遇纳入风险管理流程提供了思路。此外，2023年ICSR第六、七、八、九项原则同样规定了可持续风险管理流程的重要内容。综合以上国际规范，笔者认为可持续风险融入风险管理流程需要从以下几个方面入手：①制定清晰的可持续发展业务目标。清晰的业务目标是衡量是否存在风险的标准，也是将企业的目的或使命、价值观和企业社会责任目标与可持续发展战略联系起来的一种方式。②识别和分析可持续风险。为了实现可持续发展业务目标，企业应识别并分析其实现整体目标的风险，作为确定管理风险的基础。③评估可持续风险。基于可持续信息核算方式的特殊性，在评估影响目标实现的风险时，企业应考虑舞弊的可能性，并对舞弊或欺诈的动机和方式进行审视。④应对可持续风险。需要根据企业的风险偏好、风险承受能力、风险蕴含的机遇、与外部的协作能力选择不同的风险应对战略。⑤识别和分析重大风险变化和新的趋势，识别并评估内部控制的重大变化。作为识别和评估可持续风险的一部分，企业需要考虑新兴趋势，以持续或定期的方式评估可持续风险，以响应监管趋势和经济驱动因素。

（三）开发或完善可持续发展信息管理系统

可持续发展信息管理系统是企业建立可持续信息披露内部控制的必要工具，开发和完善可持续发展信息管理系统需要数据和技术作为支撑。ICSR第十一项原则提出选择并发展对技术的一般控制，体现了技术支持对于可持续发展信息管理的重要性。以碳排放为例，通过数据分析、实时监测和先进的技术解决方案，企业能够深入了解自身碳排放数据，及时发现问题并实施有针对性的策略，在完善碳排放管理的同时减少对环境的负面影响。当前市场环境下，第三方ESG服务机构发展迅速，其相对于企业的可持续发展信息管理系统来说有更好的技术基础，企业建立可持续发展信息管理系统可依托第三方ESG专业机构的服务，在其协助下搭建企业的可持续发展信息管理系统。

此外，企业应明确所需建立的可持续发展信息管理系统。根据当前市场上现有的主要几家第三方ESG服务机构所提供的服务，可持续信息管理系统并不是特定的某个系统，而是所有收集、管理、分析可持续信息和数据系统的统称。进一步可将其按功能、可持续信息类别等细分为碳排放信息管理系统、供应链信息管理系统、可持续信息披露平台等不同系统。企业应当合理划分数据管理的需求，明确所需建立的可持续信息管理系统。

明确企业数据管理需求之后，企业需从以下几个方面着手为建立可持续信息管理系统做准备：①构建ESG指标，评估指标重要性。为满足各方对于本企业可持续信息的不同要求，企业可根据所处行业特征、地域特征构建ESG指标，并将其置于不同ESG标准下进行校准，确保构建的ESG相关指标符合ISSB的重要性原则。②划分部门职责，开展跨部门协作。可持续相关数据范围广泛，分布在多个部门当中，企业需要为此设置相应的岗位，配备专业人员，做好职责分工。③设置可持续相关数据的校验关系，确保系统中可持续信息的准确性。企业可为系统中数据的填写设置二次复核的机制，并可供追溯数据源，提高数据的质量。④重点提示异常数据，形成企业的可持续发展报告。以上建立企业可持续发展信息管理系统的举措是基于企业已有相应的数据收集能力并且相关技术人才也已到位，企业需要从数据收集、人才配备、技术开发、业务梳理等多方面发力开发可持续发展信息管理系统。

（四）开发或完善可持续发展风险管理系统

与可持续发展信息管理系统类似，企业在初期可借助第三方ESG服务机构搭建可持续发展风险管理系统。但不同的是：①企业的可持续发展风险管理系统需要确定企业的风险管理体系。根据TCFD提供的可持续风险管理的案例，借鉴其风险管理体系，结合企业自身的条件，选择合适的风险管理体系。②开发风险评估工具。依赖技术和可靠的数据集，气候与环境风险压力测试通过模拟各种可能的极端场景，提供具有前瞻性的情景分析和评估结果，分析风险敞口、预测潜在风险与可能损失，把对气候科学的认知转换为对潜在有形损失和金融损失的评估，既能为企业的绿色融资提供优势的数据支持，也能支持企业管理自身的风险敞口。企业需要借助此类数据模型判断企业的可持续风险和机遇。③设计可持续风险的评估指标。一般来说包括定性指标和定量指标。基于可持续风险的种类、表现形式、重要性等因素制定企业的可持续风险评估指标，设置不同等级反映可持续风险的严重程度。④设置必要的安全管理过程。ICSR第十一项原则规定，依赖技术实施可持续信息披露内部控制需要相关的安全管理过程。在使用技术进行可持续风险管理时，企业需要实施必要的控制，以确保从来源到终端处理的可持续发展数据的可靠性和完整性。

数据、技术是开发和完善可持续发展风险管理系统的基础和前提，企业在开发可持续发展风险管理系统之前需确保数据来源的准确性和完整性，并做好技术准备以支撑系统开发的顺利进行。

（五）将可持续发展商业活动纳入内部审计的工作范畴

目前可持续发展商业活动的内部审计工作并未被强制纳入企业内部审计的职能范围。对于企业而言，即便开发了可持续发展风险管理系统，其可持续风险管理的工作仍然存在漏洞，需要探索可持续信息披露内部审计的有效职能模式，降低可持续相关风险，完善可持续信息披露内部控制体系。国际内部审计师协会（IIA）开发了“三线模型”（见图1），为内部审计监督可持续发展商业活动提供了思路。

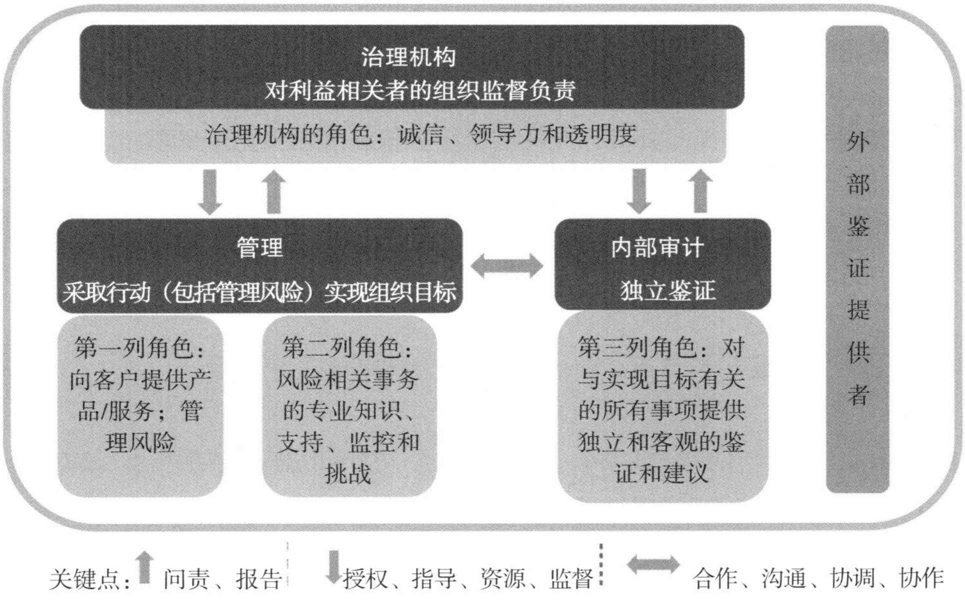

图1　IIA“三线模型”

“三线模型”是企业实施责任隔离的一种手段，便于董事会或审计委员会进行监督，并发挥管理层（第一列）、风险管理团队（第二列）、内部审计（第三列）的制衡作用，指导企业实现其目标。按照这一模式，内部审计职能独立于管理层，承担着提供客观保证的关键作用，确保可持续风险管理、报告和相关法规的有效性。作为应对风险的一种手段，内部审计职能可以有效检验可持续发展商业活动对政策和程序的执行情况。

参照“三线模型”，企业的可持续信息披露内部审计需遵循独立性原则。企业可以通过设置专设机构或将可持续信息披露内部审计职能授权给审计委员会等方式，将可持续信息披露的内部审计职能与管理层、风险管理职能分离，避免相关职能履行不规范的问题。独立规范的可持续信息内部审计职能需符合以下两项原则：①不制定属于管理层职责的决策，不实施管理层的职能，不参与风险管理的决策和活动。②不对内部审计职责范围内的业务活动提供决策和意见。比如法律适用性、风险管理流程问题等，内部审计参与即违背了独立性原则。决策过程完成后，内部审计有权对此业务活动进行监督和审计。遵循可持续信息披露内部审计职能的独立性原则可以建立有效的可持续发展商业活动内部审计，进一步完善可持续信息披露内部控制，帮助企业提高可持续信息管理水平，提升企业可持续信息披露质量。

（原载于《财务与会计》2023年第24期）

主要参考文献

1.黄世忠．ESG报告的“漂绿”与反“漂绿”［J］．财会月刊，2022（1）：3-11.

2.Deloitte. 中国上市公司2021年ESG信息披露回顾及ESG管理解读［EB/OL］．（2022-11-06）［2024-12-18］．https：//www2.deloitte.com.

3.北京证监局课题组．关于上市公司环境、社会责任及公司治理（ESG）信息披露的研究［J］．财务与会计，2021（11）：25-28.

4.沈洪涛．“双碳”目标下我国碳信息披露问题研究［J］．会计之友，2022（9）：2-9.

5.王鹏程．中国可持续披露准则实施保障机制研究［J］．财会月刊，2023（17）：7-15.

6.王鹏程．可持续发展信息披露中的审计委员会职责与政策建议［J］．财会月刊，2022（18）：98-103.

7.曾繁荣．COSO和WBCSD联合发布企业风险管理框架用于解决环境、社会和治理（ESG）相关风险的指南（一）［J］．中国内部审计，2019（4）：18-22.

气候信息披露中的安全港规则

王鹏程　杨昭铭

【摘要】安全港规则作为一种免责制度安排经常存在于法律制度中，设置安全港规则可以为特定的法律行为和特定的主体提供豁免权。在气候相关信息披露过程中，安全港规则的设置，不仅可以提高企业主动进行气候相关信息披露的积极性，还可以提高气候信息披露的质量。从世界范围来看，安全港规则广泛应用于各种法律制度中，其中以美国证券市场的安全港制度最为成熟、最具代表性。本文对美国证券交易委员会和国际可持续披露准则委员会制定气候信息披露准则中有关安全港规则的讨论进行了系统梳理。针对未来我国制定的气候信息披露准则，建议考虑为范围3排放、过渡计划、内部碳价格、情景分析等方面提供安全港规则，并明确不同主体在安全港规则中的责任，将气候信息披露中的安全港规则嵌入相关法律法规，为我国气候信息披露提供法律保障。

【关键词】气候信息披露；安全港规则；SEC；ISSB

2023年全国两会期间，多位全国人大代表和全国政协委员建议加快制定我国可持续披露准则，包括气候信息披露准则在内的可持续披露准则的制定有望提上议事日程。在气候相关信息披露中，安全港规则一直备受关注。安全港规则本质上是一种免责制度安排，在气候相关信息披露中主要用于对满足条件的信息披露方提供诉讼豁免权。2021年11月3日，国际财务报告准则（IFRS）基金会宣布成立国际可持续披露准则委员会（ISSB），拟负责制定一套综合的全球基准国际可持续披露准则（IFRS Sustainability Disclosure Standards，ISDS）。ISSB于2022年3月31日发布了《气候相关披露》等两项准则征求意见稿，并于2022年9月至2023年3月密集召开了多轮理事会议，力求在2023年上半年能够正式发布首批ISDS。美国证券交易委员会（SEC）于2022年3月21日发布《面向投资者的气候相关信息披露的提升和标准化》（以下简称“气候信息披露提案”或“SEC提案”），对在美上市公司温室气体排放和气候变化相关风险等信息的披露提出了严格要求。SEC在气候信息披露提案中已经引入安全港规则，在征求意见阶段，很多机构和个人对气候信息披露中的安全港规则亦提出了诸多建议。ISSB发布的《气候相关披露》征求意见稿虽未引入安全港规则，但引入安全港规则的呼声在反馈意见中频繁出现，ISSB在2022年10月和12月会议上亦深入讨论了安全港规则并形成相应结论。本文对SEC和ISSB制定气候信息披露准则中有关安全港规则的讨论进行系统梳理，并基于我国的具体国情，对国内未来制定气候相关信息披露准则时如何建立安全港规则提出相关建议，以供我国可持续发展准则制定机构参考。

一、安全港规则及其运用

安全港规则在法律中常有出现，作为一种豁免条款被广泛应用于各国的各种法律制度中。《元照英美法词典》将安全港定义为："法律解释和适用的一项规则。当成文法规定的措辞过于宽泛时，当事人只需采用某种适当的方式遵守法律就应被视为已经履行了法律义务"。安全港规则的制定需要基于一定法律法规，具有一定的"法源性"，是具有法律约束力或者事实约束力的一种法律规范，它可以认定一些法律行为处于一种"安全""不违法"的境况。设立安全港条款的重要作用是为特定的法律行为提供安全区，降低其违法风险。该条款的设置可以大大提高行政资源配置效率，同时降低企业和相关主体的法律诉讼风险。因此，一直以来，安全港规则备受各国推崇。例如，美国的《数字千年版权法案》与欧盟的《电子商务指令》为网络服务商设置了安全港规则，有条件地豁免网络服务商对因其用户侵犯著作权而产生的侵权责任。欧盟于1970年出台的《微小不罚公告》、美国的《证券法》以及《联邦反托拉斯法》、德国1999年第6次修订后的《限制竞争防治法》（GWB）中规定的《联邦卡特尔—微小不罚公告》、日本的竞争法等，各国的法律法规中都体现了安全港规则的应用（吴秀明和牛曰正，2018）。

安全港规则是美国证券市场的重要法律制度安排。在证券市场中，投资者需要依赖上市公司所披露的财务信息和非财务信息作出相关的投资决策。公司披露的信息分为定期信息和预测性信息（前瞻性信息），定期信息即利用现有的历史性数据和已经发生的事实进行加工而形成的信息，其特点是具有时间上的滞后性。预测性信息则着眼于未来，是对将来发展的预期，例如公司对未来经营和盈利状况的预测等。在变幻莫测的证券市场中，定期信息对于投资者的信息价值显然不如前瞻性信息，因为前瞻性信息更能够满足投资者对于公司价值在动态证券市场中的走向和趋势判断。

然而，对前瞻性信息进行监管存在一定的难度。20世纪70年代以前，SEC对前瞻性信息的披露持怀疑和不鼓励态度。根据美国联邦证券法有关责任条款的规定[①]，如果公司披露的信息中存在重大不实陈述或遗漏（Material Misrepresentation or Omission），将有可能构成证券欺诈并视情况承担相应的责任，而前瞻性信息的前瞻性本身就决定了它未必与实际经营结果一致，这将导致大量对前瞻性信息进行披露的公司面临重大诉讼风险。诉讼风险和SEC对前瞻性信息披露的态度，使得很多公司不愿披露前瞻性信息。随着投资者对于前瞻性信息的需求越来越迫切，同时投资者整体逐步趋于成熟（Sophisticated），其能够认识到前瞻性信息固有的局限性，不会给予其与历史信息同等的信赖，并会将这种局限性反映在最终的证券价格中。SEC于1979年制定并颁布了第175号规则[②]，为前瞻性信息披露提供了一个“安全港”。根据175号规则，只要有关前瞻性信息的披露是基于善意（Good Faith）并有合理基础（Reasonable Basis）的，那么即使其预测与最终的事实不符，披露人也不用承担证券欺诈责任。

175号规则的基本内容如下：①适用的对象。该规则最初只适用于《证券交易法》下的报告公司和首次进行公募发行（IPO）的非报告公司；SEC于1992年制定的《小企业促进方案》（Small Business Initiative）中将其范围扩展到根据SEC规章A进行私募发行的非报告公司。进行披露的公司、代表公司进行披露的人以及公司雇佣来进行预测的外部评论人都可以享受规则的保护。②适用的信息类型。该规则适用于下列前瞻性信息：对收入（Revenue）、收益/亏损（Income or Loss）、每股收益（亏损）或其他财务项目（如资本支出、股利或资本结构等）的预测；管理层对公司未来经营的计划和目标；盈利摘要或季度收入声明的“管理层讨论和分析”部分中对未来经济业绩的预期。另外，该规则也适用于上述预测背后的假定（Assumptions），如市场条件、需求状况、竞争程度等。③适用的披露途径/时间。该规则适用于在登记声明、规章A下的募集声明、《证券交易法》下的各种报告、股东年度报告以及向SEC提交的其他文件中所做的披露；对于在上述文件之前披露的前瞻性信息，如果后来包括在提交的文件中，那么规则可以溯及最初的披露；该规则也适用于在上述文件提交之后对其中的前瞻性信息的继续披露和再度确认，只要这种披露和确认在当时仍能满足善意和合理基础标准的要求。④举证责任。该规则规定由原告承担举证责任，即由要求公司承担不实陈述责任的原告来证明公司的披露欠缺善意和合理基础。

1989年，SEC于新增的管理层讨论与分析（MD&A）相关条款中规定，公司年报中所提供的任何前瞻性信息均受安全港规则的明确涵盖[③]。MD&A相关条款规定，如果任

---

① 主要的责任条款包括1933年《证券法》（Securities ACT of 1933）第11条和第12（a）条以及1934年《证券交易法》（Securities Exchange ACT of 1934）第10（b）条。

② 参见SEC第175号规则：SEC 17 CFR 230.175。

③ 该安全港规则参见《证券法》第175号规则、《交易法》第3b-6条规则和《证券法》第6084号公告（1979年6月25日）。

何趋势、要求、承诺、事件或不确定性为管理层所知晓，并且有可能对公司的财务状况或经营结果产生重大影响，那么管理层有义务对可能的影响加以披露。按照SEC的要求，当任何趋势、要求、承诺、事件或不确定性为管理层所知晓时，管理层必须分析其是否有可能真正实现：如果不可能实现，那么就不存在披露义务；如果有可能实现，管理层就需要分析其是否可能对公司的财务状况或经营结果产生重大影响，若影响重大，则公司就有披露义务。相应地，如果一个公司的财务状况或经营结果在某个报告期间发生了重大变化（如现金流的重大增加或减少），而发生这种变化的可能性在此前的报告中又未予提及，那么SEC将对其进行调查，以确定在当时的条件下其是否履行了分析和披露职责。

为遏制私人证券诉讼的滥用，SEC于1995年通过了《私人证券诉讼改革法案》（the Private Securities Litigation Reform Act，PSLRA）①，在《证券法》和《证券交易法》中分别新增了第27A条和第21E条（内容相同），为前瞻性信息的披露提供"立法性安全港"（Statutory Safe Harbor）。根据上述条款的规定，只要符合下列条件之一，公司就不为其披露行为承担任何私人证券诉讼上的责任，但不包括SEC提起的执法诉讼（United States Congress，2022a；United States Congress，2022b）：该信息被标明为前瞻性信息，并且伴以有意义的警示性声明；该信息不重大；原告不能证明被告对信息的虚假性存在明知（Actual Knowledge）。

PSLRA安全港的具体规定包括：①适用范围：适用于报告公司、被公司雇佣或代表公司行为的人员以及承销商，但承销商只有在其披露的信息是基于或衍生自公司所提供的信息时才能享有安全港的保护。安全港不适用于非报告（非上市）公司的IPO登记声明，也不适用于报告公司根据公认会计原则（GAPP）编制的财务报表。②适用的信息类型：与175号规则基本相同，并且也适用于预测背后的假定。③口头披露的特别规定：安全港适用于代表公司行为的董事、官员或员工等口头披露的前瞻性信息，但披露时必须说明该信息为前瞻性信息，并声明实际结果可能会与预测有重大区别。另外，相关人员还必须指明一个"易于获取"（Readily Available）的书面文件，其中列出可能导致上述重大区别的风险因素，并且该书面文件本身必须满足"有意义的警示性声明"的标准。"易于获取"的书面文件指的是向SEC提交的文件、年度报告和其他广泛散发的材料（如新闻稿等）。④更新义务：该条款明确指出，它不要求公司承担更新前瞻性信息的义务。

从MD&A中的安全港到PSLRA安全港，可以看到，SEC安全港规定的范围很广泛，已经形成了系统的相关法律制度。由于前瞻性信息的监管难度大，美国出台的一系列安

① PSLRA是一项改革联邦诉讼的法案，1992年12月由美国各州代表在国会第1届的会议上通过。

全港相关制度受到各国的争相效仿。

二、SEC气候信息披露提案中的安全港规则及相关讨论

SEC于气候信息披露提案中对在美上市公司披露温室气体排放和气候变化相关风险等信息提出了严格要求。截至征求意见截止日期即2022年11月1日，SEC收到各方面提交的反馈意见4 422份。SEC预计于2023年4月发布最终的气候信息披露规则。在该提案中，SEC要求注册人披露范围3温室气体排放量（以公吨二氧化碳当量为单位）和强度（符合重要性原则）。同时，当注册人的减排目标中包括其范围3的温室气体排放时，在披露的过渡阶段和调整期内，SEC将为范围3温室气体排放披露提供额外的过渡阶段，为范围3温室气体排放披露提供“安全港”，并为符合小型报告公司定义的企业（Small Reporting Companies，SRC）提供范围3温室气体排放披露豁免。SEC提案为范围3排放披露提供了一个“安全港”，以减轻注册人对来自价值链中第三方的信息承担责任的担忧。

拟议的安全港规则将规定，由注册人或代表注册人披露的范围3排放不会被视为欺诈性陈述，除非此类陈述是在没有合理依据的情况下作出或重申的，或是在非善意的情况下披露的。欺诈性陈述，是指对重大事实的不真实陈述，对任何重大事实的虚假或误导性陈述，遗漏不具误导性的陈述所必需的重大事实，或构成操纵性、欺骗性的，在《证券法》《证券交易法》或其下颁布的规则、条例中所提及的欺诈手段、诡计、计划、交易、行为、实践或欺诈性业务过程。这一安全港规则通过明确注册人仅在没有合理依据或非善意披露的情况下才对范围3排放披露负责，从而减少注册人对第三方所提供的排放披露相关信息的潜在责任的担忧。同时，这一安全港规则还可能鼓励注册人更多地基于第三方数据而不是国家或行业平均排放量估计来披露范围3排放，进而提高范围3排放信息的可靠性。以上拟议的安全港规则，SEC在征求意见阶段广泛征求各界反馈，同时也希望就上述安全港规则是否应该无限期地适用，或者是否需要制定日落条款，在规则生效日期或适用的合规日期后若干年（如五年）取消“安全港”等，听取社会各界的意见（SEC，2022）。

SEC提案提议过渡计划可使用PSLRA安全港的条款。SEC建议注册人具备有效的策略来实现其短期、中期或长期的气候相关目标，并为此定义了“过渡计划”，即注册人减少气候相关风险的战略和实施计划。过渡计划可包括一项计划，即根据注册人的承诺或其有重大业务司法管辖区的承诺，减少其温室气体排放。由于制定过渡计划需要对未来进行判断和预测，所以在满足所有适用条件的情况下，作为注册人对其过渡计划讨论的一部分所作的前瞻性陈述，将有资格获得PSLRA前瞻性陈述安全港的保护。如果注

册人已采用过渡计划，则拟议规则将要求其描述计划，包括用于识别和管理物理风险和过渡风险的相关指标和目标。这些信息可以帮助投资者了解注册人打算如何应对已确定的气候相关风险以及向低碳经济的过渡方式，同时管理和评估其业务运营和财务状况。对于潜在风险对经营结果和财务状况可能造成的负面影响，如果该负面影响是重大的，注册人将被强制要求披露该负面影响。如果以上量化披露符合安全港的条件，则可能有资格获得PSLRA安全港保护。

内部碳价格的披露也有望获得PSLRA安全港的保驾护航。根据CDP（Customer Data Platform）有关碳定价的报告，2020年CDP从5 900多家公司收集了碳定价数据，并出台相关报告对此进行了研究。研究发现，基于自愿报告的现状，上市公司使用内部碳定价的趋势越来越明显（CDP，2021）。注册人披露的任何内部碳价格都必须包括对未来事件的假设。SEC认为适用的碳价格不应被视为对温室气体排放登记人未来成本的承诺或保证。此外，有关注册人内部碳定价的某些信息在某种程度上将构成前瞻性陈述，PSLRA安全港将适用于这些陈述，前提是这些安全港的所有其他法定要求均得到满足。

SEC提案亦将情景分析的披露纳入安全港。SEC提案并不要求注册人进行情景分析，但如果注册人使用情景分析或任何分析工具来评估气候相关风险对其业务和合并财务报表的影响，并支持其战略和业务模式的弹性，则注册人必须披露所考虑的情景，以及每种情景下对注册人业务和财务报表所造成的影响。以上情景分析的披露，必然包括基于未来事件假设的预测和其他前瞻性陈述。SEC提案认为，只要满足适用安全港的其他法定条件，PSLRA前瞻性安全港将适用于大部分情景分析披露。

在征求意见过程中，安全港规则的引入得到了广泛支持。但也有不少机构在反馈意见中表示，拟议的规则中所包括的为范围3排放提供的“安全港”并不能为公司提供足够有力的保护。注册人必须依赖其控制范围之外的估计、假设和第三方数据等不确定信息来计算其范围3排放，这将导致范围3的排放量数据难以量化、不够准确，而SEC提案中现有的“安全港”范围狭窄，并不足以降低诉讼风险。鉴于此，一些机构建议扩大“安全港”的适用范围并对“安全港”的具体规定进行修改。具体建议包括：①将“安全港”的适用范围扩展到所依赖的第三方信息，建议其适用于战略、商业模式和前景披露中的任何第三方来源、衍生数据，从而鼓励第三方合作，为注册人提供核算其范围3排放所需的数据；②建议SEC声明，“安全港”不限于在向SEC提交的文件中作出的陈述，还可适用于由注册人、代理人以及由注册人聘请的外部审计师作出的陈述，为与气候相关的前瞻性陈述提供明确的“安全港”。一些反馈意见还提出将“安全港”扩大到范围1、范围2排放披露的建议。“安全港”对于保护注册人免受因报告范围1和范围2温室气体排放而可能产生的不当责任是必要且适当的，将有助于向投资者更好地披露可靠且对决策有用的信息，同时减少不必要的诉讼。

三、ISSB关于《气候相关披露》涉及的安全港规则的讨论

2023年2月16日，ISSB召开会议，完成了对《可持续相关财务信息披露一般要求》（IFRS S1草案）和《气候相关披露》（IFRS S2草案）两项准则征求意见稿的重新审议，确定这两项准则将在2024年1月1日或之后开始的年度报告期内生效。目前理事会已进入准则起草和投票程序中。

根据《气候相关披露》征求意见稿，企业应披露报告期内产生的温室气体绝对总排放量，温室气体排放按照《温室气体议定书》企业标准计算，以每公吨二氧化碳当量表示，包括范围1排放、范围2排放以及范围3排放。关于范围3排放，IFRS S2征求意见稿作出如下要求：①企业应将上游和下游排放包括在其范围3排放的测量中；②企业应披露其范围3排放量中包含的类别，以使通用目的财务报告的使用者能够了解哪些范围3排放已包括在已报告的排放量中或被排除在外；③当该企业对范围3排放的测量包括其价值链中的实体提供的信息时，该企业应解释该测量的依据；④如果该企业排除了这些温室气体排放，则该实体应说明排除这些排放的原因，例如无法获得可靠的测量结果等。IFRS S2征求意见稿对于范围3排放的规定并未提及“安全港”保护措施（IFRS，2022c），然而在后续咨询期和审议过程中，ISSB对安全港规则进行了一系列的讨论。

于征求意见截止日2022年7月29日，ISSB共收到690份与IFRS S2征求意见稿有关的反馈意见。在ISSB官方网站的议程文件AP4A《与气候相关的信息披露反馈意见摘要》中显示，一些意见反馈者同意要求企业披露范围3温室气体总排放量的提议，但建议采用“安全港”或分阶段实施的方法，因为：①至少在最初阶段，从价值链实体获得足够的信息可能具有挑战性；②数据可获得性和流程成熟度因司法管辖区和实体而异。反馈意见要求ISSB鼓励司法管辖区提供“安全港”。如果ISSB认为，在一定程度上防范诉讼风险将有助于企业在有限时期内进行披露，以应对一些数据可获得性和数据质量挑战，则应考虑“安全港”规定，并在相关文件中指出提供“安全港”保护有助于促进披露范围3的温室气体排放。

“安全港”规定最终是由证券监管机构作出的决定，但ISSB可以通过以下方式支持“安全港”规定的引入：①与监管机构合作，深入了解主体提供可靠的范围3排放披露所需数据的可获得性和发展情况；②在IFRS S2结论基础中增加有关诉讼风险可能阻碍企业提供范围3温室气体排放披露的措辞（IFRS，2022a）。

根据收到的反馈意见，ISSB于2022年10月开始重新审议范围3温室气体排放的披露要求。在议程文件AP4B《气候相关披露——范围3温室气体排放》中，工作人员建

议ISSB考虑如何与各司法管辖区监管机构合作，推进“安全港”规则的实施，包括在IFRS S2中可以考虑的有助于支持“安全港”规则的任何修订（IFRS，2022b）。ISSB决定维持征求意见稿的提议，即要求企业披露范围3排放信息，但考虑到范围3温室气体排放核算的复杂性，倾向于与不同行政管辖区内的监管机构设置安全港规则。

2022年12月，ISSB出台议程文件AP4B《气候相关披露——范围3温室气体排放》的补充文件。工作人员指出，在与司法管辖区进行讨论时，可考虑在司法管辖区提供“安全港”条款是否有必要或有助于披露范围3温室气体排放①。ISSB在审议后，采纳了工作人员的建议并形成以下决议：①为范围3温室气体排放的披露引入一个较晚的生效日期——应对与数据可获取性相关的过渡性挑战；②考虑与监管机构合作，提供“安全港”条款——应对数据可获取性挑战和缓解对数据质量的担忧；③通过制定范围3温室气体排放披露的实施指南，支持编制者应用拟议的要求，以应对持续的数据质量挑战等相关决议。ISSB同意工作人员的意见，虽然提供“安全港”不在ISSB的职责范围内，但当监管机构引入这些规则时，可能会促进范围3温室气体排放的披露。同时，ISSB认为在特定的司法管辖区，一些免受诉讼的保护可以增强一些数据的可获得性。

与SEC的气候信息披露提案不同，ISSB只是在制定准则的过程中提出了与司法管辖区监管机构合作的方案。该方式依托各司法管辖区，将安全港条款嵌入各司法管辖区相关法律中，为安全港规则的实施提供保障。ISSB在起草征求意见稿时并未直接提出引入安全港相关条款，在后期讨论相关条款过程中，对安全港制度进行了深入讨论，体现了ISSB对于安全港规则重要性的关注。安全港规则始终是信息披露制度绕不过去的一个实质性问题，即便暂时不具备制定安全港规则的条件，随着市场的发展和社会条件的具备，为披露企业设置安全港规则也是必然趋势。

四、对未来我国拟定气候信息披露准则引入安全港规则的建议

SEC的气候信息披露提案中对于安全港的规定以及ISSB对安全港规则的讨论，对我国未来制定气候相关信息披露准则颇有启发和借鉴意义。

参照IFRS S2及SEC提案，未来我国气候信息披露准则必然涵盖范围3排放、碳定价、转型计划、情景分析与压力测试等内容。尽管哪些信息属于强制披露、哪些信息属于自愿披露，是否给予过渡期，是否给予某些企业某些披露内容的豁免，尚需在制定准则时讨论，但披露范围3排放、碳定价、转型计划、情景分析与压力测试等已经成为趋

① 2022年12月ISSB官方网站议程文件AP4B《气候相关披露——范围3温室气体排放》的补充文件第95～98段。

势。不同于欧美国家企业，我国企业在这些信息披露方面尚处于起步阶段，价值链上下游碳排放信息的可获得性和数据质量也面临更大的挑战，企业开展情景分析和压力测试的能力较弱。为鼓励企业披露上述信息，同时缓解企业因披露这些信息而产生的法律责任担忧，借鉴SEC提案中对于安全港的规定以及ISSB对安全港规则的讨论，引入安全港规则十分必要。

目前，我国相关法律法规对安全港的相关规定屈指可数。例如《上市公司证券发行管理办法》（2020年修订）第67条和《首次公开发行股票并上市管理办法》（2022年4月修订）第57条规定，对于披露盈利前瞻性信息的公司，其所确定的法定免责事由只有不可抗力。即除了不可抗力，由于自愿披露盈利前瞻性信息给投资者带来损害的，披露公司必须承担相应的责任。由此可以看出，以上规定对前瞻性信息停留在严格披露的阶段，并未对其免责事由进行相应规定（李有星和康琼梅，2020）。然而，以2021年1月深圳中院在“中航三鑫”案中的最终判决为代表，我国的预测性信息虚假陈述责任有了新的认定。在该案中，深圳金融法庭就朱某诉中航三鑫股份有限公司的证券虚假陈述责任纠纷一案作出判决，法庭认为中航三鑫公司的年度报告中对预测数据审慎性不足等问题尚未达到法律规定的重大性程度，以无法认定朱某股票的价格下跌和中航三鑫公司被采取监管措施之间的因果关系为由而驳回了朱某的诉讼请求。

2022年1月21日，最高人民法院重磅发布《关于审理证券市场虚假陈述侵权民事赔偿案件的若干规定》（以下简称《若干规定》），填补了近30年以来安全港相关条款的空白。该规定新增“预测性信息安全港”规则，明确规定盈利预测、发展规划等预测性信息与实际经营情况存在重大差异的，原则上不构成虚假陈述，对鼓励信息披露义务人自愿、主动披露预测性信息具有积极意义，也避免了信息披露义务人单纯因预测不准确而不当承担责任。同时，也规定了预测性信息构成虚假陈述行为应当承担虚假陈述民事责任的几种情形：相关信息披露文件未对影响该预测实现的重要因素进行充分风险提示；预测性信息的编制基础明显不合理；预测性信息所依据的前提发生重大变化时未及时履行更正义务。此次规定无疑为我国证券市场中预测性信息的披露提供了安全港条款的范例，为日后我国制定系统的安全港相关法律法规提供了思路。鉴于此，笔者认为，参照上述《若干规定》中的安全港规则，借鉴SEC提案中的安全港规定以及ISSB对安全港规则的建议，在制定气候信息披露准则时引入安全港规则，并不存在障碍。

设置安全港规则，需要考虑安全港规则所应涵盖的内容。SEC的气候相关信息披露提案为范围3的排放、过渡计划、内部碳价格、情景分析等提供安全港规则，IFRS S2在征求意见和讨论过程中，已经逐渐形成一致意见，这将推动各司法管辖区为范围3排放提供安全港规则。未来我国制定气候信息披露准则时，可以考虑为范围3排放、过渡计划、内部碳价格、情景分析等方面提供安全港规则。

针对以上范围内的安全港规则，需要考虑不同主体在安全港规则中的责任。气候信息披露的生态圈包括信息披露企业管理层与治理层、第三方企业、鉴证机构、投资者、监管机构等有关各方。根据相关方的不同角色和不同的责任范围，可考虑为其设置安全港规则。对于鉴证机构来说，对其适用安全港规则有利于调动鉴证机构的积极性并提高鉴证质量；对于信息披露企业来说，对其适用安全港规则有利于其提高信息披露质量，免于不必要的诉讼风险；对于投资者来说，其属于披露信息的使用者，其不适用安全港规则，但需要考虑安全港规则对于投资者来说是否有损其合法权益；对于监管者来说，需要考虑安全港规则的设置是否有利于监管资源的合理分配等。

对以上建议的安全港规则，有必要明确相关主体只有在没有合理依据或非善意披露、鉴证等情况下才对安全港规则所覆盖相关信息的披露、鉴证等承担法律责任，同时明确针对该类信息的诉讼只能由原告承担举证责任。

如何促进安全港规则更好地运行是一个需要深思的问题。SEC提案在正式出台后其气候信息披露规则将成为法律。ISSB在审议阶段提出决议，考虑与监管机构合作合力提升气候相关信息披露的质量。与监管机构合作可以依托现有的法律资源，推动安全港制度的执行，从而提高信息披露质量。监管机构在企业的信息披露过程中起到重要的监督作用，在平衡企业信息披露质量和保护投资者利益的关系中扮演着重要角色。未来制定我国气候信息披露准则时，可以与各相关政府部门及监管机构合作，推动将气候信息披露中的安全港规则嵌入《公司法》《证券法》《会计法》《注册会计师法》及其他相关法律法规中，为我国气候信息披露提供法律保障。

（原载于《财会月刊》2023年第10期）

主要参考文献

1. 李有星，康琼梅．论证券信息自愿披露及免责事由［J］．社会科学，2020（9）：104-111.

2. 吴秀明，牛曰正．公平交易法上“安全港（safe harbor）条款”之研究［C］．第25届竞争政策与公平交易法学术研讨会论文集，2018.

3. CDP. Putting a Price on Carbon——The State of Internal Carbon Pricing by Corporates Globally［EB/OL］.（2021-12-27）［2024-12-18］. https：//www.cdp.net.

4. IFRS. AP4A：Summary of Comments［EB/OL］.（2022-09-09）［2024-12-18］. https：//www.ifrs.org.

5.IFRS. AP4B：Scope 3 Greenhouse Gas Emissions［EB/OL］.（2022-12-02）［2024-12-18］. https：//www.ifrs.org.

6.IFRS. Draft IFRS S2 Climate-related Disclosure［EB/OL］.（2022-03-31）［2024-12-18］. https：//www.ifrs.org.

7.SEC. The Enhancement and Standardization of Climate-related Disclosures for Investors［EB/OL］.（2022-03-21）［2024-12-18］. https：//www.sec.gov.

8.United States Congress. Securities Act of 1933［EB/OL］.（2022-12-15）［2024-12-18］. https：//www.sec.gov.

9.United States Congress. Securities Exchange Act of 1934［EB/OL］.（2022-12-29）［2024-12-18］. https：//www.sec.gov.

构建我国碳信息披露体系的战略思考

王鹏程

【摘要】落实党的二十大提出的“积极稳妥推进碳达峰碳中和”，需要做好战略谋划和制度建设。我国现有碳信息披露制度安排，仅强制要求重点排污单位等企业披露碳排放数据，不能满足需要。面对全球碳信息强制披露和强制鉴证趋势，考虑到碳信息披露体系在推进碳达峰碳中和工作中的基础作用，借鉴国际经验建立我国碳信息强制披露与强制鉴证制度势在必行。构建我国碳信息披露体系，除可以借鉴《国际财务报告可持续披露准则第2号——气候相关披露（征求意见稿）》、欧盟《ESRS E1：气候变化》草案及美国气候信息披露规则提案外，还应遵循系统统筹原则与气候变化优先原则，并考虑我国能源资源禀赋特征，制定涵盖碳信息的气候变化信息披露准则。为确保碳信息披露质量，在生成环节，应完善碳排放核算标准，使核算标准更加规范，核算方法更加科学，核算数据更加全面、科学和可靠；在监督环节，应建立科学的碳排放监督体系，强化对企业碳信息披露的内部监督、第三方核查与鉴证及外部监管。

【关键词】碳达峰；碳中和；碳信息披露体系；碳信息强制披露；碳信息强制鉴证；气候变化信息披露准则

党的二十大提出，“积极稳妥推进碳达峰碳中和”。这是继国家主席习近平于2020年9月在第七十五届联合国大会上宣布“中国力争2030年前二氧化碳排放达到峰值，努力争取2060年前实现碳中和目标”，以及2021年9月发布《中共中央 国务院关于完整准确全面贯彻新发展理念做好碳达峰碳中和工作的意见》后，以习近平同志为核心的党中央就推进碳达峰碳中和工作作出的重大决策部署，对全面建成社会主义现代化强国、实现中华民族永续发展、促进人与自然和谐共生、推动构建人类命运共同体有着非常重要的意义。深刻领会“积极稳妥推进碳达峰碳中和”这一决策部署的政策内涵，立足我国能源资源禀赋，构建适应这一政策背景的碳信息披露体系，是贯彻落实党的二十大精神、促进经济社会发展全面绿色转型的需要。

一、“积极稳妥推进碳达峰碳中和”需要科学的碳信息披露体系

气候变暖是当前人类社会面临的最紧迫危机，亟须全球应对。20世纪中叶以来，全球平均温度增速为0.15 ℃/10年，2021年平均温度比工业化前水平约高出1.1 ℃，全球年均温度有50%的可能在2022—2026年有一年或以上比工业化前水平高出1.5 ℃。全球气候变暖将导致灾害频发，给自然生态系统和人类社会带来严重威胁。应对这一危机，积极推进碳达峰碳中和是实现我国经济社会可持续发展的迫切需要，是推进美丽中国建设、促进人与自然和谐共生的迫切需要，也是主动担当大国责任、推动构建人类命运共同体的迫切需要。党的二十大指出，实现碳达峰碳中和是一场广泛而深刻的经济社会系统性变革，并要求立足我国能源资源禀赋，坚持先立后破，有计划分步骤实施碳达峰行动。立足我国能源资源禀赋，需要充分考虑我国以化石能源为主的能源结构以及富煤贫油少气的资源特征。先立后破，强调顶层设计，需要做好战略谋划和制度建设。实现“双碳”目标，不可能一蹴而就，需要充分考虑我国实际情况稳妥推进，构建一套科学的碳信息披露体系。

第一，碳信息披露体系是有计划有步骤推进碳达峰碳中和工作的基础性制度安排。没有高质量的碳信息，各级政府、各市场主体就无法掌握其碳排放总量和强度的实际数据，制定减排目标与减排计划、明确碳达峰碳中和路线图就会缺乏基础；没有科学的碳信息披露体系，对“双碳”工作相关指标进行综合考核评价，形成碳减排的激励约束机制就会成为空谈。

第二，构建碳信息披露体系是完善我国碳排放权市场的迫切需要。我国于2011年启动北京、天津、上海、重庆、广东、湖北、深圳7省市的碳排放权交易市场试点，2021年7月全国碳市场上线交易正式启动，纳入发电行业重点排放单位2 162家，年覆盖约45亿吨二氧化碳排放量，成为全球规模最大的碳市场。为发挥碳排放权交易市场在推进“双碳”工作中的作用，党的二十大提出“健全碳排放权市场交易制度”。真实、准确的碳排放数据是碳市场进行排放权及其衍生交易的基础。健全排放权市场交易制度，需要构建科学的碳信息披露体系。

第三，构建碳信息披露体系是引导资金流向低碳领域的迫切需要。金融市场和资本市场在推进碳达峰和碳中和工作中要发挥重要的资源配置作用，需要政府大力发展绿色金融，通过投资引导金融市场和资本市场资金流向低碳领域。无论是监管机构、金融机构，还是投资者进行投资决策，均需要高质量的碳信息披露。没有高质量的碳信息披露，信贷决策、投资决策便可能出现失误。企业、项目或者资产所产生的碳排放信息披

露越全面越准确，将越有利于引导资金流向低碳领域。

第四，构建碳信息披露体系是推进供应链可持续发展的迫切需要。党的二十大要求，"推动形成绿色低碳的生产方式和生活方式"，这一发展方式转型必然要求各级政府机关、各类企事业单位共同推进供应商绿色低碳转型，降低供应链风险。绿色采购，需要供应商披露碳排放相关数据，以便采购方评估供应链的环境影响和风险。

第五，构建碳信息披露体系是企业管理低碳转型机遇和风险的客观要求。碳信息披露对企业的经营业绩、企业价值、融资、投资和碳绩效都会产生积极影响。在推进碳减排目标实现进程中，适应企业管理低碳转型机遇和风险的需要，制定碳信息披露准则，构建碳信息披露体系十分迫切。

第六，构建碳信息披露体系是应对碳关税风险的迫切需要。2022年3月，欧盟正式推出碳边界调整机制（Carbon Border Adjustment Mechanism，CBAM），对高碳排放的进口货物征收碳关税，该机制自2026年起正式施行。CBAM要求包括中国在内的出口企业自2023年起向欧盟申报出口货物数量和对应碳排放数据。与此同时，美国亦在推动制定美国版碳边界调整机制。碳关税的推出，强化了碳排放数据的披露要求，构建碳信息披露体系刻不容缓。

第七，构建碳信息披露体系是积极参与应对气候变化全球治理的需要。《巴黎协定》确立了气候变化的透明度框架，要求缔约国定期公开国家清单报告、国家自主贡献信息以及气候变化适应能力信息等。按《巴黎协定》要求公开上述气候变化信息，客观上需要尽快建立科学的碳信息披露体系。

二、现有碳信息披露制度安排不能满足"积极稳妥推进碳达峰碳中和"的需要

我国企业碳信息披露要求可以追溯到2003年9月。其时，国家环保总局发布《关于企业环境信息公开的公告》，第一次提出企业环境信息披露的要求。近20年来，我国已经初步形成了碳信息披露的系统性制度安排。

（1）环境监管部门对碳信息披露的要求。生态环境部于2021年12月发布《企业环境信息依法披露管理办法》，规定以下类型企业需要披露环境信息：①重点排污单位；②实施强制性清洁生产审核的企业；③有生态环境违法行为的上市公司及合并报表范围内的各级子公司；④有生态环境违法行为的发行企业债券、公司债券、非金融企业债务融资工具的企业；⑤法律法规规定的其他应当披露环境信息的企业。需要披露的碳排放信息包括排放量、排放设施等。

（2）碳排放权交易市场对碳信息披露的要求。生态环境部于2020年12月发布《碳

排放权交易管理办法（试行）》，要求重点排放单位编制其温室气体排放报告，载明排放量。财政部于2019年12月发布《碳排放权交易有关会计处理暂行规定》，要求披露碳排放配额、碳排放权及其交易相关的信息，以及节能减排或超额排放等信息。生态环境部2022年1月发布《企业环境信息依法披露格式准则》，要求纳入碳排放权交易市场配额管理的温室气体重点排放单位应当披露碳排放相关信息：①年度碳实际排放量及上一年度实际排放量；②配额清缴情况；③依据温室气体排放核算与报告标准或技术规范，披露排放设施、核算方法等信息。

（3）资本市场对碳信息披露的要求。目前，国内A股市场明确鼓励上市公司披露社会责任报告和环境相关信息，但并未出台专门针对上市公司碳排放强制披露的格式规则，尚未制定统一的碳信息披露准则。中国证监会2021年6月发布《公开发行证券的公司信息披露内容与格式准则第2号——年度报告的内容与格式（2021年修订）》，对属于环境保护部门公布的重点排污单位的公司或其主要子公司，应当根据法律、行政法规、部门规章及规范性文件的规定披露环境信息；重点排污单位之外的公司应当披露报告期内因环境问题受到行政处罚的情况；鼓励公司自愿披露有利于保护生态、防治污染、履行环境责任的相关信息，鼓励公司自愿披露在报告期内为减少其碳排放所采取的措施及效果。

（4）金融监管机构对碳信息披露的要求。2021年7月，中国人民银行印发《金融机构环境信息披露指南》，系统描述了金融机构环境信息披露的原则、形式与内容要求，其中涉及金融机构经营活动产生的直接温室气体排放及采购产品或服务所产生的间接温室气体排放，同时对环境风险和机遇、风险管理、情景分析和压力测试等提出了相关披露建议。但该指南仅是推荐性标准。

结合目前的碳信息披露实践，以上碳信息披露的制度安排并不能满足“积极稳妥推进碳达峰碳中和”的需要，具体表现在以下方面：

第一，仅仅强制要求重点排污单位等企业披露碳排放数据不利于全面推进碳达峰碳中和工作。党的二十大指出，实现碳达峰碳中和是一场广泛而深刻经济社会系统性变革，要求所有主体的生产生活方式绿色低碳转型。当前的碳信息披露制度以自愿披露为主，强制披露要求仅仅适用于重点排污单位等企业，显然与经济社会全面绿色低碳转型的决策部署不相匹配，也不利于引导资金流向低碳领域。

第二，仅仅披露碳排放数据难以满足利益相关方评价企业应对低碳转型机遇和风险的需要。以上制度安排，除推荐性指南《金融机构环境信息披露指南》外，大多仅仅要求企业披露碳排放数据，没有就碳排放目标、转型机遇与风险、风险管理、情景分析与压力测试提出披露要求。对于投资者、债权人及其他利益相关方而言，碳信息并不仅仅是碳排放数据，全面、完整披露碳排放相关信息、低碳转型相关信息方能全面评价企业对低碳转型机遇和风险的应对。

第三，没有统一的碳信息披露准则，碳信息披露的相关要求难以落地。以上制度安排，除金融机构可以参照《金融机构环境信息披露指南》外，尚不存在统一的碳信息披露准则。由于缺乏统一的标准，碳信息披露实践中普遍存在关键数据和关键信息缺乏、披露格式不规范、披露口径不一致等问题，利益相关方及评级机构等难以据此评估企业如何应对低碳转型机遇和风险。

第四，目前的碳排放核算标准不能满足碳信息披露的需要。国家发展改革委自2013年起，连续三年出台了24个行业的企业温室气体排放核算方法与报告指南（试行），2015年11月国家质量监督检验检疫总局、国家标准化管理委员会批准《工业企业温室气体排放核算和报告通则》以及10个重点行业温室气体核算与报告要求国家标准。但以上均不涉及"范围3"碳排放相关内容，与披露"范围3"碳排放的全球趋势不匹配。

第五，没有强制的碳信息披露鉴证要求，难以确保所披露碳信息的可靠性。目前，相关法规并未对碳信息披露的鉴证提出要求。尽管生态环境部2020年12月发布的《碳排放权交易管理办法（试行）》指出，省级生态环境主管部门应当组织开展对重点排放单位温室气体排放报告核查，省级生态环境主管部门可以通过政府购买服务的方式委托技术服务机构提供核查服务。但上述规定仅是对温室气体排放报告的核查要求，并非对企业完整的碳信息披露的鉴证要求。而且，生态环境部门抽查第三方机构核查报告发现，第三方机构存在核查程序不合规、核查履职不到位、核查工作走过场、报告结论失真失实等突出问题。

三、借鉴国际经验，建立碳信息强制披露与强制鉴证制度

从全球范围看，碳信息的强制披露与强制鉴证要求已经成为趋势。2022年11月，欧洲议会正式通过了2021年4月欧盟委员会建议的《企业可持续发展报告指令》（Corporate Sustainability Reporting Directive，CSRD）。CSRD要求受原《非财务报告指令》（Non-Financial Reporting Directive，NFRD）约束的企业（员工人数在500名以上的公共利益主体，如银行、保险公司和上市公司）于2024年1月1日起，符合要求的大型企业于2025年1月1日起，中小型上市企业、小型和非复杂信贷机构、自保保险企业于2026年1月1日起，必须披露包括碳信息等气候变化信息在内的可持续发展信息。与此同时，CSRD对包含碳信息的可持续发展信息引入了强制第三方独立鉴证机制，要求适用CSRD的公司，包括大公司和在欧盟监管市场上市的公司（上市微型公司除外），对报告的可持续发展信息寻求有限保证，并在以后阶段转向合理保证。CSRD之外，2021年

3月10日正式实施的《可持续金融信息披露条例》(Sustainable Finance Disclosure Regulation，SFDR)要求欧盟所有金融市场参与者和财务顾问于实体层面和产品层面披露包括碳信息等气候变化信息在内的可持续发展信息。

美国证监会(U.S. Securities and Exchange Commission，SEC)于2022年3月发布《面向投资者的气候相关信息披露的提升和标准化》(The Enhancement and Standardization of Climate-Related Disclosures for Investors)提案，对在美上市公司报告温室气体排放和气候变化相关风险的信息提出了严格的要求。提案要求在美上市公司报告其自身运营和消耗的能源，以及间接产生的温室气体排放，即“范围1”“范围2”“范围3”的温室气体排放，并对其排放量获取独立第三方的鉴证。提案要求加速申报人或大型加速申报人提交的披露文件应包括一份涵盖其温室气体“范围1”和“范围2”排放披露的鉴证报告。温室气体排放披露的指定财年，鉴证必须至少达到以下保证水平：“范围1”和“范围2”排放披露合规日期后的第2和第3财年，提供有限保证；“范围1”“范围2”排放披露合规日期后的第4财年及以后，必须提供合理保证。SEC之外，美国政府于2022年11月提议修订《联邦采购条例》(Federal Acquisition Regulation)，要求重要供应商(750万~5 000万美元的年度合同额)和主要供应商(5 000万美元以上年度合同额)披露“范围1”和“范围2”的温室气体排放，主要供应商还需要披露“范围3”的温室气体排放。该修订建议，主要供应商和重要供应商还需要披露基于科学碳目标(SBTi)制定的温室气体减排目标及减排进展，并聘请第三方基于科学碳目标进行验证。

鉴于二十国集团(G20)以及七国集团(G7)对金融稳定理事会(FSB)成立的气候相关财务信息披露工作组(Task Forced on Climate-Related Financial Disclosures，TCFD)2017年6月所发布《气候相关财务信息披露建议》的支持，许多国家和地区开始强制要求按TCFD建议披露气候相关财务信息报告。2021年6月，G7财长和央行行长发表联合公报，宣布根据国内监管框架，基于TCFD建议，逐步实现与气候相关的强制性财务信息披露，为市场参与者提供一致的和决策有用的信息。在英国，金融行为管理局(Financial Conduct Authority，FCA)于2021年12月发布政策声明，要求上市公司于2022年1月1日起按TCFD建议披露气候相关财务信息，要求资产管理公司和资产所有者于2022年1月1日起或之后开始每年在实体层面和产品层面按TCFD建议披露气候相关财务信息。我国香港特区政府成立的香港绿色及可持续金融跨机构督导小组于2020年12月发布《绿色和可持续财政战略》，提出不迟于2025年，银行、资产管理公司、保险公司、养老金受托人等金融机构强制执行与TCFD建议一致的气候相关信息披露。香港联交所2021年11月发布《气候信息披露指引》，鼓励上市公司2022年开始根据TCFD建议披露气候变化相关信息，同时强调符合TCFD的气候相关披露将于2025年强制实施。

面对全球碳信息强制披露和强制鉴证趋势，考虑到碳信息披露体系在推进碳达峰碳中和工作中的基础作用，借鉴国际经验建立碳信息强制披露与强制鉴证制度，有助于加强我国经济社会各方面减排意识、提升减排动力、强化政府监管及社会监督，有助于各级政府、各企事业单位确定其减排目标、评价其减排绩效，有助于引导金融市场和资本市场资金流向低碳领域，有助于发挥碳市场在碳达峰碳中和中的作用、推动供应链的绿色低碳转型，有助于企业高质量发展并提升竞争力。

（1）建议生态环境部修改《企业环境信息依法披露管理办法》，适当扩大强制披露碳排放信息范围，并将强制披露要求扩展至产品层面。

（2）建议证券监管部门及证券交易所修改上市公司信息披露规则，明确上市公司需要于其定期报告，或社会责任报告、ESG报告、可持续发展报告及其他报告中披露碳减排目标、转型机遇与风险、风险管理、情景分析与压力测试、碳排放量及其强度等碳信息。

（3）建议中国人民银行及银保监会、证监会进一步完善绿色金融、绿色债券、ESG投资、可持续投资相关规范，要求相关金融机构于机构层面和产品层面披露碳信息。

（4）建议修改政府采购法，将供应商的碳信息披露要求纳入相关条款。财政部于2022年7月发布的《中华人民共和国政府采购法（修订草案征求意见稿）》中已增加“政府采购应当促进绿色低碳循环发展，执行国家相关绿色标准，推动环保、节能、节水、循环、低碳、再生、有机等绿色产品和相关绿色服务、绿色基础设施应用”，但考虑到供应链绿色低碳转型的重要性，建议在上述条款基础上，对重要供应商的碳信息披露提出明确要求。

（5）在明确以上披露要求的同时，需要明确碳信息披露的强制鉴证要求。为确保碳信息鉴证的质量，亦需要对鉴证机构的资质与经验、鉴证原则与鉴证准则、鉴证范围与鉴证程序、鉴证工作底稿与鉴证档案、鉴证意见与鉴证报告、法律责任、监督管理等进行详细的规定。

（6）确定碳信息强制披露和鉴证制度安排时，需要考虑一定的灵活性，包括给予中小企业、碳排放少的企业适当的豁免，给予企业一定的过渡准备时间等。

四、统筹协调，制定涵盖碳信息的气候变化信息披露准则

涵盖碳信息的气候变化信息一直是ESG报告与可持续发展报告最重要的关注点，并作为ESG报告与可持续发展报告的重要披露内容。30年来，在各国政府和国际组织的推动下，逐步形成了一些具有代表性的ESG报告与可持续发展报告框架。这些报告

框架已经得到广泛运用，但由于不同报告框架之间存在差异，按不同框架披露的信息不可比，甚至不少企业同时按照两种或两种以上框架披露相关信息，导致信息冗余。因此，要求不同报告框架和标准实现更高连贯性、一致性和可比性的呼声强烈。为了回应这一要求，2021年11月，国际财务报告准则（International Financial Report Standard，IFRS）基金会宣布成立国际可持续发展准则理事会（International Sustainability Standards Board，ISSB），负责制定一套综合的全球基准的可持续披露准则（IFRS Sustainability Disclosure Standards，ISDS）。鉴于气候变化风险对于投资者和监管机构日益重要，向低碳经济转型十分必要，这将对企业的战略、运营以及财务报告产生重大影响，为气候变化相关财务信息披露制定全球统一的报告标准非常紧迫。在与众多利益相关方进行磋商后，IFRS基金会于2020年9月确定了“气候优先”的策略，即优先考虑与气候变化相关财务信息披露。考虑到气候挑战的紧迫性，国际证监会组织（International Organization of Securities Commissions，IOSCO）支持这一策略，并于2021年5月发布《发行人可持续信息披露报告》进行确认。2022年3月，ISSB发布《国际财务报告可持续披露准则第1号——可持续相关财务信息披露一般要求（征求意见稿）》《国际财务报告可持续披露准则第2号——气候相关披露（征求意见稿）》（以下简称《气候相关披露》），向投资者和其他利益相关者广泛征求意见。两份征求意见稿均立足于价值报告导向以及单一重要性原则，其目标在于“有助于通用目的财务报告主要使用者评估企业价值和作出是否向主体提供资源的决策”。其中，在信息披露方面，《气候相关披露》要求主体从治理、战略、风险管理、指标和目标等角度披露气候相关财务信息：在治理方面，《气候相关披露》要求披露监督气候相关风险和机遇的治理机构以及管理层在管理气候相关风险与机遇中所扮演的角色；在战略方面，《气候相关披露》要求披露重大气候相关风险与机遇及其对商业模式和价值链的影响，对报告期财务状况、财务业绩和现金流量的影响以及短期、中期和长期的预期影响，应对重大物理风险和重大转型风险方面的气候韧性；在风险管理方面，《气候相关披露》要求披露如何辨认、评估、管理和缓释气候相关风险；在指标与目标方面，《气候相关披露》要求披露跨行业指标与行业特定指标，其中跨行业指标包括“范围1”“范围2”“范围3”的温室气体绝对排放与排放强度、碳定价等。目前，征求意见已经结束，ISSB正在抓紧时间对征求意见稿及相关重要事项进行审议，希望在2023年尽早发布这两项可持续披露准则。

在欧洲，制定CSRD期间欧盟委员会根据CSRD草案授权欧洲财务报告咨询组（the European Financial Reporting Advisory Group，EFRAG）制定欧盟可持续报告准则（EU Sustainability Reporting Standards，ESRS）。EFRAG于2022年4月发布第一批共12项ESRS征求意见稿，其中就包括与碳信息披露相关的《ESRS E1：气候变化》。在征求意见并进行修改后，EFRAG于2022年11月向欧盟委员会提交了12项ESRS草案，欧盟委员会在征求欧盟机构和成员国意见后，预计于2023年6月前发布该12项ESRS。不同于ISSB发布的《气候相关披露》，《ESRS E1：气候变化》草案强调双重重要性原则，既要求披露气候变化对企业经营活动的影响，又要求披露企业经营活动对气候变化的影响。提案要求披露缓解气候变化的过渡计划，与气候变化缓解和适应相关的政策、行动和资源，与气候变化缓解和适应相关的目标、能耗及结构，“范围1”“范围2”“范围3”的温室气体排放总量和排放强度，通过碳信用融资的温室气体清除量和温室气体缓解项目，内部碳定价，气候相关机遇和风险的潜在财务影响等。

在美国，SEC于2022年3月发布了《面向投资者的气候相关信息披露的提升和标准化》提案。该提案既对在美国上市的发行人气候相关信息披露提出强制披露要求和鉴证要求，也对披露的内容提出了标准。所以，该提案既是一项法规，又是碳信息披露等气候信息披露的一项标准。提案旨在帮助投资者评估气候相关风险和机遇的财务影响，将气候相关披露视为财务信息披露的一部分。其披露内容包括：①董事会和管理层如何对气候相关风险进行监督和治理；②已识别的气候相关风险如何影响或可能影响其业务和合并财务报表，这些影响可能在短期、中期或长期表现出来；③已识别的气候相关风险如何影响或可能影响注册人的战略、商业模式和前景，注册人识别、评估和管理气候相关风险的程序，以及这些程序是否纳入注册人整体的管理系统或程序；④气候相关事件（恶劣天气事件、其他自然条件和已识别的物理风险）和转型活动（包括已识别的转型风险）对注册人合并财务报表以及相关支出有何影响，受这些气候相关事件和转型活动影响有哪些财务估计和假设；⑤按分类和汇总、绝对数和密度的方式表述的“范围1”“范围2”温室气体排放指标；⑥“范围3”温室气体排放和密度，如果该范围的排放是重要的，或注册人已制定包含了“范围3”的温室气体减排目标；⑦注册人的气候相关目标（如果已制定）。

在EFRAG接受欧盟委员会委托制定ESRS、ISSB启动全球一致可持续披露准则的制定、SEC发布气候信息披露规则提案后，涵盖碳信息的气候变化信息披露准则逐步形成了国际、欧盟和美国三足鼎立的格局。面对这种格局，我国是直接采纳ISDS，还是与ISDS保持趋同，或是参照ISDS制定我国的气候变化信息披露准则，需要尽快明确。考虑到ISDS定位于价值报告导向，遵循单一重要性原则，不能满足我国的监管要求和其他利益相关者的信息需求。同时，考虑到我国的能源资源禀赋特征，为支撑“积极稳妥推进碳达峰碳中和”，建议选择参照策略，以ISDS的基准为基础，同时吸收ESRS和SEC提案的好的做法，独立制定我国的气候变化信息披露准则。具体建议如下：

（1）遵循系统统筹原则。中国式现代化有着非常丰富的内涵，要求坚持中国特色社会主义，实现高质量发展，促进人与自然和谐共生，推动构建人类命运共同体。制定涵盖碳信息的气候变化披露准则，需要站在全面推进中国式现代化、全面建成社会主义现代化强国的高度系统统筹推进。推动中国式现代化需要全面构建中国式可持续发展的评价指标体系，尽快制定中国式可持续发展信息披露准则。气候变化信息披露准则作为可持续发展信息披露准则的重要组成，需要从制定中国式可持续发展信息披露准则这一整体系统考虑。为推进我国可持续发展信息披露准则的制定，建议尽快成立我国可持续发展信息披露准则委员会，就中国可持续发展信息披露准则的路线图开展顶层设计，并根据路线图渐次开展各项准则的研究制定。

（2）遵循气候变化优先原则。可持续发展信息披露准则包罗万象，准则制定千头万绪，需要逐个推进。考虑到气候变化对全人类的可持续发展构成了最严重的威胁，以及积极稳妥推进碳达峰碳中和的现实需要，也考虑到G20、FSB、IOSCO等国际组织近年来不断呼吁加快制定气候变化信息披露准则，而且ISSB、EFRAG、SEC均将气候信息披露准则列为最优先准则项目，我国成立可持续发展信息披露准则委员会后，应该优先制定气候变化信息披露准则。碳信息披露构成了气候变化信息披露准则的主体内容，但气候变化信息披露准则也涵盖台风、飓风或洪水等极端天气事件及海平面上升或长期酷热的较为长期的气候模式转变等物理风险相关信息的披露。

（3）立足我国能源资源禀赋，制定涵盖碳信息的气候变化信息披露准则。

在具体内容披露方面。气候变化信息披露准则应该包含报告定位、报告主体、报告位置、核心要素、治理、战略、风险管理、指标和目标、转型计划和碳抵消、情景分析、碳定价、温室气体排放披露要求、报告频次和报告期间等内容。

在报告定位方面。我国气候变化信息披露的报告定位应该区别于ISDS，不能仅仅满足投资者的信息需求，而应满足更广泛的利益相关者的信息需求。披露气候变化信息的初衷是为了确保环境和社会的可持续发展，推进“双碳”目标的实现和国际履约，而不仅仅是为了满足资本提供者评估环境和社会议题如何影响企业价值的信息需求。基于广泛的利益相关者的信息需求披露碳信息等气候变化信息，可使企业的气候变化信息披露视野更加宏大，促使其努力实现减排目标，推动人类社会的可持续发展。

在核心要素披露方面。我国的气候信息披露应当以TCFD框架为基础，因为TCFD框架已成为气候信息披露领域里最为权威、最广为运用的标准。与此同时，我国也有不少大型企业和金融机构已采用TCFD框架。采用大型企业和金融机构比较熟悉且已运用多年的TCFD框架，可减轻其信息披露负担，降低遵循成本。

在情景分析披露方面。目前市场上采用气候相关情景分析的企业仅是少数大型企业或金融机构。在美国，SEC气候信息披露规则提案也仅采用了“如果使用就披露”的要求。因此，强制要求披露情景分析，存在一定的难度，建议将情景分析作为建议性披露要求。

在温室气体“范围3”披露方面。一方面，企业很难从其价值链中的供应商和其他第三方获取业务活动的数据，即便获取，也很难验证其准确性；另一方面，投资者和其他利益相关者又存在对"范围3"排放的信息需求，因为"范围3"排放可以展示企业面临的气候相关风险（尤其是转型风险），并可能对企业的业务运营和相关财务业绩产生重大影响。对于一些行业和企业而言，"范围3"排放占总排放量的比例特别高。为平衡报告"范围3"排放的困难和需求，SEC提案规定：当且仅当"范围3"排放是重大的或者注册人设定的温室气体减排目标包括"范围3"排放时，才需要披露"范围3"排放。这种做法值得借鉴。目前除了欧盟的CSRD和ISDS外，其他报告框架要求均为建议性披露，因此建议将"范围3"的温室气体排放作为建议性披露要求。

对于中小企业而言，披露气候变化信息困难重重，不仅披露的成本大于效益，而且能力建设严重不足。然而，不披露气候变化信息，其资金可获取性和资本成本将大受影响，这将是未来许多中小企业会面临的两难选择。鉴于此，应该对中小企业的气候变化信息披露内容进行简化。

五、完善碳排放核算标准，建立碳信息披露监督机制

信息披露的环节涉及信息的生成、报告和监督。为确保碳信息披露的质量，必须在生成环节建立科学的碳排放核算体系，使核算标准更加规范，核算方法更加科学，核算数据更加全面、科学和可靠。在监督环节，必须建立科学的碳排放监督体系，不断强化企业碳信息披露的内部监督和第三方核查与鉴证，加大对碳信息披露的监督执法。

目前，国际上最具影响的碳排放核算标准是世界资源研究所（World Resource Institute，WRI）和世界可持续发展工商理事会（World Business Council for Sustainable Development，WBCSD）联合建立的温室气体核算体系（GHG Protocol），主要包括《温室气体核算体系：企业核算与报告标准（2004）》（又称《企业标准》）、《温室气体核算体系：产品生命周期核算和报告标准（2011）》（又称《产品标准》）、《温室气体核算体系：企业价值链（范围3）核算与报告标准（2011）》（又称《范围3标准》）。这三大主要标准相互联系、相互补充。《范围3标准》是以《企业标准》为基础，补充规范企业标准中划分的核算范围中"范围3"的温室气体情况。《产品标准》是面向企业的单个产品来核算产品寿命周期的温室气体排放，可识别所选产品的寿命周期中的最佳减缓机会，是前两个标准中作为企业价值链的核算角度上的补充核算标准。除GHG Protocol外，还有国际标准化组织（International Organization for Standardization，ISO）制定的ISO 14064、ISO 14067系列标准，以及英国标准协会发布的《PAS 2050：2008 商品和服务在生命周期内的温室气体排放评价规范》。此外，碳核算金融联盟（PCAF）于2020年11月发布了《金融行业全球温室气体核算与报告标准》。

在我国，为加快构建国家、地方、企业三级温室气体排放核算工作体系，国家发改委于2013—2015年，先后三批制定和发布了24个行业的企业温室气体排放核算方法与报告指南（试行），涵盖了关于核算边界和核算方法的详细描述，以及在国内适用的相关参数默认值。该指南在编制过程中参考和借鉴了联合国政府间气候变化专门委员会（Intergovernmental Panel on Climate Change，IPCC）发布的《2006年IPCC国家温室气体清单指南》，针对国内具体行业的特点给出了温室气体核算注意事项说明，适用于国内企业核算和报告在运营上有控制权的所有生产场所和设施产生的温室气体排放，也可以供国内相关行业的企业建立温室气体排放信息披露制度时参考使用。与此同时，国家质量监督检验检疫总局、国家标准化管理委员会于2015年11月批准《工业企业温室气体排放核算和报告通则》（GB/T32150—2015），以及发电、钢铁、民航、化工、水泥等10个重点行业共11项温室气体核算国家标准。2021年10月，中国人民银行借鉴PCAF标准，发布了《金融机构碳核算技术指南（试行）》。以上标准共同构成了我国目前的碳排放核算标准体系。

主要国际标准已经发布多年，需要根据各国陆续出台的碳中和相关政策、相关技术和方法的进步，以及执行中存在的问题进行完善。针对金融机构的碳排放核算，PCAF覆盖资产类别有限，计算中涉及变量的定义细节尚未标准化，同样需要完善。而我国发改委发布的24个行业标准较少涉及或不涉及"范围3"的温室气体排放，难以适应碳达峰碳中和的政策要求。完善我国企业碳排放核算标准，既要参考主要国际标准，又要体现中国国情，考虑我国各行业企业的实践经验，平衡全面性、准确性、可操作性以及成本效益。

碳信息披露监督机制由企业内部监督、第三方核查与鉴证和监管部门监管共同组成。在内部监督方面，欧盟委员会于CSRD中要求审计委员会将可持续发展报告鉴证的结果告知公司行政或监督机构，并解释审计委员会如何促进可持续发展报告的完整性，以及审计委员会在该过程中的作用。SEC气候信息披露规则提案则指出，注册人需要确定负责监督气候相关风险的董事会成员或董事会委员会，负责的董事会委员会可以是现有的委员会，如审计委员会或风险委员会，或者是专门关注气候相关风险的独立委员会。为确保碳信息披露的质量，我国应该通过立法形式强化董事会、审计委员会及其他专业委员会在碳信息披露中的监督职责。

在第三方鉴证方面，如前所述，需要引入强制性鉴证制度安排。建立强制性鉴证制度，需要一套完善的碳信息披露鉴证准则。目前，国际通用的关于碳信息的鉴证标准，主要包括《国际鉴证业务准则第3000号（修订版）——除历史财务信息审计或审阅以外的鉴证业务》《国际鉴证业务准则第3410号——温室气体排放声明鉴证约定》《温室气体 第三部分：温室气体声明审定与核查规范和指南》（ISO 14064-3：2019），以及部分地区相关标准，如美国注册会计师协会可持续发展信息（包括温室气体排放信息）认证指南等，并不存在统一的、普遍适用的鉴证标准。因此，需要参照《国际鉴证业务准则第3410号——温室气体排放声明鉴证约定》，尽快起草制定碳信息鉴证准则，并采取措施切实提升第三方机构碳信息鉴证服务能力。

在监管方面，监管部门需要尽快明确生态环境部门、财政部门、证券监管部门、金融监管部门、碳市场等对企业的碳信息披露和第三方对碳信息核查、鉴证的监管职责并制定相应的监管办法。

综上，为构建满足"积极稳妥推进碳达峰碳中和"需要的碳信息披露体系，需要尽快通过相关法律法规明确碳信息的强制披露和强制鉴证要求，尽快研究制定涵盖碳信息的气候变化信息披露准则，完善碳排放核算标准，并建立碳信息披露监督机制。

（原载于《北京工商大学学报（社会科学版）》2023年第1期）

主要参考文献

1.潘施琴，汪凤．碳信息披露水平能否提升企业财务绩效？——基于上证A股的实证经验［J］．安徽师范大学学报（人文社会科学版），2019，49（6）：133-141.

2.刘志超，李根柱．碳信息披露对企业价值影响研究［J］．价格理论与实践，2018（7）：51-54.

3.李力，刘全齐，唐登莉．碳绩效、碳信息披露质量与股权融资成本［J］．管理评论，2019，31（1）：221-235.

4.杨子绪，彭娟，唐清亮．强制性和自愿性碳信息披露制度对比研究——来自中国资本市场的经验［J］．系统管理学报，2018，27（3）：452-461.

管理层评论标准的重大改进与公司报告的未来
——管理层评论实务公告征求意见稿评述

王鹏程

【摘要】鉴于各个国家和地区管理层评论的要求或指引过于原则，现有管理层评论实务公告不能满足投资者和债权人当前的信息需求，国际会计准则理事会在研究各个国家和地区管理层评论要求或指引以及主流公司报告框架后，于今年5月份发布管理层评论征求意见稿。征求意见稿仍然将管理层评论定位为财务报告中财务报表之外的财务相关资料，将管理层目标界定为满足投资者和债权人的共同需求，但在管理层评论所提供的信息、内容领域、披露目标、关键事项、质量要求等方面进行了重大改进。本文认为，高质量的管理层评价标准必将形成，高质量、全球一致的管理层评论未来可期，在此背景下，财务报告的内涵日益丰富，公司报告的框架需要重构，公司报告的审计范围和保证程度需要重新设定。中国的准则制定机构和监管机构、理论界和实务界需要高度重视，积极作为。

【关键词】管理层评论；信息需求；实务公告；重大修改；财务报告；公司报告

2021年5月27日，国际会计准则理事会（IASB，以下简称“理事会”）发布了《管理层评论（Management Commentary）（征求意见稿）》（以下简称“征求意见稿”），征求意见截止日期为2021年11月23日。征求意见稿对《国际财务报告准则实务公告第1号——管理层评论》进行了全面修订，是国际会计准则理事会“促进财务报告更好沟通”主题下的重要里程碑，必将对提升财务报告质量及推动公司报告重构产生深远的影响。

一、高质量管理层评论的需求推动管理层评论标准的修订

在不同国家和地区，管理层评论有不同称谓，包括管理层分析与讨论

（Management's Discussion and Analysis）、运营和财务回顾（Operating and Financial Review）、战略报告（Strategic Report）等。

《国际财务报告准则实务公告第1号——管理层评论》（以下简称“2010年实务公告”）于2010年12月发布，旨在为与按照国际财务报告准则编制的财务报表相关的管理层评论的列报提供一个广泛、非约束性的框架，允许各个国家和地区的主体自愿选择应用该实务公告中的相关指引编制管理层评论。管理层评论是一份叙述性报告，是对财务报表的补充和完善，是基于投资者和债权人的信息需求，提供用以解释主体财务状况、财务业绩和现金流量的背景信息。使用者通常利用管理层评论中提供的信息协助评价主体的前景和一般风险，以及实现既定目标的管理层策略是否成功。管理层评论中的信息应当具备相关性和真实反映的基本质量特征，并体现可比性、可验证性、及时性和可理解性等提升性质量特征。管理层评论的内容包括：①业务的性质；②管理层的目标和实现这些目标的策略；③主体最重要的资源、风险和关系；④经营成果和前景；⑤管理层根据既定目标评价主体业绩所使用的关键业绩指标和指征。

2010年实务公告发布后，许多国家和地区的监管机构也发布或修订了管理层评论或类似报告的要求或指引。

在美国，证券交易委员会（SEC）于1968年发布MD&A披露要求，于1980年将相关要求纳入《非财务信息披露内容与格式准则》（Regulation S-K，又称“S-K条例”）。多年来，SEC相继发布了10多个MD&A解释公告，以提升MD&A信息披露质量。根据美国证券法的S-K条例，上市主体必须提交10-K表，该文件要求讨论风险因素，对财务状况和经营成果进行讨论和分析。面对日益增长的ESG信息需求，美国于2011年成立了一个独立的非营利组织，可持续发展会计准则委员会（SASB），制定可持续发展信息披露行业标准，服务于上市公司编制10-K和20-F文件要求的强制性披露文件。截至目前，SASB发布了11大部类79个行业的可持续发展准则。在MD&A鉴证方面，上市公司会计监督委员会PCAOB于2001年发布了第701条（AT Section 701）规定，为从业人员提供了关于“管理讨论与分析”（包含在年度报告中）鉴证业务的指南。

在英国，2013年英国政府颁布了修订后的《2006年公司法》，第4A章要求不属于小型主体的公司董事必须在每个财政年度准备一份战略报告。战略报告必须包含对公司业务的公允审阅，以及对公司面临的主要风险和不确定性的描述。如果该公司是上市公司、银行、经授权的保险公司或一家从事保险市场活动的公司，战略报告还需要包括一份非财务信息声明，其中包含关于环境问题、公司员工以及社会、社区和人权问题的信息。如果该公司是一家大型公司（即不符合中型公司的条件），战略报告需要包括一份声明，说明董事在履行其促进公司成功的职责时考虑到了一些事项（第172（1）条）。这些事项包括考虑决策的长期后果、影响公司员工和其他利益相关方关系的决策、事项、公司保持高标准商业行为的可取性以及公司成员之间公平行事的必要性。英国财务报告委员会（UK FRC）发布了《战略报告指南》（英国FRC指南），以帮助董事准备战略报告。根据《2006年公司法》第4A章的立法要求和英国FRC指南，战略报告的主要内容包括可能影响公司业务未来发展、业绩和状况的主要趋势和因素，商业模式、战略、主要风险和不确定性、关键财务业绩指标和其他关键业绩指标。

在德国，根据《德国商法典》（HGB）第289条25，所有公司都必须准备一份管理报告。根据第315条，所有母公司都必须准备一份集团管理报告，讨论业务流程、集团的经济状况和预期发展，以及与此发展相关的机会和风险。根据《德国商法典》第289c条和315c条，如果公司是一家大型公司，则管理报告（或集团管理报告）需要说明环境、雇员、社会、尊重人权和反腐贿赂等相关信息。与此同时，德国会计准则委员会发布了一项准则（GAS 20），该准则规范管理报告。基于《德国商法典》第315条，315c条，以及《GAS 20》的要求，管理报告通常包括宏观环境、商业模式、公司战略、开展业务活动所需的投入、ESG信息、关键资源和关系、主要风险、财务和非财务业绩指标等内容。在德国审计准则下，管理报告属于审计师的审计范围，审计结果会影响审计师最终发表的审计意见。2019年，德国注册会计师协会（IDW）发布了新的针对管理报告的审计准则，即IDW PS 350。新版的IDW PS 350主要是针对管理报告中可审计和不可审计的描述进行了更新：如果是法律要求的管理报告内容，但公司的描述无法审计，则应该出具拒绝意见的审计意见；如果是其他典型管理报告的阐述（但是法律不要求审计的），对于不可审计的部分应该由公司在管理报告中清晰界定，审计师要在审计意见中声明这部分内容未经审计师审计。

在中国香港，强制性披露要求载于《香港公司条例》第622章第388条。根据第622章，所有不属于报告豁免范围的公司都必须编写一份包含业务回顾的董事报告，以了解公司业务的发展、业绩或状况。香港会计师公会在其《会计公告第5号：根据〈香港公司条例〉第622章编制和列报业务回顾的指引》中发布了帮助董事编制业务回顾的详细指引。根据该指引，经营和财务回顾主要包括公司的业务及其经营环境，主要产品、服务、客户、业务流程和分销方式、业务结构以及经济模式，财务和非财务目标，关键资源和关系，主要风险和不确定性等内容。

在内地，中国证监会关于管理层评论的要求体现在公开发行证券的公司信息披露的内容与格式准则中。根据《公开发行证券的公司信息披露内容与格式准则第2号—年度报告的内容与格式（2021年修订）》，上市公司年报中应披露“管理层讨论与分析”相关内容。公司管理层讨论与分析中应当对业务经营信息和财务报告数据，以及报告期内发生和未来将要发生的重大事项，进行讨论与分析，以有助于投资者了解其经营成果、财务状况及未来可能的变化。披露应当遵循可靠性、相关性、关联性、一致性、可比性原则，鼓励披露管理层在经营管理活动中适用的关键业绩指标。其内容包括公司所处行业情况、公司从事的业务情况，核心竞争力重要变化及对公司所产生的影响、主要经营情况、未来发展的展望等。

《国际财务报告准则实务公告第1号——管理层评论》和各个国家和地区发布或修订的管理层评论或类似报告的要求或指引构成了目前管理层评论报告的格局，今天看来，存在以下重大局限：

（1）正如国际会计准则理事会在管理层评论征求意见稿的结论基础中所描述，众多的要求或指引造成了一个复杂而困惑的报告环境，报告主体可能需要应用当地的相关法律法规，而这些规定中只有泛泛的要求，因此需要更多的指引，以帮助他们编制符合这些要求的管理层评论；报告主体可能不清楚在编制管理层评论时，是否应采用以及如何应用各种可选的特定准则或特定行业的要求和指引，而其中一些要求或指引是为了向投资者和债权人以外的利益相关方提供有用的信息。

（2）国际会计准则理事会的调查研究也显示，《实务公告第1号》已难以满足投资者和债权人当前的信息需求，例如：①未能聚焦影响主体未来前景的重要信息；②涉及过多笼统信息，缺乏主体特定信息；③对于系统性风险、战略挑战等可能影响主体长期发展的事项关注不足；④未能提供充分的有关主体无形资源和关系，以及影响主体发展的有关环境、社会和治理（ESG）事项的信息；⑤与主体财务报表中的信息或主体发布的其他报告中的信息不一致或难以钩稽；⑥难以与该主体在以前期间提供的信息或具有类似活动的其他主体提供的信息进行比较；⑦不完整，例如，仅涵盖对主体前景重要的一些事项，或缺乏投资者和债权人充分了解这些事项的影响所需要的信息；⑧不平衡，例如过分强调主体业绩的积极方面。

一方面是各个国家和地区管理层评论的要求或指引过于原则，另一方面是2010年实务公告不能满足投资者和债权人当前的信息需求。正是在这一背景下，国际会计准则理事会于2017年决定修订2010年实务公告。理事会希望通过全面、明确和结构化的要求和指导，为管理层准备满足投资者和债权人需要的管理层评论提供指引，为各个国家和地区的监管机构采用实务公告规范有关管理层评论的信息披露以及审计师就管理层评论提供外部鉴证提供有效的基础，从而推动高质量和全球一致的管理层评论的形成。

二、公司报告框架的探索给管理层评论标准的修订提供了重要参照

公司报告的目标是向利益相关方沟通主体在报告期内的业绩，无论是基于合规目的还是基于利益相关方的信息需求。业绩与公司的目标密切相关，但公司的目标没有统一

的范式，业绩的好坏也缺乏统一的标准。过去几十年来，政府和社会对公司应该设定的目标以及业绩标准的期望也发生了重大变化。应对这些重大变化，各个国家和地区的政府以及一些组织对公司报告的框架不懈地进行探索，其中影响较大的有：

1. 国际整合报告理事会（IIRC）发布的国际整合报告框架

国际整合报告理事会（IIRC）于2010年2月成立，是一个由监管机构、投资者、公司、标准制定者、会计专业人士、学术界和非营利组织组成的全球联盟，其愿景是通过公司报告规范将整合思维嵌入主流商业实践，促进金融资本的高效配置，推动金融稳定和可持续发展。IIRC于2013年12月发布国际整合报告框架（The International <IR> Framework），于2021年1月发布了更新后的国际整合报告框架。根据IIRC网站介绍，目前全球已有75个国家使用该框架。

整合报告的目标在于：提高金融资本提供者可获得信息的质量，以实现更高效、更有成效的资本配置；促进更一致和更具效率的公司报告方法，传递对主体创造价值的能力产生重大影响的所有因素；加强对各种资本，包括金融资本、制造资本、智力资本、人力资本、社会资本、关系资本以及自然资本等的问责和受托责任；支持注重短期、中期和长期价值创造的整合思考、决策和行动。整合报告有助于传递一个主体如何创造、维护和侵蚀价值并随时间而变化。价值创造、维护和侵蚀流程如图1所示。

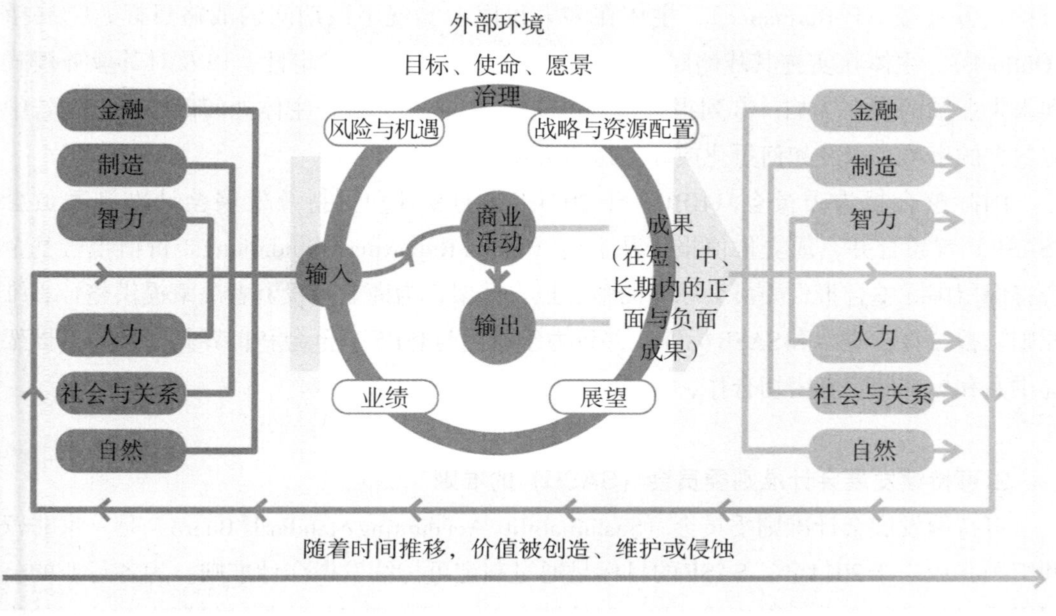

图1　价值创造、维护和侵蚀流程

IIRC提出了编制整合报告的7项原则，包括：①战略聚焦和未来导向（Strategic

focus and future orientation），整合报告应提供对本主体战略的洞察，以及该战略如何与本主体在短期、中期和长期创造价值的能力及其对资本的使用和影响相关；②信息的连通性（Connectivity of information），整合报告应展示影响主体创造价值能力的因素之间的组合、相互关系和依赖性的整体情况；③利益相关方关系（Stakeholder relationships），整合报告应提供主体与其关键利益相关方之间关系的性质和质量的洞察，包括主体如何以及在多大程度上理解、考虑和响应其合法需求和利益；④重要性（Materiality），整合报告应披露对本主体短期、中期和长期创造价值能力有重大影响的事项的信息；⑤简洁（Conciseness），整合报告应简明扼要；⑥可靠性和完整性（Reliability and completeness），整合报告应包括所有重大事项，包括正面和负面，以平衡的方式且无重大错误；⑦一致性和可比性（Consistency and comparability），整合报告中的信息披露应在前后保持一致并能够与其他主体进行比较。

整合报告的内容包括：①主体概况和外部环境（Organizational overview and external environment），即该主体做什么，在什么环境下运营；②治理（Governance），主体的治理结构如何支持其在短期、中期和长期创造价值的能力；③商业模式（Business model），主体的商业模式是什么；④风险和机遇（Risks and opportunities），在短期、中期和长期内，影响主体创造价值能力的具体风险和机遇是什么，主体如何应对这些风险和机遇；⑤战略和资源分配（Strategy and resource allocation），主体的目标及如何实现目标；⑥业绩（Performance），主体在多大程度上实现了该期间的战略目标；⑦展望（Outlook），主体在实施其战略时可能会遇到哪些挑战和不确定性，以及对其业务模式和未来业绩的潜在影响；③列报基础（Basis of presentation），主体如何确定整合报告中应包含的事项，以及如何量化或评估这些事项。

国际整合报告委员会（IIRC）于2021年6月9日和可持续发展会计准则委员会（SASB）宣布合并，成立价值报告基金会（Value Reporting Foundation）。价值报告基金会将保留国际整合报告委员会原有的整合报告框架，为商业和投资者决策提供整合思维原则、整合报告框架和SASB标准，并致力于通过与IFRS基金会和世界其他领先的框架提供商和标准制定者密切合作，提供更为一致的公司报告系统。

2. 可持续发展会计准则委员会（SASB）的准则

可持续发展会计准则委员会（Sustainability Accounting Standards Board）是一家非营利组织，成立于2011年。SASB的目标是通过制定可持续发展会计准则，为各行业的公司提供对其运营有实质影响的环境、社会责任和公司治理指标，促进投资者与公司的沟通。迄今为止，SASB已发布了一份概念框架、覆盖79个行业的可持续发展会计准则，从环境保护、社会资本、人力资本、商业模式及其创新、领导力和治理力等五个维度，对公司的可持续发展报告进行规范。

SASB成立之初的重点是为美国上市公司制定标准。鉴于许多公司全球运营，通过制定标准反映资本市场的全球性质至关重要，SASB于2018年重新确定了其使命：“建立跨环境、社会和治理主题的行业特定标准，以促进公司和投资者之间就财务重大、决策有用的信息进行沟通。此类信息应在全球范围内具有相关性、可靠性和可比性”，并于2020年8月发布了新的概念框架草案。根据草案，可持续性是指维护和提高公司长期创造价值能力的活动，公司报告必须超越财务报表的范围披露信息，以增强资本提供者对公司风险和机遇的理解。可持续性会计包括确定环境、社会和人力资本问题对商业模式、财务业绩和长期公司价值的影响，以及公司如何调整公司战略、风险管理和治理以应对，以及确定可用于设定目标和衡量与长期公司价值创造最相关的环境、社会和人力资本问题业绩的指标。SASB概念框架如图2所示。

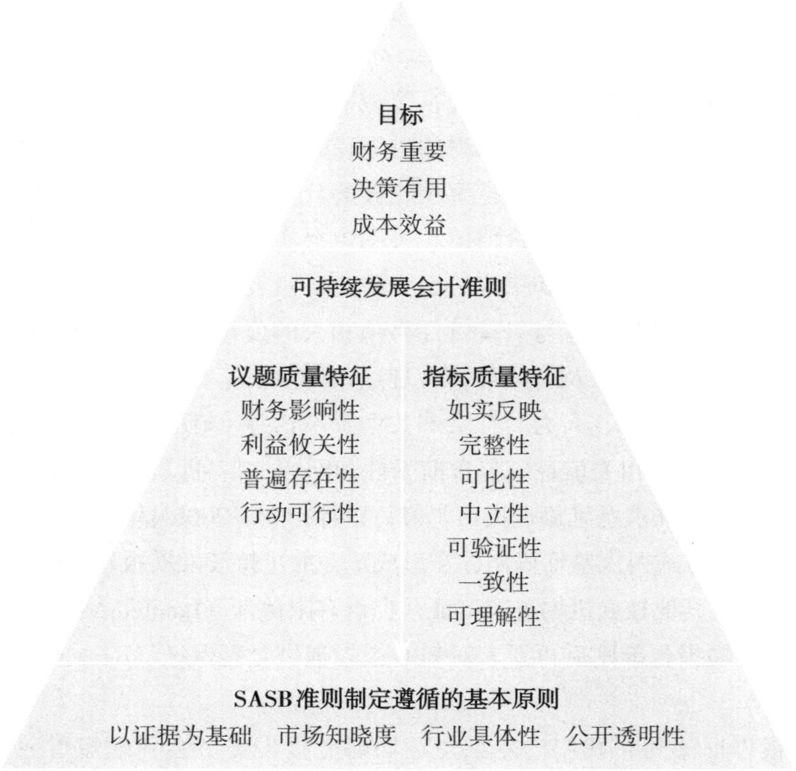

图2　SASB概念框架

3.欧盟非财务报告指令（2014/95/EU）

欧盟委员会于2014年通过了《非财务报告指令》（指令2014/95/EU，以下简称

NFRD），规定范围内的公司必须在2018年（涵盖2017财年）首次按照其规定进行报告。NFRD适用于平均员工人数超过500人的大型公共利益主体，以及作为合并基础上平均员工人数超过500人的大型集团母公司的公共利益主体。如果子公司的母公司负责整个集团（包括子公司）的报告，则NFRD免除子公司的报告义务。NFRD要求公司报告可持续性问题如何影响其业绩、地位和发展，以及对人和环境的影响。

2021年4月，欧盟委员会（EC）发布了《公司可持续发展报告指令》（Corporate Sustainability Reporting Directive，CSRD）征求意见稿，拟取代其在2014年10月发布的《非财务报告指令》（Non-Financial Reporting Directive，NFRD）。根据CSRD征求意见稿，大型公司及符合一定要求的公司，必须在管理报告中包含以下信息：①公司商业模式和战略的简要说明，包括公司的商业模式和战略对与可持续性事项相关的风险的恢复能力，与可持续性事项相关的事业机会，公司计划确保其商业模式和战略符合向可持续经济过渡的要求，并符合《巴黎协定》将全球变暖限制在1.5°C的要求，公司的商业模式和战略如何考虑公司利益关联方的利益以及公司对可持续性事项的影响，公司在可持续性问题上的战略实施情况；②说明公司设定的与可持续性事项相关的目标，以及公司在实现这些目标方面取得的进展；③说明行政、管理和监督机构在可持续性事项方面的作用；④与可持续性事项相关的公司政策说明；⑤描述就可持续性事项实施的尽职调查程序，与公司价值链相关的主要实际或潜在不利影响，包括其自身运营、产品和服务、业务关系和供应链，为防止、减轻或补救实际或潜在不利影响而采取的任何行动及其结果；⑥与可持续性事项相关的公司主要风险说明，包括公司对此类事项的主要依赖性，以及公司如何管理这些风险；⑦相关的指标。公司还应披露无形资产信息，包括智力、人力、社会和关系资本信息。在报告过程中，需要考虑短期、中期和长期前景，相关信息应包含前瞻性和回顾性信息以及定性和定量信息。

特别指出的是，征求意见稿也提出了修订审计指令（2006/43/EU）的修订建议，明确将以循序渐进的方式引入鉴证机制，在形成统一的可持续发展报告准则之前要求公司聘请法定审计师或其他独立机构进行鉴证并提供有限保证（Limited Assurance），待形成统一的可持续发展报告准则后再要求对ESG报告提供合理保证（Reasonable Assurance）的鉴证。

除以上报告框架外，我们注意到，英国财务报告委员会和欧盟财务报告咨询组（European Financial Reporting Advisory Group）均建立了财务报告实验室，在商业模式、风险、业绩指标、无形资产等诸多方面也都进行了一系列的探索和研究。

如国际会计准则理事会在征求意见稿的结论基础中所说，理事会在制定征求意见稿时，不仅研究了24个国家和地区的管理层评论要求和非强制性信息的指引信息，还研究了欧盟非财务报告指令（2014/95/EU）和国际整合报告框架等等。对比征求意见稿的内容，我们看到，征求意见稿在管理层评论的内容领域充分借鉴了相关报告框架的内容。

三、管理层评论实务公告征求意见稿作出的重大改进

对比2010年实务公告，我们看到，征求意见稿在管理层评论的定位和管理层评论目标的界定上没有进行调整：①管理层评论的定位。根据2010年实务公告，“管理层评论符合《国际财务报告准则前言》第7段中其他财务报告的定义，故属于财务报告的范畴”，“对于很多主体而言，管理层评论已经成为一个主体与资本市场沟通的重要要素，是对财务报表的补充和增强”。征求意见稿没有对管理层评论的定位进行调整，指出“管理层评论是一份补充主体财务报表的报告，它提供了管理层对影响主体财务业绩和财务状况的因素以及可能影响主体未来创造价值和产生现金流能力的因素的见解”。所以，管理层评论是财务报告的一部分，是对财务报表的补充和完善。尽管如此，管理层评论可以以不同的标题呈现，例如管理层讨论与分析，经营与财务状况回顾、战略报告等，管理层评论可以是一个单独的报告，也可以是其他报告的一部分，但管理层评论应该指明与其相关的财务报表。②管理层评论目标的界定。与2010年实务公告相同，征求意见稿将管理层评论的使用者界定为现有和潜在投资者、贷款人和其他债权人（投资者和债权人）。其他利益相关方，包括政府机构、雇员、社会公众，可能有额外的信息需求，但满足这些需求不是管理层评论的目标。与此同时，管理层评论提供满足投资者和债权人共同信息需求的信息，而不是满足特定投资者或债权人特有的专门信息需求。所以，管理层评论与财务报表的目标一致，均是为了满足投资者和债权人的共同信息需求，即通用目的，这与国际会计准则理事会2018年发布的财务报告概念框架一致。

管理层评论实务公告征求意见稿作出的重大改进有以下几个方面：

1. 管理层评论所提供的信息

根据2010年实务公告，管理层评论应向财务报表使用者提供说明相关财务报表背景的整合信息。这些信息不仅应当说明管理层对已发生事项（包括正面和负面情况）的观点，还应当说明事项发生的原因及其对主体未来的影响；提供关于主体资源和对主体及其资源的求偿权，以及使其发生变化的交易和事项的整合信息；说明可能影响主体的未来业绩、状况和进展的主要趋势和因素。而征求意见稿对管理层评论所提供的信息进行了重新界定，除提供增强投资者和债权人对主体财务报表中报告的财务业绩和财务状况理解的信息外，管理层评论还需要提供主体在所有时间范围内（包括长期）创造价值

和产生现金流的信息。尽管2010年实务公告也要求管理层评论说明影响主体的未来业绩、状况和进展的主要趋势和因素，但征求意见稿突出了未来现金流和价值创造以及所有时间范围。与未来现金流相关的信息包括：可能影响主体未来现金流金额和时间的因素；影响这些现金流金额和时间不确定性的因素。创造价值的能力则是指主体为自身以及为投资者和债权人创造或保持价值的能力。所有时间范围则是指管理层评论提供的信息跨越短期、中期和长期。

2.管理层评论的主要内容

2010年实务公告中要求的管理层评论包括业务性质等五个方面的内容，而在征求意见稿中，管理层评论则包括以下六方面具体内容：

（1）主体的商业模式（Business model），即主体如何创造价值和产生现金流。相较于2010年实务公告，新的征求意见稿引入了主体的商业模式的要素，即主体创造价值和产生现金流量的方式。主体的商业模式是主体寻求创造价值以及产生现金流量的完整过程（包括长期过程）。有关主体商业模式的信息将帮助投资者和债权人理解管理层评论的其他信息或财务报表中的相关信息。主体既可以有多种商业模式，也可以在一种商业模式中有多种经营方式。主体的商业模式可以随着管理层对内外部因素或趋势的应变而产生变化。

（2）管理层维持和发展该商业模式的战略（Management's strategy for sustaining and developing that business model），包括管理层的机遇。2010年实务公告仅笼统地要求管理层披露其目标和策略的方式应能使财务报告使用者了解各项行动的优先次序，并识别主体为交付成果而必须管理的资源。征求意见稿中更细化了管理层战略的维度，明确需要了解的战略信息包括短期、中期和长期为维持和发展商业模式所采取的战略，包括：方向目标、为实现目标的阶段性任务、为完成阶段性任务的计划安排。

（3）商业模式和战略所依赖的资源和关系（The entity's resources and relationships）包括主体财务报表中未确认为资产的资源。2010年实务公告提及管理层评论应当清晰描述管理层认为能够影响主体价值的最重要的资源、风险和关系，以及这些资源、风险和关系的管理方式。新的征求意见稿强调的是商业模式和管理层战略所依赖的资源和关系，包括在主体财务报表中未确认为资产的资源。征求意见稿较2010年实务公告列举了更多性质的资源和关系，主体资源包括：经营场所和其他基础设施、对未开采或未采伐的自然资源的权利、原材料或制造材料或商品、无形资产、人力资源、现金及其他财务资源等（包括但不限于在主体财务报表中确认为资产的资源）。主体关系包括：与直接参与主体创造价值和产生现金流量过程的各方之间的关系，以及与政府、监管机构、非政府组织或地方社区等方面的广泛关系。

（4）可能破坏商业模式、战略、资源或关系的风险（The entity's risks to which the entity is exposed）。2010年实务公告要求管理层披露主要策略、商业、运营和金融风险，这些风险可能给主体的策略及价值增长带来重大影响。其对于系统性风险、战略挑战等可能影响主体长期发展的事项关注不足。新的征求意见稿将风险定义为可能使主体商业模式、战略、资源或关系陷入困境的风险，同时根据管理层在短期、中期和长期为维持和发展商业模式所采取的战略；也进一步细化了披露要求，即投资者和债权人需要了解可能在短期、中期或长期对主体商业模式、战略、资源和关系等情况造成破坏的风险因素。

（5）影响或可能影响商业模式、战略、资源、关系或风险的外部环境因素和趋势（The entity's external environment）。2010年实务公告是在管理层业务描述中对协助财务报告使用者了解主体及其经营所处的外部环境进行了较为笼统的举例，未能提供充分的有关主体发展的有关环境的信息。在新的征求意见稿中对外部环境提出了直接环境和宏观环境这两个概念，同时更详细地列举了直接环境和宏观环境。直接环境，即主体与其客户、供应商或竞争对手所在的行业和市场环境；宏观环境，即法律、监管、经济、政治、技术、社会、文化以及自然环境。

（6）主体的财务业绩和财务状况（The entity's financial performance and financial position），包括这些财务业绩或财务状况如何受到上述五方面因素的影响。2010年实务公告中需要披露的管理层评论要素中包括业绩指标和指征。该业绩指标和指征是对主体而言最为重要的业绩指标和指征，是管理层管理主体所使用的指标和指征。但各个要素披露信息较为分散，难以与主体财务报表等内容相匹配。而新的征求意见稿不仅要求披露主体的财务业绩和财务状况，还要包括这些财务业绩或财务状况如何受到上述五方面因素的影响，即把管理层评论的六个方面结合在一起，同时列举了主体的财务业绩通过在综合收益表中确认的收入和费用，以及现金流量表中确认的现金流量体现；主体的财务状况通过在财务状况表中确认的资产、负债和权益体现。

上述六个内容领域是相互关联的。可以看到，在征求意见稿中，"资源和关系"成为了一个单独的内容领域，因为资源和关系，包括主体财务报表中未确认的资源和关系，在主体创造价值和产生现金流的能力中发挥着越来越大的作用；"外部环境"作为一个单独部分，因为外部环境中的因素和趋势不仅可能影响主体的商业模式，还可能影响管理层维持和发展该模式的战略，以及主体的资源和关系，或主体面临的风险。而"前景预测"不再是单一内容领域的要素，因为在所有内容领域，特别是在解释管理层的战略、主体的外部环境和风险，均涉及前景信息。同样，"指标"也不再构成单独的内容领域。管理层评论六方面具体内容间的关系如图3所示。

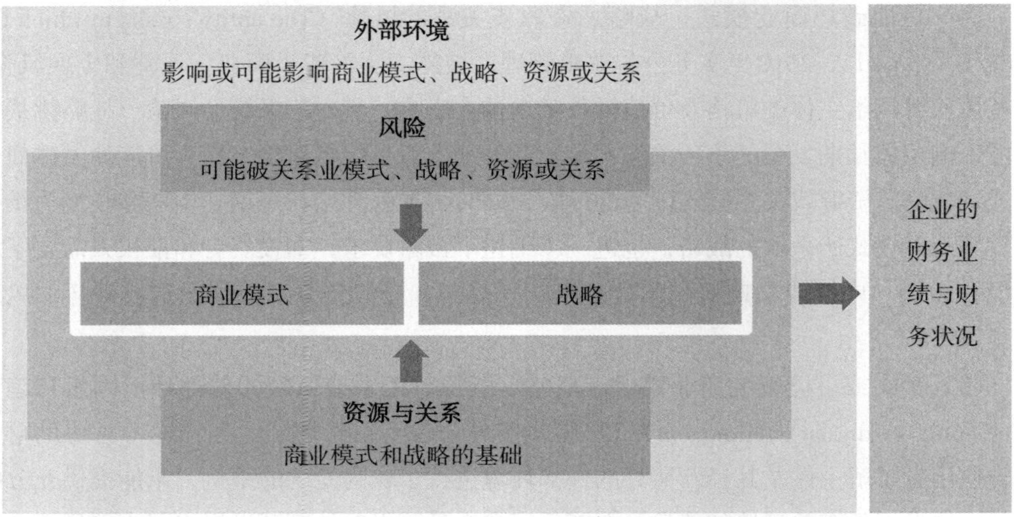

图3 管理层评论六方面具体内容间的关系

3.基于目标的方法

征求意见稿提出编制管理层评论的方法有两种，一种是规定性方法（Prescriptive approach），提供详细的规定性披露要求清单，旨在满足投资者和债权人的大多数共同信息需求。另外一种是种基于目标的方法（objectives-based approach），规定所提供的信息需要达到的披露目标，并就主体可能需要披露什么以达到这些目标提供指导。理事会认为规定性方法不可行，建议采用基于目标的方法。在这种方法下，每个内容领域均需要有明确的披露目标，披露目标有助于管理层确定需要纳入管理层评论以实现其目标的主体特定信息，也有助于外部鉴证机构和监管机构评估所提供的信息是否符合管理层评论的目标。披露目标包括：

（1）总体目标（Headline objective），描述投资者和债权人对每一内容领域的总体信息需求。各内容领域的总体目标见表1。

（2）评估目标（Assessment objectives），描述投资者和债权人对每一内容领域进行评价所需的信息。

（3）具体目标（Specific objectives），描述投资者和债权人对每一内容领域的详细信息需求。

4.重要信息和关键事项

尽管2010年实务公告要求管理层着重关注最重要的信息，但并没有给出重要性的具体指引。根据征求意见稿，管理层在判断信息重要性的过程中，应考虑主体所处的特

表1　**各内容领域的总体目标**

总体目标		
商业模式	战略	资源与关系
管理层评论应提供能让投资者和债权人易于理解的信息		
主体的商业模式如何创造价值和产生现金流	管理层的战略如何维持和发展主体的商业模式	主体的商业模式与管理层针对维持和发展该模式的战略所依赖的资源和关系
风险	外部环境	财务业绩与财务状况
管理层评论应提供能让投资者和债权人易于理解的信息		
来自事件或状况的风险或可中断： a）主体的商业模式； b）管理层针对维持和发展该模式的战略； c）主体的资源或关系	主体所处外部环境如何影响或可能如何影响： a）主体的商业模式； b）管理层针对维持和发展该模式的战略； c）主体的资源或关系； d）主体面临的风险	主体的财务业绩和财务状况在财务报表中体现

定情况，以及投资者和债权人对于该信息的需求。当管理层评论中涉及未来不确定事件时，管理层应考虑该事件对主体产生未来现金流量的金额或时间的潜在影响，以及所有可能发生的结果。此外，管理层还应考虑管理层评论中信息的详略程度。管理层评论中的信息通常是管理层掌握的详细信息的概括，如信息整合过度，则重要的信息可能被遗漏；如信息整合不足，则重要的信息可能被不重要的信息所掩盖。同时，理事会建议管理层评论应关注关键事项（Key matters），如果这些事项对主体创造价值和产生现金流的能力至关重要，则将其确定为关键事项。鉴于重要性是信息的属性，而非事项的属性，理事会要求管理层评论提供重要信息的同时，关注关键事项。

征求意见稿指出，主体应识别对其商业模式、管理层战略、资源和关系、风险、外部环境以及财务业绩和财务状况等方面产生根本性影响的因素，并在识别关键事项的过程中应用判断。此外，以下事项也可能构成主体的关键事项：经董事会或其他内部治理机构讨论的事项；经"资本市场沟通"讨论的事项；由客户、供应商、员工或其他利益相关方提出的事项等。各内容领域的重要信息和关键事项见表2。

表2 **各内容领域的重要信息和关键事项**

重要信息和关键事项		
商业模式	战略	资源与关系
体现主体商业模式的关键特征 a）主体为客户提供的价值，如产品升级、售后服务质量等； b）主体区别于其他竞争对手的优势，如技术； c）为维持主体创造价值和产生现金流的能力，需作出的改变，如为遵循环境法规需要改进工艺流程； d）主体创造价值和产生现金流的能力具有不确定性的因素，如依赖单一供应商或客户	维持或改进主体未来创造价值和产生现金流的能力的根本因素 a）履行主体的法定目标； b）强化商业模式的特点； c）维持或促进主体获取资源或关系，维持或提高主体所获得的资源或关系的质量； d）减少主体面临的风险； e）寻求机会； f）对主体外部环境中的因素或趋势的应对	主体创造价值和产生现金流的能力从根本上依赖的资源或关系 a）使主体具有竞争优势的资源，如专业人员、技术或专有权利； b）主体获得不可替代的资源所依赖的关系，如关联方、独家供应商； c）产生集中性风险的资源或关系，如只能从某一地区供应原材料，资源受限于环境变化
风险	外部环境	财务业绩和财务状况
可能从根本上妨碍主体创造价值和产生现金流的能力的风险 a）从根本上影响商业模式，如导致主体失去竞争优势； b）从根本上影响管理层的战略，如阻碍主体实现经营目标； c）从根本上影响资源或关系，如破坏供应链或损害主体形象； d）威胁到主体的生存，例如导致主体的产品需求出现永久性坍塌	从根本上影响主体创造价值和产生现金流的能力的环境因素 a）商业模式方面，如限制主体在某一市场经营的社会或政治因素； b）战略方面，如产生市场机会的趋势； c）资源或关系方面，可能改变客户的忠诚度的客户偏好变化； d）风险方面，如对公司供应链产生风险的倾向于地区贸易保护主义者的政策	从根本上理解主体创造价值和产生现金流的能力的财务信息 a）收益、费用、损益或现金流的分类，其中特定收益、费用或损益项目，如收入按经营分部或客户类型分类、毛利、投资收益、财务费用、所得税费用、经营活动产生的现金流等； b）资产、负债或净资产的分类，其中特定的资产、负债或净资产项目，如固定资产、营运资本、净负债、环境恢复义务等

5. 信息质量要求

2010年实务公告提出管理层评论中的信息应当具有相关性和真实反映等六项要求。鉴于国际会计准则理事会于2018年发布了新的财务报告概念框架，征求意见稿在概念框架基础上，考虑到管理层评论的编制可能涉及较大群体，未必熟悉会计准则和概念框架，提出了以下七项信息质量要求：①完整性（Completeness），管理层评论应完整描述所强调的事项，提供与该事项相关的投资者和债权人需要的所有重要信息（包括所有必要的说明和解释），而不是管理层可获得的全部信息；②平衡性（Balance），是指信息未被歪曲、侧重、强调或操纵，从而导致投资者和债权人被有利或不利引导；③准确性（Accuracy），管理层评论信息应该准确，准确性的判断取决于信息的性质以及所涉及的事项；④清晰简明（Clarity and conciseness），清晰是指语言通俗易懂，避免使用行话以及不必要的专业术语，简明是指避免“模板化”以及信息重复；⑤可比性（Comparability），可比性要求管理层评论的信息与主体以前期间提供的信息可比，以及与业务相似或同行业内的其他主体提供的信息可比；⑥可验证性（Verifiability），如果信息本身或者获取信息的输入参数是可证实的，则信息是可验证的；⑦连贯性（Coherence），连贯性是指管理层评论中的信息能够与财务报告其他部分中的信息相联系，并能够解释管理层评论中的信息与其他渠道信息明显不一致的原因。征求意见稿没有提及及时性，因为理事会认为管理层评论何时发布取决于各个国家和地区对于信息披露的监管要求，而且即使管理层评论在财务报表之后发布，也仍然具有价值。

四、公司报告的未来展望及我们的应对

数字经济时代下，如何改进信息披露规则，提高相关信息的质量，是公司报告的努力方向，国际会计准则理事会自2017年至今一直致力于研究“促进财务报告更好沟通”这一重要课题，包括对主要财务报表、披露动议、管理层评论、国际财务报告准则分类标准等内容。其中，管理层评论具有广泛的实用性，此次征求意见稿的发布是理事会“促进财务报告更好沟通”主题下的重要里程碑，必将对公司报告的未来产生深远的影响。

1. 高质量的管理层评论标准必将形成

我们看到，国际会计准则理事会在制定征求意见稿时做了大量的研究和分析工作，为此还专门成立了由相关标准制定组织人员组成的管理层评论咨询小组。在制定征求意见稿过程中，理事会与咨询小组以及理事会的其他小组，包括资本市场咨询委员会、全球编制者论坛、会计准则咨询论坛和新兴经济体工作组等都进行了充分的交流和沟通。在理事会网站上，我们看到了截至目前各机构和个人的意见，大都对征求意见稿有积极的评价。例如，由IIRC和SASB 6月份合并成立的价值报告基金会在10月6日对征求意见稿的反馈中说：“我们赞扬国际会计准则理事会决定修订管理层评论实务公告，这是对全球趋势的务实回应，包括影响公司价值的重大问题性质的变化和投资者不断扩大的信息需求。它还对新兴市场主导的发展以及英国采用的新做法（如整合报告和战略报

告）作出了响应……，我们完全赞同这一进程的方向”。

当然我们也注意到，鉴于IFRS基金会将成立与IASB平行的国际可持续发展准则理事会（ISSB），负责制定全球统一的可持续发展报告准则，考虑到财务报告与可持续发展报告的内在联系，有机构建议，在ISSB成立而且在其工作任务明确后再讨论管理层评论实务公告的修订。但ISSB成立在即，相关准备工作已经启动，我们认为ISSB的成立并不妨碍管理层评论实务公告的修订。

在具体内容领域，我们注意到较多的反馈意见提出，管理层评论领域应该增加“治理”和“机遇”两个内容领域。这些意见将有助于对征求意见稿的完善，有助于最终形成高质量的管理层评论标准。

国际会计准则理事会遵循严谨和透明的准则制定程序，在各个国际组织和标准制定机构大力支持下，秉承2018年发布的财务报告概念框架，在研究现有各国管理层评论的要求以及主要公司报告框架基础下，一定能够最终形成高质量的管理层评论标准。

2.高质量的管理层评论报告可期

鉴于本文第三部分所述的征求意见稿的重大改进，依据征求意见稿编制的管理层评论在信息披露质量方面也将有着重大的进步。与特定主体相关的重要信息和关键事项的披露，长期前景、无形资源和关系以及ESG相关信息的披露，将有助于投资者和债权人评估主体商业模式的可扩展性、弹性、适应性和持久性，了解管理层的长期战略；评估主体的商业模式和管理层的战略在多大程度上依赖于无形资源和关系，包括主体财务报表中未确认的无形资源和关系，以及可能影响这些资源和关系的可用性或质量的因素；了解可能从根本上影响主体创造价值和产生现金流能力的环境和社会问题，包括主体活动破坏主体关键关系的环境或社会影响。所有这些，无疑会很大程度满足投资者和债权人日益增加的信息需求。

而投资者和债权人非常关心的管理层评论报告的质量不足，包括一致性、可比性、平衡性、完整性和可验证性问题，征求意见稿中一一给予了详细的指引。并且，征求意见稿针对每个内容领域都制定了非常详细的披露目标和指引。在数字化报告方面，理事会也针对管理层评论制定了相应的数据分类标准，以帮助提高数字化报告的质量。所以，我们认为，高质量的管理层评论报告，未来可期。

3.全球一致的管理层评论报告可期

无论是2010年实务公告还是征求意见稿，均是为管理层评论的列报提供一个指引，都是非强制的。尽管如此，在一个高质量的管理层评论标准的指引下，在大多数国家和地区对管理层评论仅有原则性要求没有具体指引的情况下，这些国家和地区自愿采用管理层评论实务公告势必成为趋势。有了这种趋势，再加上主要国际组织的支持，全球各个国家和地区的相关监管机构很可能将陆续参考新的管理层评论实务公告修改其管理层评论要求，全球一致的管理层评论报告可期。如同今天的国际财务报告准则，数年以后，全球主要国家和地区均将采用国际会计准则理事会发布的管理层评论实务公告编制管理层评论报告。

4.财务报告的内涵日益丰富

管理层评论是财务报告的重要组成部分。按照征求意见稿，管理层评论需要按照财务报告概念框架中提出的信息质量要求，列报商业模式、战略、资源和关系、风险等内容领域的重要信息、关键事项、主要指标。这是前所未有的变化，预示着财务报告的内涵越来越丰富，早已突破传统财务会计的边界，不仅将管理会计的某些内容，也将商业管理、公司战略、风险管理纳入其中，而且用财务报告的编报要求进行呈报。

5.公司报告框架的重新设定

根据当前的各种公司报告框架，无论是按IIRC的框架、SASB准则，还是按欧盟的可持续发展报告指令披露的信息，既有财务信息，又有非财务信息，但相关内容之间的关系并未明确。在IFRS基金会成立ISSB之际，公司报告框架的重新设定也就成为需要。根据IFRS基金会的设想，未来的公司报告将由基于IASB的财务报告和基于ISSB的可持续发展报告所组成。财务报告和可持续发展报告各有侧重，但又相互补充。根据管理层评论实务公告征求意见稿，管理层评论可以纳入可持续发展报告的相关内容，但纳入时须按照实务公告的要求进行列报。这种关系，或是ISSB成立之后需要面对的一个重点问题，也是今后公司报告框架走向的关键。

我们注意到，英国财务报告委员会2020年10月公布了一份《原则问题：公司报告的未来》的讨论文件，提出，未来的公司报告由三部分构成：一是商务报告，二是财务报表，三是公共利益报告。对于公司报告的未来，我们拭目以待。

6.公司报告审计的重新定位

目前全球各国的实务中，大多数国家和地区仅仅强制要求的是财务报表审计。但在本文前述内容中，美国PCAOB制定有MD&A的鉴证准则，德国有管理层评论审计的要求，也制定有相关的审计准则。欧盟在制定可持续发展报告指令征求意见稿时，也渐进式地引入鉴证机制。国际会计准则理事会在管理层评论征求意见稿中指出其重要目标是为审计师对管理评论进行鉴证提供有效的基础。英国财务报告委员会2020年10月公布的《原则问题：公司报告的未来》，也指出要重新确定公司报告的审计范围和保证程度。由此我们可以预期，未来公司报告的不同组成部分，将都会引入审计师，不同部分需要提供的保证程度视相关内容而定。

面对公司报告的以上发展趋势，中国的准则制定机构及监管机构、理论界及实务界应该高度重视，积极推动公司报告信息披露的改进和完善：

（1）积极参与包括管理层评论在内的国际财务报告准则及实务公告，以及即将成立的ISSB可持续发展报告准则的研究制定，贡献中国智慧；

（2）中国会计准则制定机构为保持准则持续动态趋同，需要尽快研究制定中国的管理层讨论与分析的准则或指引，尽快研究制定中国版可持续发展报告准则；

（3）中国审计准则制定机构为适应未来公司报告的发展趋势，针对公司报告的不同内容，适时研究制定相关审计准则、鉴证准则；

（4）学术界需要不断创新，对未来公司报告的重构进行试验性研究，为公司报告的变革提供理论支持；

（5）实务界需要积极拥抱公司报告的变革，在管理层评论和可持续发展报告方面进行积极的准备，包括按管理层评论征求意见稿的信息质量要求，提前梳理公司的商业模式、战略、资源和关系、风险等领域的重要信息、关键事项、主要指标。

（原载于厦门国家会计学院微信公众号“云顶财说”，2021年11月3日）

主要参考文献

1.IFRS.IFRS® Practice Statement Exposure Draft ED/2021/6 Basis for Conclusions ［EB/OL］.（2021-05-27）［2024-12-18］. https：//www.ifrs. org.

2.IFRS. IFRS® Practice Statement Exposure Draft ED/2021/6 ［EB/OL］.（2021-05-27）［2024-12-18］. https：//www.ifrs.org.

3.AASB. Comparison of Narrative Reporting requirements Applicable to For-Profit Entities ［EB/OL］.（2021-05-26）［2024-12-18］. https：//www.aasb.gov.au.

4.SASB. SASB Standards ［EB/OL］.（2021-01-01）［2024-12-18］. https：//www.sasb.org.

5.GRI. GRI Standards ［EB/OL］.［2024-12-18］. https：//www.globalreporting.com.

6.IIRC. International <IR> Framework ［EB/OL］.（2021-01-19）［2024-12-18］. https：//www.iirc.org.

7.ACCA. Mapping the sustainability reporting landscape：Lost in the right direction ［EB/

OL］.（2021-01-01）［2024-12-18］. https：//www.accaglobal.com.

8.PCAOB. AT Section 701 - Management's Discussion and Analysis ［EB/OL］.（2021-02-17）［2024-12-18］. https：//www.pcaobus.org.

9. 中国证监会. 公开发行证券的公司信息披露内容与格式准则第2号——年度报告的内容与格式（2021年修订）［EB/OL］.（2021-06-28）［2024-12-18］. http：//www.csrc.gov.cn/csrc.

10. UK FRC. A Matter of Principles—The Future of Corporate Reporting ［EB/OL］.（2020-12-11）［2024-12-18］. https：//www.frc.org.uk.

11. EC. Proposal for a Directive of the European Parliament and of the Council: Amending Directive 2013/34/EU, Directive 2004/109/EC, Directive 2006/43/EC and Regulation（EU）No537/2014, as regards corporate sustainability reporting ［EB/OL］.（2021-02-23）［2024-12-18］. https：//ec.europa.eu.

12. 黄世忠. ESG理念与公司报告重构［J］. 财会月刊，2021（17）：3-10.

财务报表审计中对气候变化风险的考虑

王鹏程

【摘要】气候变化对全人类的可持续发展构成了严重威胁，也给很多企业的发展带来了重大风险。财务报表审计中，注册会计师需要关注气候变化风险的财务影响，确定与气候变化风险相关的重要会计审计事项，采取针对性的应对策略，确保气候变化风险背景下财务报表审计的质量。为此，准则制定机构需要尽快制定相关准则和指南，注册会计师行业需要加快气候变化相关人才的培养工作。

【关键词】气候变化风险；财务影响；财务报表审计

气候变化是可持续发展最重要和最迫切的议题。2015年，195个国家在巴黎气候大会上达成《巴黎协定》，力争将全球平均气温较前工业化时期上升幅度控制在2摄氏度以内，并为将上升幅度控制在1.5摄氏度以内而努力。至2021年11月格拉斯哥气候大会（COP26），全球已经有137个国家作出了净零排放承诺。气候变化对全人类的可持续发展构成了严重的威胁，也给很多企业的发展带来了重大风险。应对气候变化，企业需要加强对气候变化相关信息的披露，以便利益相关方评估气候变化对企业经营活动的影响，促进企业的低碳转型和绿色发展。气候变化相关信息的披露与注册会计师审计工作息息相关，注册会计师行业不仅要研究传统财务报表审计如何应对气候变化风险，还需要思考如何迎接强制审计气候相关信息的呼声与趋势。

一、气候变化风险的财务影响

气候变化风险可划分为转型风险和物理风险两大类。转型风险是指向低碳经济转型所带来的相关风险，包括：政策和法律风险，即各种围绕气候变化展开的政策措施以及各种涉及气候的诉讼索赔所带来的风险；技术风险，即支持向低碳、节能经济体系转型的技术改进或创新可能对企业产生的重大影响；市场风险，即某些商品、产品和服务的供需结构可能随着气候变化而发生转变所带来的风险；信誉风险，即消费者偏好改变，行业污名化，攸关者忧虑增加或负面反应。物理风险是指事件驱动型（急性）或长期型（慢性）气候模式转变所带来的风险，包括：急性风险，即事件驱动型风险，包括台风、飓风或洪水等极端天气事件的严重性加剧所带来的风险；慢性风险，指可能引起海平面上升或长期酷热等较为长期的气候模式转变所带来的风险，如持续性高温。无论是转型风险还是物理风险，均可能对企业的财务状况、经营成果和现金流量产生重大影响。气候相关财务信息披露工作组（Task Force on Climate-related Financial Disclosures，TCFD）于2017年发布的最终建议报告（Recommendations of the Task Force on Climate-related Financial Disclosures）描述了气候相关风险对企业潜在的财务影响，气候变化可能会导致企业收入减少、成本费用增加，造成企业资产和负债的价值发生变化、长期资产的使用寿命缩短以及出现减值或形成滞留资产（Legacy Assets），还可能导致企业形成额外的预计负债。气候变化相关风险及其对企业潜在的财务影响归纳见表1。

表1　**气候变化相关风险及其潜在财务影响**

类型	气候变化相关风险	潜在财务影响
转型风险	政策与法律风险：增加温室气体排放成本；增大排放报告责任；对现有产品和服务的禁令和监管；诉讼风险暴露	增加经营成本（如合规成本、保险费用）；因政策变化导致资产注销、减值或资产提前退役；因罚款和判决增加产品和服务成本或减少产品和服务需求
	技术风险：以较低排放方案替换现有产品和服务；对新技术投资失败；采用更低排放技术的转型成本	造成现有资产的注销和提前退役；产品和服务需求减少；增加对新技术和替代技术的研发支出；增加采用和实施新做法及新流程的成本
	市场风险：消费者行为改变；市场信号存在不确定性；原材料成本增加	消费者偏好改变降低对产品和服务的需求；因投入价格上涨和产出要求变化导致生产成本增加；能源成本发生突然和未预期变化；收入减少导致收入结构和收入来源发生变化；资产的重新定价（如化石燃料储量、土地和证券的重估值）
	信誉风险：消费者偏好改变；行业污名化；攸关者忧虑增加或负面反应	产品和服务需求降低导致收入减少；推迟审批和供应链中断导致生产能力下降造成收入减少；难以吸引和留住员工与管理人员等负面影响导致收入减少；资本可获取性降低
物理风险	急性风险：极端气候（如台风和水灾）严重性增大	运输困难和供应中断造成生产能力下降进而导致收入减少；对员工产生负面影响导致收入减少、成本增加；现有资产注销和提前退役
	慢性风险：降雨模式改变和极端气候变化；平均气温上升；海平面上升	增加用水相关生产成本；增加融资成本；销售下降导致收入减少；气候高风险地区导致资产保险费用增加

气候变化风险不仅会影响单个企业的财务状况、经营成果和现金流量，而且具有极强的传导性，对企业的上游和下游以及资金提供方都可能产生重大财务影响。单个企业面临的物理风险，无论是急性风险还是慢性风险，均有可能导致银行贷款的违约概率和违约损失率上升，对作为资金提供方的银行造成负面财务影响。对1997—2010年160个国家的气象和地球物理灾害进行分析的结果显示，自然灾害会增大银行信用风险。例如，2005年“卡特里娜”飓风席卷美国海湾地区，导致当地银行出现大量未预计损失，严重削弱了银行资产质量。实体企业面临的转型风险一方面会引发高碳企业价值的重估，放大银行等金融机构的市场风险，导致因持有相关金融资产而出现重大投资损失或公允价值变动损失；另一方面，会引发高碳企业的可持续经营能力问题，其偿债能力的受损将推高银行贷款的违约概率和违约损失率，银行需要计提更多的贷款和垫款的预期信用损失以覆盖信用风险的上升。清华大学绿色金融发展研究中心主任马骏的研究结果显示，在向碳中和转型的过程中，我国煤电企业的贷款违约概率可能会从2020年的3%上升到2030年的22%。

气候变化还会影响宏观经济变量，如总供求、总产出、物价水平、就业率、利率、汇率、房地产价格指数以及货币供应量等均可能受到气候变化的影响。这些宏观经济变量是企业计提预期信用损失所建立模型的重要参数，其变动可能对企业计提的预期信用损失产生显著影响。

鉴于气候变化风险的财务影响，国际会计准则理事会（IASB）于2020年发布《气候相关事项对财务报表的影响》（Effects of Climate-related Matters on Financial Statement），指出企业在应用相关会计准则时需要考虑气候相关事项的影响。最近，IASB在2022—2026年议程咨询（Agenda Consultation）中，决定将气候相关风险（或更广泛的ESG风险）议题纳入工作计划。

为应对气候变化对财务报表审计的影响，审计准则制定机构发布了相关指引，提示气候变化风险。例如，2019年4月，澳大利亚会计准则委员会和审计与鉴证准则委员会联合发布《气候相关和其他新出现的风险披露》；2020年10月，国际审计与鉴证准则委员会（IAASB）发布《〈财务报表审计中对气候相关风险的考虑〉的审计实务提示》（Staff Audit Practice Alert——The Consideration of Climate-related Risk in an Audit Financial Statement），以帮助注册会计师在财务报表审计中考虑气候相关风险。

二、与气候变化风险相关的重要会计审计事项

气候变化风险对不同行业企业产生的影响存在差异，影响重大的行业主要包括银行、保险、煤炭、电力、石油天然气、交通运输、建筑、建材、农业和林业等。注册会

计师在对财务报表进行审计时，需要基于被审计单位所处行业性质，关注其与气候变化风险相关的重要会计审计事项。与气候变化风险相关的重要会计审计事项主要包括以下方面：

1. 固定资产折旧

根据固定资产会计准则的规定，固定资产应在其可使用经济寿命内计提折旧，折旧方式应反映该固定资产未来经济利益预期被企业消耗的模式，企业需要根据实际情况估计资产的使用寿命和残值，并至少在每个年度末进行复核。气候变化、为解决气候变化而颁布的立法、日益增长的社会压力以及企业制定的减排目标，都可能导致企业提前淘汰某些固定资产，固定资产折旧年限因此而缩短。而提前淘汰的固定资产，因市场缺乏购买者而无法收回相应价值。对于重资产企业而言，折旧年限的缩短和残值的减少，必然对企业固定资产当期折旧费用产生重大影响。近年来，各国陆续出台燃煤电厂和燃油汽车退出时间表，如英国决定于2025年关闭所有煤电设施，芬兰自2030年全面禁煤，荷兰将从2030年起禁止使用煤炭发电，德国最迟于2038年前关闭所有燃煤电厂；荷兰、挪威将于2025年禁售传统燃油车，德国、印度将于2030年禁售传统燃油车，法国、英国将于2040年禁售传统燃油车。在“双碳”目标下，我国燃煤电厂和燃油汽车的逐步退出亦是大势所趋。北京地区已于2017年全面淘汰燃煤电厂，海南也将于2030年全面禁售传统燃油车。随着燃煤电厂和燃油汽车的逐步退出，相关固定资产必然会被逐步淘汰，需要密切关注这些固定资产折旧年限的缩短和残值的降低。

2. 长期资产减值

根据资产减值会计准则的要求，企业需要在每个报告期末（年末或中期报告日期）评估是否存在资产减值的迹象，如果存在减值迹象，则需要进行减值评估。减值迹象通常包括技术、市场、经济或法律环境对企业有不利影响的重大变化，资产报废的证据，以及可观察到的资产价值减少的迹象。在各国陆续作出净零排放承诺后，一些大型企业亦纷纷制定减排目标，这意味着企业经营所处的市场、经济或法律环境发生了重大不利变化，企业的各种长期资产可能出现以下减值迹象：（1）由于客户偏好的变化，资产或现金产出单元的经济表现可能不如预期；（2）由于供应商转嫁成本或停止生产某些资产的零部件，以及由于极端天气事件的物理影响而使维护成本增加，可能会对资产或现金产出单元的预期经济表现产生负面影响；（3）市场利率或其他市场回报率上升，这可能会影响计算资产或现金产出单元使用价值的折现率；（4）当投资者退出高排放行业时，股价可能会受到负面影响，这可能导致被投资企业市值跌至其净资产的账面价值以下；（5）保险费用增加，保险公司将通过提高产品定价以应对环境变化的风险。而企业承诺减少其碳足迹或更普遍地减少其对环境的影响，可能意味着：一是资产报废的证据，例如放弃与自身脱碳战略不相容的资产；二是资产使用或预期使用的程度或方式在本期或之后不久发生重大变化，将对企业产生不利影响；三是企业被要求抵消其二氧化碳排放或企业为减少能源和（或）水资源消耗而进行的投资可能对资产或现金产出单元的运营成本产生负面影响。

研究相关企业发布的2021年度财务报告发现，一些能源企业，如英国石油（BP）、法国电力（EDF）、必和必拓（BHP），对长期能源价格进行了“最佳估计”，并据此对长期资产的减值进行了测试。例如，BP在预测2022年、2025年、2030年、2040年、2050年石油和天然气价格的基础上，对油气资产及商誉等进行了减值测试，并基于不同气候情景进行了敏感性分析。资产减值会计准则规定，现金流量预测所涵盖的期间最多不超过5年，但如果有正当理由，允许涉及更长的期间。如果企业能够合理预测中长期石油价格、天然气价格、电力价格、碳价格、煤炭价格等，并能对不同气候情景下相关参数进行分析，便可以基于气候变化的长期影响对相关长期资产进行减值测试和敏感性分析。

3. 预计负债计提

或有事项会计准则要求在企业因过去事件而承担现时义务（法律义务或推定义务）时对准备进行确认，该义务的履行很可能导致含有经济利益的资源流出企业，并且企业需要对该义务作出可靠的估计。当企业采取行动以应对气候变化的影响时，这些行动很可能会导致新负债的确认，或者在不符合确认标准的情况下需要披露新的或有负债，典型的预计负债项目如弃置费用负债。由于煤炭或石油和天然气工厂等资产被认为具有无限的使用寿命，以前尚未对其弃置成本确认准备，在气候变化风险以及与此相关的法规出现后，需要重新考虑这一做法，并确认新的弃置准备或披露新的或有负债。荷兰皇家壳牌公司在2020年度财务报告中披露，“2020年，集团考虑了宏观经济基本面的变化，以及对制造业务条线的改组计划，同时，集团重新考虑了继续不确认制造设施的弃置和修复准备是否仍然合适。得出的结论是，制造设施具有不确定的使用寿命的假设不再合适，并且对是否需要确认弃置和修复准备还是披露或有负债进行了复核。2020年，已为某些寿命较短的制造设施确认了准备”。另外，与气候变化相关的新立法也可能意味着现有法律诉讼很可能（而不再是“可能”）导致现金流出，因此需要确认预计负债，而不是披露或有负债。

4. 公允价值计量

气候变化风险会对相关资产和负债的公允价值产生重大影响。根据英国环境气候风险分析机构Vivid Economics的测算，煤电企业的估值在碳中和的过程中要下降80%，石油相关企业的估值可能下降40%。企业在确定相关资产负债的公允价值时，需要确保公允价值计量适当考虑相应的气候相关风险因素。气候变化可以对企业现在或未来的资产和负债产生切实的影响（如水位上升、天气模式变化、污染水平增加）。政府或企业对气候变化的应对可能是已知的（例如，立法或法规的变更，对商定的目标作出承诺，或增加开支来减轻污染的影响）或只是预期的（例如，商业模式的潜在变化，消费者、竞争对手、供应商、贷款人和投资者的行为改变）。所有这些都可能影响资产或负债的公允价值，无论风险或机会是实际存在的还是预期会发生的。

5. 预期信用损失

如前所述，气候变化会给银行等金融机构带来信用风险。一方面，政策驱动低碳经济的转型发展以及技术进步使得清洁能源的使用成本逐渐降低，将会限制未来对于化石能源的使用，导致高碳能源行业营收能力下降、碳排放成本增加；另一方面，气候相关风险可能间接或直接导致抵押品资产贬值。因此，气候变化风险会推高银行等金融机构信贷资产的违约概率和违约损失率，金融机构在计量预期信用损失（包括敞口划分、阶段划分、模型搭建、前瞻性调整、管理层叠加）时，需要考虑信贷组合中的气候变化风险。

6. 持续经营能力

气候变化风险可能会导致企业出现持续经营能力问题。2019年1月，美国加州最大电气能源公司太平洋煤气电力公司（PG&E）因加州山火面临巨额赔偿而申请破产。PG&E一直强调，气候变化才是罪魁祸首，虽然自身应当为意外事故所导致的山火承担责任，但不应当是全部责任，因为气候变化因素加重了火灾的破坏性。尽管许多情况下，气候变化风险不会在短期内对持续经营造成重大不确定性影响，但该风险是评估企业持续经营能力时不可忽略的重要因素。如果分析发现企业的长期持续经营能力存在重大不确定性，则应考虑针对这些不确定性进行披露。

三、与气候变化风险相关的审计应对策略

在财务报表审计中，注册会计师的职责是对被审计单位的财务报表整体是否公允地反映了其财务状况、经营成果与现金流量发表意见。与气候变化相关的重要会计审计事项可能对被审计单位的财务报表产生重大影响，注册会计师应该制定适当的审计策略，执行适当的审计程序，以确保该等事项已经得到恰当处理。

1. 了解被审计单位监控和管理气候相关风险与机遇的治理过程、控制和程序

按照国际可持续发展准则理事会（ISSB）于2022年3月底发布的《国际财务报告可持续披露准则第2号——气候相关披露（征求意见稿）》，与气候变化相关的公司治理包括：（1）负责监督气候相关风险和机遇的机构及个人；（2）该机构在气候相关风险与机遇方面的责任如何在职权范围、董事会职责权限和其他相关政策中予以反映；（3）该机构如何确保获取恰当的技术和能力去监督为应对气候相关风险与机遇而制定的战略；（4）该机构及其委员会如何被告知气候相关风险与机遇；（5）治理机构及其委员会在监督企业的战略、重大交易决策、风险管理政策时如何考虑气候相关风险与机遇，包括任何必要的对取舍关系的评估和对不确定性因素的敏感性分析；（6）该机构如何监督管理层应对气候相关风险与机遇的指标制定和目标实现进度，包括这方面的业绩指标是否以及如何与薪酬政策联系在一起；（7）管理层在评估和管理气候相关风险与机遇时扮演何种角色，这种角色是否授权给特定管理岗位或委员会，如何对该管理岗位或委员会进行监督，是否建立相应的气候相关风险与机遇的控制程序和管理程序，是否将控制程序和管理程序纳入其他相关的内部职能。

2. 了解被审计单位的商业模式以及为应对气候相关风险与机遇所采用的战略

通过对被审计单位商业模式的了解，注册会计师可以判断对被审计单位识别的重大气候相关风险与机遇及其对商业模式和价值链影响的分析是否合理。被审计单位所处行业、竞争环境、供应商、技术发展水平及适用的相关法律法规不同，其重大气候相关风险与机遇的表现形式也会有所差异。被审计单位应对重大气候相关风险与机遇所采取的战略（包括转型计划）对报告期财务状况、财务业绩和现金流量的影响，以及短期、中期和长期的预期影响至关重要，所以，注册会计师还需要获取并了解被审计单位应对气候相关风险与机遇所采用的战略、对气候变化财务影响所做的量化分析，以及针对气候变化所开展的情景分析和压力测试。

3. 对相关会计估计执行充分适当的审计程序

与气候变化风险相关的重要会计审计事项，无论是预计负债、长期资产减值的计提，还是预期信用损失、公允价值的计量，均涉及大量复杂的会计估计，在审计该等重大事项时，注册会计师需要保持职业怀疑态度，执行充分适当的审计程序。第一，需要对被审计单位所运用的模型和方法进行评估，包括模型和方法的相关性和合理性以及一贯运用。第二，需要对重大假设与重要参数的输入值的准确性、完整性和有效性进行评估。第三，需要对估计的结果（无论是单一估计结果还是区间范围估计结果）取得充分

适当的审计证据。鉴于相关估计涵盖的时间范围长、运用的模型非常复杂，注册会计师在执行相关审计程序时，需要咨询相关专家，包括模型专家、气候专家及宏观经济专家。

4.对相关披露进行审核

《国际会计准则第1号——财务报表的列报》（IAS 1）要求企业披露对未来作出假设的信息以及对确认金额有最重大影响的判断。许多判断会受到气候相关事项的影响，因此企业需要考虑将这类判断予以披露。例如，气候相关的不确定性增加了评估火力发电厂剩余使用寿命的复杂性。在这种情况下，必须将气候风险的影响纳入IAS 1要求的判断披露中。当气候变化对企业的持续经营能力带来不确定性影响时，企业亦应当披露这种不确定性。注册会计师在判断相关披露的充分合理性时，不仅要考虑其金额大小，还需要考虑其性质。在很多投资者看来，气候变化财务影响的评估过程非常重要，所以有时候结果可能并不重大，但定性披露判断过程仍然很重要。

5.与治理层进行充分沟通

按审计准则的规定，注册会计师需要就重要的会计政策、会计估计和财务报表披露与治理层进行充分沟通。对于特定行业的企业，气候变化的影响重大，并涉及大量复杂会计估计，此时注册会计师与治理层的沟通尤为重要，特别是对于企业针对相关会计估计所建立的模型与系统、所使用的假设和方法以及重要的输入参数值的沟通。不仅如此，注册会计师通常还需要向治理层报告如何挑战管理层的估计、如何解决与管理层在相关会计估计上的分歧等。

6.在审计报告中描述是否作为关键审计事项的评估

关键审计事项是指注册会计师根据职业判断认为对本期财务报表审计最为重要的事项。确定关键审计事项通常需要考虑以下内容：一是重大错报风险较高的领域或识别出的特别风险；二是与财务报表中涉及重大管理层判断（包括被认为具有高度估计不确定性的会计估计）的领域相关的重大审计判断；三是本期重大交易或事项对审计的影响。气候相关会计审计事项是否作为关键审计事项，需要基于企业实际情况而定。在目前的审计实务中，将气候相关会计审计事项列为关键审计事项的情形尚不多见，其仅出现在个别受气候变化影响大的企业的审计报告中。例如，BP的审计师在对BP 2021年度财务报表出具的审计报告中描述了六项关键审计事项及相关的审计应对策略，其中三项与气候变化风险有关①，分别是：

（1）气候变化和能源转型的潜在影响（影响固定资产、商誉、无形资产和预计负债）。这是关键审计事项的第一项。针对该事项，审计师与管理层以及气候变化专家进行了充分讨论，以确定气候变化对财务报表产生潜在影响的领域，同时在会计师事务所成立气候变化指导委员会，以独立挑战审计团队在该领域的关键决策和结论。具体应对程序包括：测试关键内部控制，包括评估气候变化相关风险的控制；对勘探和评估（E&A）资产减值标准、关键判断提出挑战与评估；根据净零碳承诺的战略目标评估资本分配决策；通过内外部市场研究及敏感性分析对炼化资产的减值提出挑战；挑战管理层出售特定资产的战略意图；挑战管理层无须因气候变化而调整炼化资产的经济寿命；评估未来油气价格假设；执行专门审计程序以应对负债可能被低估或者或有负债披露可能被遗漏或不准确的风险等。

（2）油气资产减值。该项资产的减值涉及三个关键的管理层估计，即石油和天然气价格、折现率、储量和资源量评估。对于石油和天然气价格，审计师参考第三方预测以及其他市场数据，确定了一个合理的预测范围，并与管理层的价格假设进行比较。在检验管理层的价格假设时，审计师考虑了管理层假设以及从第三方获得的每个预测价格在多大程度上反映气候变化和能源转型导致的石油和天然气需求的下降。

（3）弃置拨备。弃置拨备的估算是一个具有高度判断性的领域，涉及与弃置成本弃置时间以及通货膨胀率和折现率相关的一些关键会计估计。针对弃置拨备，审计师了解了弃置义务评估和计提流程，并评估了相关控制的有效性，具体的应对策略包括：评估了需弃置资产的完整性和准确性，包括了解管理层评估是否存在法定或推定义务的流程；评估了弃置成本相关关键假设的变化，包括钻机费率、船舶费率、堵塞弃井时间和非生产时间假设；考虑了对石油和天然气产品及相关活动的需求将下降的预期；评估了弃置时点假设的变化，并确保用于弃置估计的停产日期与其他领域采用的停产假设一致，包括固定资产减值测试和油气储量估计等领域；测试了弃置拨备计算模型，评估了在计算最终拨备金额时所采用的弃置成本、弃置时点、通胀率和折现率假设的应用情况等。

在其他企业2021年度财务报告的审计报告中，也有审计师将与气候变化风险有关的会计审计事项列入关键审计事项。比如，嘉能可（Glencore）2021年度财务报告的审计报告中描述的第三项关键审计事项便是气候变化对非流动资产的潜在影响。

四、提升财务报表审计中应对气候变化风险能力的建议

面对全球性的共同挑战，我国于2020年9月22日在第七十五届联合国大会上宣布：“中国将提高国家自主贡献力度，采取更加有力的政策和措施，二氧化碳排放力争于2030年前达到峰值，努力争取2060年前实现碳中和。” 2021年9月，中共中央、国务院

印发《关于完整准确全面贯彻新发展理念做好碳达峰碳中和工作的意见》，明确提出：到2025年，单位国内生产总值二氧化碳排放比2020年下降18%，非化石能源消费比重达到20%左右；到2030年，单位国内生产总值二氧化碳排放比2005年下降65%以上，非化石能源消费比重达到25%左右，二氧化碳排放量达到峰值并实现稳中有降；到2060年，绿色低碳循环发展的经济体系和清洁低碳安全高效的能源体系全面建立，非化石能源消费比重达到80%以上，碳中和目标顺利实现。2021年10月，国务院印发《2030年前碳达峰行动方案》，提出能源绿色低碳转型行动、节能降碳增效行动、工业领域碳达峰行动、城乡建设碳达峰行动、交通运输绿色低碳行动、循环经济助力降碳行动、绿色低碳科技创新行动、碳汇能力巩固提升行动、绿色低碳全民行动、各地区梯次有序碳达峰行动等"碳达峰十大行动"。目前，我国已完成"双碳"政策的顶层设计，正在持续完善"1+N"政策体系，涉及多个行业和领域的N个配套政策文件正在加快出台。随着"双碳"政策的深入推进，重点行业的企业也纷纷制定"双碳"目标以及时间表、路线图。实施"双碳"目标的各种战略举措，将对各行业企业特别是高碳企业的财务状况、经营成果和现金流量产生重大影响。在气候变化和"双碳"政策背景下，面对经济社会的低碳转型，注册会计师行业需要尽快提升应对气候变化风险的能力，确保在这一新发展背景下财务报表审计的质量。

1.研究制定气候变化风险相关会计确认、计量和披露指引

本文建议，会计准则制定机构借鉴IASB发布的《气候相关事项对财务报表的影响》，基于我国政府及企业应对气候变化风险的相关举措，就气候变化风险下企业如何运用会计准则，以及固定资产折旧、长期资产减值、预计负债、预期信用损失、公允价值等重要领域的会计确认、计量和披露提供详细的指南。

2.研究制定财务报表审计应对气候变化风险的指南

本文建议，审计准则制定机构借鉴IAASB发布的《〈财务报表审计中对气候相关风险的考虑〉的审计实务提示》，为注册会计师如何识别与评估相关风险、如何应对相关风险，以及如何审计会计估计及相关披露、如何利用专家的工作、如何与治理层进行沟通、如何形成对财务报表的意见和报告、如何确定和沟通关键审计事项等提供详细的指南。

3.研究制定碳排放权交易会计准则

2019年12月，财政部发布了《关于印发〈碳排放权交易有关会计处理暂行规定〉的通知》（以下简称《暂行规定》），明确了对碳排放权交易业务的有关会计处理。《暂行规定》虽简单易行，但其既不确认企业免费获得的配额，也不确认排放义务，因而未能解决碳排放权资产和碳排放义务确认与计量的核心问题。鉴于此，本文建议会计准则制定机构尽快制定碳排放权交易会计准则，为参与碳排放权交易市场的企业提供科学的核算规范。

4.加快气候变化相关人才的培养工作

在财务报表审计中，应对气候变化风险需要具备气候风险识别、气候情景分析、压力测试、模型搭建与估值、碳定价等领域的专门知识。因此，各行业协会及大型会计师事务所应加快气候变化相关人才的培养工作。

（*原载于《财会月刊》2022年第13期*）

主要参考文献

1. 叶丰滢，蔡华玲. 气候相关风险的会计影响分析［J］. 财会月刊，2021（23）：38-42.

2. 王信. 将气候变化相关风险纳入央行政策框架的争论和国际实践［N］. 21世纪经济报道，2020-10-07.

3. 马骏. 马骏谈金融支持碳中和：开发与“碳足迹”挂钩的金融产品，转型金融产品也非常重要［EB/OL］.［2021-05-09］. https：//mp.weixin.qq.com/s/2RhZmsmEwcfPaejx_X1HtA.

可持续发展信息披露中的审计委员会职责与政策建议

王鹏程

【摘要】在实现人类社会可持续发展背景下，公司可持续发展信息的披露愈发重要，但现有公司治理模式无法确保可持续发展信息披露质量。在国际可持续发展准则理事会启动全球一致可持续发展披露准则的制定后，全球一致的可持续发展披露准则有望形成，强制披露和强制鉴证的机制有望建立。为保障可持续发展信息披露质量，需要重新思考公司可持续发展治理安排，强化审计委员会对监督可持续发展信息披露的职责。为保障审计委员会履行职责，需要修改相关法律法规，制定出台审计委员会履行可持续发展信息监督职责指南，重视审计委员会能力建设。

【关键词】可持续发展；信息披露质量；审计委员会；履职保障

自2015年9月联合国193个会员国一致通过《2030年可持续发展议程》、2015年12月第21届联合国气候大会通过《巴黎协定》以来，人类社会的可持续发展得到前所未有的重视。在可持续发展目标的引领下，在联合国组织及相关国际组织、各国政府及监管机构、资本市场及利益相关方的推动下，可持续发展公司治理不断完善，可持续发展信息披露日趋成熟。在欧盟委员会发布《公司可持续发展报告指令》（CSRD）提案、国际可持续发展准则理事会（ISSB）启动全球一致可持续发展披露准则（ISDS）的制定、美国证监会（SEC）发布《上市公司气候数据信息披露规则草案》后，审计委员会在可持续发展公司治理中的角色需要重新定位，发挥可持续发展信息披露的监督作用逐渐成为审计委员会的当然职责，需要采取措施保障审计委员会切实履行这一重要职责。

一、现有公司治理模式可能无法确保可持续发展信息披露质量

笔者翻阅了境内外诸多公司近期披露的年度报告，可持续发展报告或环境、社会和

治理（ESG）报告或社会责任报告，也查阅了相关文献，注意到各公司往往基于其规模、所在行业、企业文化、管理风格、现有董事会结构、现有董事知识结构、特定可持续发展议题的重要性等在董事会及其专门委员会间分配可持续发展议题的相关职责，从而形成了四种不同的可持续发展公司治理模式，即整体模式、分散模式、专设模式和授权模式。

1.整体模式

在这一模式下，与可持续发展相关所有议题的监督，包括可持续发展目标、战略、风险管理、内部控制、重大决策、绩效与薪酬、报告等，均保留在董事会层面，由所有董事会成员参与，不分解至各专门委员会。根据公司董事会成员（Corporate Board Member）和安永董事事务中心（EY Center for Board Matters）于2021年2月和3月对近400家上市公司的董事进行的调查，有47%的公司董事会全体成员监督与气候相关的风险和机遇。这种模式虽有助于提升董事会对于可持续发展相关议题的决策效率，但可能因董事会议题繁多而没有足够的时间深入研究公司可持续发展的相关事宜，不利于公司的可持续发展。于可持续发展信息披露而言，由于并非所有董事会成员都熟知可持续发展披露准则以及可持续发展信息的生成流程和内部控制，也可能由于独立董事在董事会的席位有限，这种模式难以确保所披露的可持续发展信息的完整、中立、审慎、准确。因此，整体模式可能更适用于规模较小的公司或者董事会成员较少的公司。

2.分散模式

在这一模式下，董事会对可持续发展相关议题进行分解，纳入各专门委员会，包括审计委员会、薪酬委员会、提名和治理委员会等各自的职责范围，以监督最符合各专门委员会现有职责和专业能力的可持续发展事项，没有全体董事会成员具体参与，只有专门委员会定期向董事会全体成员报告。提名和治理委员会负责监督董事会的能力建设和董事会的多元化，可持续发展战略、可持续发展议题相关职责的分配，与股东和利益相关方的沟通，公共政策和社区关系；薪酬委员会负责监督高管薪酬与可持续发展指标的挂钩以及人力资源相关事宜；审计委员会负责监督可持续发展信息的内部控制和信息披露，可持续发展风险管理、网络安全、合规与反腐败、举报机制及相关诉讼风险等。具体到每家公司如何配置各专门委员会的职责，则因每家公司的具体情况而异。根据公司治理学会（Society for Corporate Governance）和德勤董事会有效性中心（Deloitte Center for Board Effectiveness）于2019年3月发布的调研报告，52%的公司由提名和治理委员会负责监督社会责任、可持续发展与社会影响，61%的公司由审计委员会负责监督数据安全，82%的公司由薪酬委员会负责监督人力资本事宜，61%的公司由审计委员会负责监督法律及合规事宜，45%的公司由审计委员会负责监督科技战略。

分散模式直接将公司可持续发展相关事项分解到现有董事会下属专门委员会，无须改变组织架构，但由于职责分散，容易导致某些可持续发展事项没有专门委员会负责，从而影响公司可持续发展目标的实现。于可持续发展信息披露而言，如果公司董事会将监督可持续发展信息的内部控制和信息披露的职责分配给审计委员会，且审计委员会成员熟知可持续发展披露准则，具有相关胜任能力，则有助于提升可持续发展信息披露质量。

3. 专设模式

在这一模式下，董事会专门设置单独的可持续发展委员会或ESG委员会监督可持续发展相关议题，其成员来自董事会其他专门委员会。例如，英国的汇丰银行（HSBC）、英国石油公司（BP）、沃达丰电信（Vodafone）均在董事会层面成立了专门委员会专司可持续发展相关职责。根据笔者的统计，截至2022年5月20日，在我国香港联交所上市的公司共计2 581家，其中已成立ESG委员会或可持续发展委员会的公司有126家，占比约5%。这些公司的ESG委员会或可持续发展委员会的职责通常包括：定期听取管理层的汇报，对可持续发展相关风险和机遇进行判断和评估，定期向全体董事会成员报告和建议可持续发展相关事项，对公司可持续发展相关战略规划和落地情况进行监督，对可持续发展信息披露进行审查，并给出反馈意见等。专设模式有助于系统、深入地讨论可持续发展相关议题，有助于促进董事会各专门委员会之间的交流，还可以简化向董事会全体成员报告可持续发展事项。于可持续发展信息披露而言，若专设的可持续发展委员会或ESG委员会成员大多不熟知可持续发展披露准则以及可持续发展信息的生成流程和内部控制，这种模式可能也难以确保所披露的可持续发展信息的质量。

4. 授权模式

在这一模式下，董事会将可持续发展相关议题授权予董事会某一专门委员会。安永对截至2021年6月22日的79家《财富》100强公司的公司治理审查结果显示，在披露董事会专门委员会对可持续发展议题进行监督的公司中，85%的公司将这一职责授权给了提名和治理委员会。但也有公司的董事会将可持续发展相关议题授权予董事会其他专门委员会，如元宇宙（Meta）便将这一职责授权给了审计委员会[①]。据笔者的统计，截

① 根据Meta公司网站，该公司于2021年2月更新后的审计委员会职责包括监督法律及合规、环境可持续性、社会责任及网络安全等。

至2022年5月20日，在我国香港联交所上市的公司中有36家公司的董事会将可持续发展相关议题授权予审计委员会，其中包括中国铁建。该公司在2022年4月30日公布的董事会关于公司章程修订的议案中明确，审计委员会负责“代表董事会识别公司的重大环境、社会及管治风险及机遇，制定环境、社会及管治目标、策略及架构，并监督环境、社会及管治的实施情况，持续关注环境、社会及管治相关的政策并进行合规监控”①。授权模式的利弊类似于专设模式，但如果授权审计委员会，则有助于确保可持续发展信息披露的质量。

从以上分析可以看出，目前公司可持续发展治理模式不一、各具优劣，并没有最佳的公司治理模式。正如我国香港联交所于2021年11月发布的《气候信息披露指引》中所述，“由于所有公司于规模、营运地点以及最为重要的企业文化及管理风格各有不同，故并无‘划一’或‘最佳’的管治架构，只有最适合公司的管治架构”。但目前大多数公司可持续发展的治理架构可能无法保证可持续发展信息披露的质量。根据国际证监会组织（IOSCO）下设的可持续金融工作组（STF）于2020年下半年就可持续发展信息披露开展的调查，当前的可持续发展信息披露存在一系列乱象。

第一，信息披露不完整、不一致、不可比：市值大的公司、受强制披露要求约束的公司、受气候影响大的公司披露更为全面，其他公司则不然；同一行业的公司，特别是能源行业，有的公司披露了相关指标和目标，有的则仅仅是定性披露，相互之间明显缺乏可比性。第二，报告框架的选择随意，存在“摘樱桃”的现象：各公司在报告框架的使用上存在巨大差异，有的公司有选择地根据各种准则和框架进行报告，但没有提供明确的映射关系，也没有说明遵守了哪些标准，有的公司则没有采用任何准则和框架。第三，信息披露质量参差不齐，定量信息有限且不一致：有的公司披露了相关指标但没有进行解释；各公司披露的温室气体指标计量单位不一，缺乏可比性；一些公司披露的“范围3”与其行业没有直接关系，不能为投资者分析和估值提供参考；披露的信息普遍缺乏前瞻性指标。第四，没有详细披露可持续发展对公司财务的影响：大多数公司没有披露可持续因素对其财务影响的定量信息，可持续发展信息披露与财务报告之间的整合往往没有；各公司可持续发展信息披露的位置不一致，有的公司披露的时间和报告期与财务报告上的不一致。黄世忠在专门研究ESG报告的“漂绿”现象后，认为当前的可持续发展报告或ESG报告不同程度地存在“漂绿”问题，选择性披露、报喜不报忧、只谈环境绩效，不谈或淡化环境问题的现象比较突出。

---

① 见中国铁建股份有限公司于2022年4月30日公布的《关于修订〈公司章程〉及其附件的公告》中第1■0条第29款。

可持续发展信息披露存在的上述乱象，一方面与缺乏全球一致、可比的可持续发展披露准则且相关信息披露尚未纳入强制披露、强制鉴证的要求有关，另一方面也与目前公司可持续发展治理机制安排可能无法保证公司建立和完善与可持续发展信息披露的内部控制制度以及相关信息生产系统和流程有关，与董事会职责分配无法确保所披露的可持续发展信息的完整、中立、审慎、准确有关。对于前者，在ISSB启动ISDS的制定后，全球一致的可持续发展披露准则有望形成，强制披露和强制鉴证的机制也有望建立。对于后者，则需要通过重新思考公司可持续发展治理安排，强化审计委员会对监督可持续发展信息披露的职责来解决。

二、重新定位可持续发展信息披露中的审计委员会职责

在欧盟委员会发布CSRD提案、ISSB启动ISDS的制定、SEC发布《上市公司气候数据信息披露规则草案》后，公司可持续发展治理模式需要进行完善，审计委员会在可持续发展信息披露监督方面的职责凸显。

1.相关立法强化了审计委员会监督可持续发展信息披露的职责

欧盟委员会于2021年4月发布的CSRD提案提出了修订2006/43/EC审计指令的建议，以强化审计委员会在监督可持续发展报告鉴证方面的职责。根据该提案，审计委员会应将可持续发展报告鉴证的结果告知公司行政或监督机构，并解释审计委员会是如何促进可持续发展报告完整性的，以及审计委员会在该过程中的作用。同时指出，审计委员会应监控可持续发展报告流程，包括数字报告流程，以及公司根据相关可持续发展报告标准识别报告信息的流程，并提交建议或提案，以确保其完整性；监测公司内部质量控制和风险管理体系的有效性，并在适当时间监测内部审计对公司可持续发展报告的有效性；监督可持续发展报告鉴证，并审查和监督法定审计师或审计机构的独立性。同时，该提案还要求各成员国确保每个公共利益实体都有一个审计委员会，并规定其法定审计任务，包括承担与可持续发展报告鉴证相关的特定任务。SEC发布的《上市公司气候数据信息披露规则草案》则指出，注册人需要确定负责监督气候相关风险的董事会成员或董事会委员会，负责的董事会委员会可能是一个现有的委员会，如审计委员会或风险委员会，或者是一个专门关注气候相关风险的独立委员会。尽管国际可持续发展披露准则不会提出类似要求，但基于ISSB制定准则的背景，也基于欧盟委员会通过立法形式强化审计委员会职责的示范效应，各司法管辖区的监管部门及证券交易所未来亦有可能继续提出类似要求。

2. 准则披露要求使审计委员会履行相关职责成为可持续发展信息披露的内在需要

无论是ISSB发布的ISDS征求意见稿，还是欧洲财务报告咨询组（EFRAG）发布的可持续报告准则征求意见稿，均对公司披露可持续发展公司治理提出了一系列的明确要求。根据ISSB于2022年3月31日发布的《可持续发展相关财务信息披露的一般要求》征求意见稿（ED S1），主体需要披露关于负责监督可持续相关风险和机遇的治理机构（可包括董事会、专门委员会或其他同等治理机构）的信息，包括：（1）负责监督可持续相关风险和机遇的机构或个人；（2）该机构如何在其职权范围、董事会授权和其他相关政策中体现可持续相关风险和机遇的责任；（3）该机构如何确保有适当的技能和胜任能力来监督应对可持续相关风险和机遇的战略；（4）该机构及其下设委员会如审计、风险等委员会获悉可持续相关风险和机遇的方式和频率；（5）该机构及其下设委员会在监督主体的战略、重大交易决策和风险管理政策的过程中，如何考虑可持续相关风险和机遇，包括可能需要的对不确定性的任何权衡评估和敏感性分析；（6）该机构及其下设委员会如何监督有关可持续相关重大风险和机遇的目标的制定并监督实现目标的过程，包括是否将相关绩效指标纳入薪酬政策以及如何纳入。而EFRAG于2022年4月29日发布的《原则、战略、治理与重要性评估》（ESRS 2）征求意见稿中，可持续公司治理的披露要求与ED S1的要求相类似。

与此同时，ISDS和ESRS也都提出了一系列可持续发展信息披露的质量特征要求。ED S1提出了三个基本质量特征（相关性、重要性、如实反映）和四个提升性质量特征（可比性、可验证性、及时性、可理解性），其中，如实反映又包括完整性、中立性、审慎性和准确性四项要求。

尽管可持续发展公司治理披露要求及信息质量特征要求在气候相关财务披露小组（TCFD）、全球环境信息研究中心（CDP）、气候披露标准委员会（CDSB）、全球报告倡议（GRI）、国际综合报告委员会（IIRC）和可持续会计标准委员会（SASB）等机构所发布的报告框架中亦有体现，但不同的是这些报告框架基本属于自愿披露要求。而欧盟委员会的CSRD及EFRAG发布的准则属于强制披露要求，ISSB正式发布ISDS后，各司法管辖区有可能也会据此将相关准则纳入法定要求。当公司可持续发展信息披露要求成为强制安排后，各主体必然会基于增强投资者及利益相关方对可持续发展信息披露质量信心的考量，也基于所披露的可持续发展信息满足准则规定的质量特征要求，重新审视其公司治理安排。由于审计委员会在监督公司治理、内部控制、信息生成流程等方面富有经验，让其承担监督可持续发展信息披露职责必然成为公司实施可持续发展披露准则的内在需要。

3.信息披露定位让可持续发展信息披露的监督成为审计委员会的当然责任

根据ED S1，可持续发展信息披露的目标确定为“有助于通用目的财务报告主要使用者评估企业价值和作出是否向主体提供资源的决策”。根据这一目标，ISSB将可持续发展信息的使用者限定为通用目的财务报告主要使用者，也就是现有和潜在投资者、贷款人和其他债权人。披露的可持续发展信息聚焦于服务评估企业价值和作出是否向主体提供资源的决策，表明ISSB确定的可持续发展信息定位于价值报告范畴，而ISDS的制定则以价值报告为导向。另外，该征求意见稿指出，“主体的通用目的财务报告应包括对其可持续发展相关财务信息的完整、中立、准确的描述”，根据这一描述，ISSB将可持续发展信息限定为相关财务信息，且定位为财务报告的组成部分。当然，与此不同的是，欧盟委员会发布的CSRD秉持双重重要性原则，将可持续发展信息定位为单独的可持续发展报告，但可持续发展报告不可能不纳入相关的财务信息。既然可持续发展信息属于财务报告的重要组成部分，而审计委员会的重要职责是促进公司建立有效的内部控制并提供真实、准确、完整的财务报告[①]，可持续发展信息披露的监督便成为审计委员会的当然责任。而在审核公司披露的财务报表时，审计委员会已经将可持续发展风险对公司财务报表中固定资产折旧计提、预计负债计提、长期资产减值、预期信用损失、公允价值计量的影响纳入监督范围，在此基础上，将对可持续发展信息披露的监督纳入职责范围顺理成章。

4.强制鉴证安排需要审计委员会承担可持续发展信息鉴证的监督职责

如笔者在《可持续发展信息鉴证服务的发展机遇与战略应对》一文中指出，尽管可持续发展信息的鉴证一直没有强制性要求，但在欧盟委员会发布CSRD提案、ISSB启动ISDS的制定、SEC发布《上市公司气候数据信息披露规则草案》后，可持续发展信息鉴证的强制性制度安排将逐步建立。在强制鉴证安排下，必然需要有机构监督外部审计师或其他第三方鉴证机构的聘用，以及鉴证机构的独立性遵守情况、鉴证程序的执行情况、可持续发展信息的鉴证结果等。此种情况下，即便没有像欧盟委员会通过立法形式强化审计委员会在监督可持续发展报告鉴证方面的职责，由于审计委员会一直履行外部审计和内部审计的监督职责，让审计委员会承担可持续发展信息鉴证的监督职责亦是大势所趋。

根据以上分析，笔者认为，在建立全球一致的可持续发展披露准则背景下，在强制披露和强制鉴证可持续发展信息披露的趋势下，重新定位审计委员会职责，使审计

---

① 见《上海证券交易所上市公司自律监管指引第1号——规范运作》及其他相关公司治理文件。

委员会履行可持续发展披露监督职责成为必然。参照CSRD提案，审计委员会的具体职责应当涵盖：（1）监督公司在可持续发展议题相关的公司治理、内部控制、内部审计和风险管理的有效性；（2）监督公司可持续发展信息生成流程和相关信息系统的有效性；（3）聘请外部审计师或其他第三方鉴证机构，并对鉴证机构的独立性进行监督；（4）监督、评估鉴证机构的工作，并与鉴证机构保持有效沟通；（5）审阅拟披露的可持续发展信息，并发表意见；（6）就拟披露的可持续发展信息的审阅结果向董事会全体成员报告。当然，公司的可持续发展以及信息披露监督的最终责任在于董事会，董事会及其他专门委员会仍然需要将可持续发展议题相关事宜纳入各自职责范围。

三、保障审计委员会履行可持续发展信息披露监督职责的政策建议

在ISSB发布两项可持续发展披露准则征求意见稿后，财政部及其他相关监管机构正在积极跟进可持续发展披露准则的研究制定，香港证监会也正在与香港联交所等讨论将ISSB发布的《气候相关披露》征求意见稿纳入香港联交所上市规则①。可以预见，可持续发展信息的强制披露和强制鉴证的机制安排也将在中国内地及香港地区形成。适应可持续发展信息披露的未来趋势，需要采取措施保障审计委员会切实履行可持续发展信息披露监督职责，因此本文建议：

1.修改《公司法》，明确公司审计委员会的相关职责

2021年12月24日全国人大审议了《公司法（修订草案）》（以下简称“修订草案”），向社会公开征求意见。修订草案增加了“公司从事经营活动，应当在遵守法律法规规定义务的基础上，充分考虑公司职工、消费者等利益相关者的利益以及生态环境保护等社会公共利益，承担社会责任；国家鼓励公司参与社会公益活动，公布社会责任报告”②。这表明，为适应可持续发展和社会责任建设的需要，《公司法》准备将社会责任报告纳入其中。为实现“2030年碳达峰、2060年碳中和”的目标，推动实现可持续发展，构建人类命运共同体，借鉴欧盟委员会的CSRD提案，笔者认为有必要将“社会责任报告”修改为“可持续发展报告”，将“鼓励公布”调整为“强制披露”，并将强制鉴证纳入法定要求。同时，修订草案第一次在《公司法》中明确了审计委员会的职责，

① 王力为.香港证监会CEO：正评估要求港股公司按ISSB气候披露准则披露［EB/OL］.［2022-05-28］. https://finance.caixin.com/2022-05-28/101891620.html.

② 见2021年12月24日全国人大发布的《公司法（修订草案）》第19条。

即“审计委员会负责对公司财务、会计进行监督”[①]。为保证可持续发展信息披露的质量，笔者认为，亦有必要在对修订草案进行修改时明确审计委员会对公司披露的可持续发展报告进行监督的职责。

2. 配套修改相关部门规章，将审计委员会职责落到实处

《公司法》修订后，相关部门规章也会随之进行相应修改。为确保将审计委员会职责落到实处，有必要在修改相关部门规章时，将审计委员会对公司披露的可持续发展报告进行监督的职责纳入其中。一方面，证券监管部门和证券交易机构在修改《上市公司治理准则》《上市公司章程指引》、上市规则及上市公司信息披露指引、上市公司自律监管指引时，银行保险监管机构等在修订《银行保险机构公司治理准则》等相关行业公司的公司治理准则时，将审计委员会对公司披露的可持续发展报告进行监督的职责细化，具体内容可参照本文所建议的审计委员会具体职责。同时，考虑到审计委员会成员的知识结构对其能否胜任该职责休戚相关，在修改上述规章时，亦有必要对审计委员会成员的履职能力提出相应要求。另一方面，建议相关政府及监管部门、证券交易机构在修订与可持续发展信息披露的规范时，明确审计委员会对公司披露的可持续发展信息进行监督的职责。目前来看，相关规范至少包括国资委的《关于中央企业履行社会责任的指导意见》、人民银行的《金融机构环境信息披露指南》、生态环境部的《企业环境信息依法披露管理办法》和《企业环境信息依法披露格式准则》，以及上海证券交易所的《上市公司环境信息披露指引》和深圳证券交易所的《上市公司社会责任指引》等。

3. 制定《审计委员会履行可持续发展信息监督职责指引》

可持续发展信息披露对于大多数公司的审计委员会来说，是一个全新的领域。为帮助审计委员会履行好可持续发展信息监督职责，建议有关部门制定出台具体指引，其内容至少包括：（1）履职原则。审计委员会成员需要勤勉尽责，保持批判思维、职业谨慎态度，对公司披露的可持续发展信息进行尽职调查并在必要时进行质询。（2）履职能力。审计委员会成员需要具备并不断提升与可持续发展信息披露相关的能力，熟悉可持续发展信息披露法规与准则，公司的发展战略、公司治理、内部控制、内部审计和风险管理，以及公司可持续发展信息的生成流程和信息系统，了解温室气体排放、水资源管理、生物多样性、能源管理、碳中和与碳减排、碳捕捉与碳抵消、碳定价、职业健康与安全生产、食品安全、数据安全、隐私保护、供

---

① 见2021年12月24日全国人大发布的《公司法（修订草案）》第125条。

应链管理、商业诚信管理、合规管理、反洗钱与制裁合规管理等可持续发展议题。（3）与相关议题领域专家的沟通。尽管审计委员会成员需要了解与公司相关的可持续发展议题，但并不能要求所有成员均是这些议题领域的专家，所以审计委员会必要时需要利用专家的工作，并在专家的胜任能力、工作程序及结果等方面与专家保持充分的沟通。（4）与内部审计部门的沟通。为确保可持续发展信息的完整、中立、审慎、准确，审计委员会需要了解内部审计部门就可持续发展信息开展的内部审计工作，涵盖其工作内容、范围、审计程序、审计发现、审计结果等。（5）与外部审计师的沟通。在公司聘请外部审计师或第三方鉴证机构对可持续发展信息进行鉴证时，审计委员会需要通过相关流程聘请符合资格的鉴证机构，并在鉴证过程中通过定期或不定期的沟通，监督鉴证机构的独立性以及鉴证机构进行鉴证的信息范围、鉴证程序和鉴证结果。（6）与董事会其他专门委员会的协调与合作。鉴于可持续发展议题涉及领域十分广泛，董事会其他专门委员会亦需要就可持续发展的某些事宜承担职责，审计委员会需要了解其他专门委员会的职责分工，与其他专门委员会保持定期或不定期的沟通，必要时可列席其他专门委员会会议，或邀请其他专门委员会成员参加审计委员会，就可持续发展信息披露进行讨论。（7）向董事会全体成员报告可持续发展信息披露相关事宜，如公司可持续发展信息的鉴证政策，公司拟披露可持续发展信息的审阅结果等。

4.加强培训和资格认定，重视审计委员会胜任能力建设

审计委员会能否有效履行可持续发展信息监督职责，公司披露的可持续发展信息的质量不仅与制度保障有关，也与审计委员会的胜任能力密切相关。然而，当前大多数公司的审计委员会成员并不熟悉连续性的信息披露法规与准则，也不具备可持续发展议题相关的知识。为此，笔者建议证监会与财政部、国资委、银保监会以及证券交易机构联合出台相关政策，加强审计委员会能力建设。一方面，将可持续发展相关知识和能力纳入担任审计委员会的董事任前资格培训和资格认定中，确保担任审计委员会的董事具备必要的可持续发展相关知识。另一方面，将可持续发展相关知识纳入担任审计委员会董事的持续培训中，使其能够及时更新可持续发展相关知识，并不断提高履职能力。

以上是笔者基于制度层面就保障审计委员会履行可持续发展信息披露监督职责提出的政策建议。但仅有制度保障，还不足以确保审计委员会有效履责。从公司层面看，需要进一步完善公司治理，包括重新考虑专门委员会的设置，重新配置董事会及专门委员会对可持续发展议题和信息披露监督的职责，在此基础上，还应修订公司章程、董事会运作规则以及审计委员会和其他专门委员会的运作规则。于审计委员会成员而言，则需要不断学习和更新自身可持续发展相关知识，不断提升自身可持续发展信息披露监督能力。

（原载于《财会月刊》2022年第18期）

主要参考文献

1. EY. Four Opportunities for Enhancing ESG Oversight ［EB/OL］. ［2024-12-18］. https：//assets.ey.com.

2. EY. What Boards Should Know About ESG Developments in the 2021 Proxy Season ［EB/OL］. ［2024-12-18］. https：//www.ey.com.

3. 香港联交所．气候信息披露指引［EB/OL］. ［2024-12-18］. https：//www.hkex.com.hk.

4. OICU-IOSCO. Report on Sustainability-related Issuer Disclosures ［EB/OL］. ［2024-12-18］. https：//www.iosco.org.

5. 黄世忠．ESG报告的“漂绿”与反“漂绿”［J］. 财会月刊，2022（1）：3-11.

6. ISSB. Exposure Draft IFRS Sustainability Disclosure Standard（Draft）IFRS S1 General Requirements for Disclosure of Sustainability-related Financial Information ［EB/OL］. ［2024-12-18］. https：//www.ifrs.org.

7. 王鹏程．可持续发展信息鉴证服务的发展机遇与战略应对［J］. 财会月刊，2022（16）：83-89.

可持续发展信息鉴证服务的发展机遇与战略应对

王鹏程

【摘要】可持续发展信息的披露和鉴证越来越重要，但目前各国普遍缺乏可持续发展信息强制鉴证要求，各公司就其可持续信息寻求外部鉴证的范围和广度、保证程度存在显著差异。欧盟委员会发布《公司可持续发展报告指令》提案，国际可持续发展准则理事会启动全球一致可持续发展披露准则的制定，美国证券交易委员会发布《上市公司气候信息披露规则》提案，均为可持续发展信息鉴证服务带来前所未有的发展机遇。注册会计师行业需要抓住机遇，积极参与可持续发展披露准则及鉴证制度的研究，加快可持续发展信息鉴证准则的制定，大力培育可持续发展信息鉴证服务能力，以促进注册会计师行业鉴证服务的转型升级。

【关键词】可持续发展信息；鉴证服务；强制鉴证要求；独立鉴证机制

自2015年第21届联合国气候大会通过《巴黎协定》以来，可持续发展信息的披露得到前所未有的重视，高质量的可持续发展信息披露准则即将形成，强制性的可持续发展信息鉴证制度即将建立。本文分析各国可持续发展信息鉴证服务的现状发现，欧盟委员会发布《公司可持续发展报告指令》（CSRD）提案、国际可持续发展准则理事会（ISSB）启动全球一致可持续发展披露准则的制定、美国证券交易委员会（SEC）发布《上市公司气候信息披露规则》提案，均为可持续发展信息鉴证服务带来了发展机遇，并由此提出注册会计师行业的战略应对建议。

一、可持续发展信息鉴证服务的现状

由于法律法规、证券监管要求或市场惯例的多样性，可持续发展信息披露的位置存在差异，相关信息可能出现在整合报告、战略报告、年度报告的管理层评论、业务与财务回顾以及财务报表附注中，也可能作为单独的报告（如可持续发展报告、社会责任报告、ESG报告等）对外发布。在可持续发展信息的外部鉴证方面，由于许多司法管辖区没有强制性鉴证要求，各公司就其可持续信息寻求的外部鉴证的范围和广度、保证程度存在显著差异。

1.主流报告框架没有强制鉴证要求

当前，可持续会计标准委员会（SASB）、气候相关财务披露工作组（TCFD）、国际综合报告委员会（IIRC）、全球报告倡议组织（GRI）、气候披露标准委员会（CDSB）和全球环境信息研究中心（CDP）等机构制定的报告框架，均没有明确提出强制鉴证要求。其中：SASB和TCFD既无强制性要求，也无相关建议；其他报告框架则就相关信息的鉴证提出了建议，相关建议见表1。

表1 可持续发展信息鉴证建议比较

报告框架	具体要求
IIRC	可靠性指信息的平衡（即无偏颇）和无重大差错影响信息的可靠性。主体可通过完善的内部控制和报告体系、利益相关者参与、内部审计或类似职能以及独立的外部鉴证等机制，提高可靠性
GRI	GRI鼓励通过外部鉴证增强信息的可靠性。主体可以使用的外部鉴证方法包括专业鉴证机构或其他第三方机构或个人
CDSB	CDSB鼓励各机构与鉴证供应商合作，商定适当的鉴证方法。根据现有标准开展的鉴证工作，适合在CDSB框架下对环境和社会信息提供鉴证；在为环境或社会信息提供鉴证意见的情况下，机构应明确鉴证活动范围内的环境或社会信息，并在符合性声明中包括或交叉引用鉴证报告
CDP	公司对范围1、范围2、范围3的排放数据进行第三方鉴证，并鼓励公司对其他信息如减排目标进展、能源消耗、可再生能源产品等进行鉴证

2.主要证券交易所没有强制鉴证要求

综观全球各地主要证券交易所，包括上海证券交易所、深圳证券交易所、纽约证券交易所（NYSE）、纳斯达克证券交易所（NASDAQ）等，均没有涉及可持续发展信息强制鉴证要求，大多只提出指导性建议。如中国香港联合交易所（HKEX）于《环境、社会及管治报告指引》中要求，发行人可寻求独立验证以加强所披露ESG资料的可信性，如果发行人取得独立验证，则需要在ESG报告中清晰描述验证的水平、范围和所采用的过程。伦敦证券交易所在其发布的《ESG报告指南》中鼓励发行人对ESG信息进行外部鉴证，并说明必须聘用符合资格的鉴证机构，采用与财务报表鉴证相同的流程。澳大利亚证券交易所在2015年发布的《ESG报告指南》中指出，公司可以考虑披露内部审计流程相关信息，也可以考虑聘请外部审计师提供披露信息以增强投资者信心。作为欧洲最大的证券交易所，泛欧证券交易所（Euronext）于2022年5月发布的《2022 ESG报告指南》中提及，该交易所正在讨论可持续发展信息的强制鉴证要求。

3. 自愿鉴证占比不高且形式各异

2021年6月，国际会计师联合会（IFAC）发布《可持续发展信息鉴证状况》，对22个司法管辖区截至2021年3月市值最高的1 400家公司进行了审查。结果显示，1 400家公司中有1 269家披露了可持续发展相关信息，其中有51%的公司进行了一定程度的鉴证。聘请的鉴证机构中，有58%的公司选择的是会计师事务所，5%的公司选择的是会计师事务所的关联机构，37%的公司选择了环境咨询公司、认证机构等其他第三方机构。我国有100家内地企业以及50家香港公司参与此项调研，发现仅有22%的内地企业以及26%的香港企业进行了一定程度的鉴证。

亚洲公司治理协会（ACGA）于2020年对亚太地区12个市场的ESG报告鉴证工作进行了广泛的研究，发现在中国、印度尼西亚、马来西亚和新加坡等市场的大型企业中，仅有少数企业进行了鉴证；大多数鉴证报告的鉴证范围有限，只涉及少数几项ESG指标，且没有对重要性的确定流程进行评价。

4. 保证程度不一，以有限保证为主

IFAC于2021年发布的《可持续发展信息鉴证状况》显示，1 400家公司中有645家公司聘请第三方对其披露的可持续发展信息进行了鉴证，收到了704份鉴证报告，其中有83%的鉴证报告采用的是有限保证形式，其他的保证形式包括合理保证、中等程度保证[①]或没有明确保证。根据IFAC发布的标准，保证程度通常包括有限保证和合理保证两种。合理保证意味着"注册会计师将鉴证业务风险降至该业务环境下可接受的低水平"，而有限保证则是指"注册会计师将鉴证业务风险降至该业务环境下可接受的水平，但风险高于合理保证下的水平"。从保证类型看，合理保证是积极式保证，有限保证是消极式保证。从取证程序看，合理保证需要实施更多的程序，包括检查、观察、询问、重新计算、重新执行和分析程序等，而有限保证仅仅实施询问和分析程序。鉴于可持续发展信息涉及很多前瞻性信息和不确定性信息，所以可持续发展信息鉴证报告以有限保证为主，有其合理性。

---

① 根据英国社会与伦理责任研究所发布的AA 1000AS（2008），保证级别有高等程度保证和中等程度保证之分：前者是指"已经获得足够的证据来支持陈述，结论错误的可能性很低，但不是零"；后者则是指"已经获得足够的证据来支持陈述，结论错误的风险有所降低，但没有降低到很低的程度"。

5. 鉴证机构遵循的鉴证标准各异

目前国际通用的关于可持续发展信息的鉴证标准，主要包括适用于广泛信息（除历史财务信息外）的《国际鉴证业务准则第3000号（修订版）——历史财务信息审计或审阅以外的鉴证业务》（以下简称“ISAE 3000”）以及英国社会与伦理责任研究所制定的AA 1000AS审验标准。此外，针对温室气体排放的鉴证及核验，国际可参考的相关标准包括《国际鉴证业务准则第3410号——温室气体排放报告鉴证业务》（以下简称“ISAE 3410”）以及《ISO 14064-3 温室气体声明审定与核查的规范及指南》（以下简称“ISO 14064-3”）。此外，也有部分地区相关标准可用于可持续发展信息的鉴证，例如《美国注册会计师协会可持续发展信息认证指南》（以下简称“AICPA 可持续发展信息认证指南”）、香港会计师公会《ESG鉴证报告（技术公告）》等。以上各种标准及其保证类型见表2。IFAC于2021年发布的《可持续发展信息鉴证状况》显示，会计师事务所执行的鉴证项目中，有88%采用的是ISAE 3000，而其他第三方执行的鉴证项目，主要采用其他鉴证标准。

表2 鉴证标准比较

标准	适用范围	保证类型
ISAE 3000	根据IAASB于2021年4月发布的《关于将ISAE 3000应用于可持续发展报告及其他扩展外部报告鉴证业务的非权威性指引》，适用于除审计或审查历史财务信息以外的任何保证业务，包括但不限于可持续发展报告或ESG报告、综合报告、企业责任报告、温室气体排放报告和公共部门的服务绩效报告等	有限保证与合理保证；审验程序遵循组织对报告的范围（边界）以及鉴证对象的约定（例如未包含完整报告），审验人员必须判断选定事项的重大错误或遗漏有关的重要性
AA 1000AS	2020年9月发布AA 1000AS第三版，适用于可持续发展信息的鉴证；仅有取得英国社会与伦理责任研究所许可的机构才可使用该标准	除提供中等程度保证及高等程度保证的保证级别要求外，还设有第一类型和第二类型级别划分。保证程度与事项的重要性相关，即审验人员开始需要关注整体的完整性和准确性，进行初步的重要性分析
ISAE 3410	温室气体相关信息（包括排放、抵消等）；该标准经常与ISAE 3000作为组合形式被使用	有限保证与合理保证
ISO 14064-3	温室气体排放清单核查、温室气体排放项目审定或核查	有限保证与合理保证
AICPA 可持续发展信息认证指南	可持续发展相关信息（包括温室气体排放信息）；仅有取得注册会计师认证的相关事务所及审计师才可使用该标准	有限保证与合理保证
香港会计师公会《ESG鉴证报告（技术公告）》	该技术公告是基于ISAE 3000指引基础进行编制的	有限保证与合理保证

6.被鉴证的可持续发展信息丰富多彩

当前，有就整体可持续发展报告、社会责任报告或ESG报告进行鉴证发表鉴证意见的，也有就可持续发展报告中的部分数据进行鉴证的，但更多的是分别就可持续发展报告中的不同信息（如温室气体排放、生物多样性、水资源等）聘请不同鉴证机构进行鉴证，发表鉴证意见。以苹果公司为例，根据其披露的2021财年环境进展报告，苹果公司聘请了德国弗朗霍夫研究院（Fraunhofer IZM）对2021财年生产和销售产品的范围3的碳足迹数据按照ISO 14064-3进行复核，发表了有限保证的鉴证意见；聘请环境专业服务机构（Apex）对2021财年终端产品范围3的温室气体排放按ISAE 3000和ISO 14064-3进行鉴证，发表了有限保证的鉴证意见；聘请Apex对2021财年选定的环境数据，包括能源、可再生能源、水资源、范围1和范围2及员工通勤与商务旅行的碳排放、废弃物等按照ISAE 3000进行鉴证，发表了合理保证的鉴证意见；聘请Apex对2021财年清洁能源计划相关数据按ISAE 3000和ISO 14064-3进行鉴证，发表了合理保证的鉴证意见；聘请Apex对2021财年能源供应相关数据按ISAE 3000和ISO 14064-3进行鉴证，发表了有限保证的鉴证意见；聘请Fraunhofer IZM对2021财年包装塑料足迹进行鉴证，发表了有限保证的鉴证意见；聘请Fraunhofer IZM对2021财年综合纤维足迹进行鉴证，发表了有限保证的鉴证意见。

二、可持续发展信息鉴证服务的发展机遇

如前所述，可持续发展信息的鉴证一直没有强制性要求。在欧盟委员会发布CSRD提案、ISSB启动全球一致的国际财务报告可持续发展披露准则（ISDS）制定、SEC发布《上市公司气候信息披露规则》提案后，可持续发展信息鉴证的强制性制度安排将逐步建立，将为可持续发展信息鉴证服务的发展带来战略机遇。

1.欧盟CSRD引入可持续发展报告独立鉴证机制

欧盟委员会于2014年10月发布的《非财务报告指令》(Non-Financial Reporting Directive，NFRD)，要求大型公共利益主体从2018年起编报非财务报告，与年度财务报告一并报送和披露，据以使利益相关方了解企业的发展情况、经营业绩、财务状况及经营活动对社会和环境的影响。NFRD要求法定审计师必须检查企业是否按NFRD的规定提供非财务信息，但并不要求对非财务报告的内容进行鉴证。与法定审计师对财务报表进行强制审计的要求相比，缺乏对非财务报告的鉴证要求，将影响所披露的非财务信息的可信度。鉴于这一情况，在2018年5月关于可持续金融的决议中，欧洲议会呼吁在

《非财务报告指令》的框架内进一步制定报告要求，认为公司根据NFRD发布的非财务信息应接受强制性鉴证。

2021年4月，欧盟委员会发布了《公司可持续发展报告指令》（Corporate Sustainability Reporting Directive，CSRD）征求意见稿，拟取代NFRD。CSRD在很多方面作出了重大改革，标志着欧盟的ESG报告将发生质的变化，编制理念从社会责任拓展至可持续发展，报告编制从多重标准转向统一规范，编制范围将从局部试点转为大幅扩大。在可持续发展报告的鉴证方面，CSRD引入了第三方独立鉴证机制，要求适用CSRD的所有公司［包括所有大公司和所有在欧盟监管市场上市的公司（上市微型公司除外）①］，对报告的可持续发展信息寻求有限的保证，并在以后阶段转向合理保证。鉴证报告需要涵盖可持续发展报告是否符合欧盟可持续发展报告标准、公司为识别可持续发展信息而开展的鉴证流程，以及是否符合可持续发展报告标记要求等。同时，CSRD也对可持续发展报告鉴证服务的相关规则作出了明确规定，包括：（1）允许成员国授权法定审计师或审计师事务所以外的独立鉴证服务提供商对可持续发展报告进行鉴证。（2）法定审计师和审计师事务所的批准和认可规则应确保法定审计师具备可持续发展报告鉴证相关的知识和能力。（3）第2006/43/EC号指令第21～24条有关法定审计师遵守职业道德、独立性、客观性、保密性的规则，适用于可持续发展报告的鉴证。（4）第2006/43/EC号指令第29条要求成员国建立法定审计师和审计师事务所的质量保证审查制度适用于可持续发展报告的鉴证。（5）第2006/43/EC号指令第37、38条规定了法定审计师和执行法定审计的审计师事务所的任命和解聘规则。这些规则应扩展到可持续发展报告的保证，以确保审计师在法定审计工作和可持续发展报告保证方面的规则一致。（6）第2006/43/EC号指令第39条要求成员国确保每个公共利益实体都设立一个审计委员会，该审计委员会应承担与可持续发展报告鉴证相关的职责。

欧盟通过立法的形式正式引入独立的鉴证机制，旨在解决广为诟病的ESG报告可靠性不强的问题，有助于遏制企业夸大环境保护投入和成效或隐瞒其经营活动对环境造成的不利影响。

2.SEC就气候信息披露引入独立鉴证机制

SEC于2022年3月21日发布了《上市公司气候信息披露规则》提案。该提案对在美上市公司报告温室气体排放和气候变化相关风险的信息提出了严格要求，要求在美上市公司报告其自身运营以及消耗的能源产生的温室气体排放，并对其排放量获取独立第三方的鉴证。提案要求加速申报人或大型加速申报人提交的披露文件包括一份涵盖其温

① 根据欧盟委员会的测算，适用CSRD的公司大约有49 000家，而目前只有11 600家公司在NFRD范围内。

室气体范围1和范围2排放披露的鉴证报告。在温室气体排放披露的指定财年，鉴证必须至少达到以下保证水平：范围1和范围2排放披露合规日期后的第2和第3财年，提供有限保证；范围1和范围2排放披露合规日期后的第4财年及以后，必须提供合理保证。如果提案于2022年12月生效，且加速申报人或大型加速申报人的财年结束日期为12月31日，则相关的最低鉴证要求见表3。在需要有限保证的过渡期内，提案将允许公司自行选择，对其范围1和范围2排放披露获得合理保证。对范围1和范围2排放披露之外的气候相关信息披露，公司可以获得任何级别的保证，例如，可以自愿为其温室气体强度指标或范围3排放披露提供有限保证级别的认证报告。

表3 **气候信息鉴证要求**

标准	适用范围	保证类型	
企业分类	合规的范围1和范围2的披露日期	有限保证	合理保证
大型加速申报人	纳入2023财年信息披露（2024年完成）	纳入2024财年信息披露（2025年完成）	纳入2026财年信息披露（2027年完成）
加速申报人	纳入2024财年信息披露（2025年完成）	纳入2025财年信息披露（2026年完成）	纳入2027财年信息披露（2028年完成）

SEC认为，SEC的规则通常不要求注册人就财务报表之外的披露获得保证，包括定量披露。在财务报表之外提供的现有定量披露大多来自账簿和记录，并受财务报告内部控制（ICFR），其披露须遵守审计程序。而温室气体排放披露通常不会根据公司账簿和记录中包含的信息开展，不会受到审计程序的约束，为了提高其可靠性，要求温室气体排放披露必须经过第三方鉴证是合适的。出于类似的原因，SEC还考虑建议管理层评估和披露温室气体排放披露控制的有效性。

SEC认为，仅要求对范围1和范围2的排放量进行鉴证是合适的，因为与范围3相比，排放量直接或间接来自注册人拥有的设施或控制的活动，相对更容易获取，而且许多公司已经自愿寻求对其温室气体范围1和范围2排放披露的鉴证。SEC目前不建议对范围3排放披露进行鉴证，主要是因为计算范围3的排放量比计算范围1和范围2的排放量工作更繁重、成本更高。尤其是与范围1和范围2排放数据的披露相比，从注册人价值链中的供应商、客户和其他第三方获取活动数据，或验证该信息的准确性可能会比较困难，而范围1和范围2排放数据的披露对注册人来说更容易获得。

在鉴证机构资质要求、鉴证标准及鉴证信息披露方面，提案也作出了明确的规定。具体包括：（1）温室气体排放鉴证机构应该具备以下特征：在测量、分析、报告或证明温室气体排放方面具有丰富经验，是温室气体排放方面的专家；按照专业标准和适用的法律法规要求开展业务；独立于注册人及其任何附属公司。（2）温室气体排放鉴证标准应该能够公开获取，且由遵循正当程序的机构或团体所制定。SEC没有规定特定的认证标准，认为PCAOB的AT-101、AICPA的SSAE18和IAASB的ISAE 3410均满足这一正当程序要求。（3）注册人需要根据从鉴证机构获得的相关信息在备案中披露以下内容：鉴证机构是否拥有任何许可或鉴证机构提供鉴证服务的许可证，如果是，许可或认证机构的身份，以及鉴证机构是否为该许可或认证机构信誉良好的成员；温室气体排放鉴证活动是否受到任何监督检查计划的约束，如果是，是哪个计划（或多个计划）；鉴证机构是否遵守有关温室气体排放鉴证工作的记录保存要求，如果是，确定记录保存要求和这些要求的持续时间等。

3.ISSB即将发布的ISDS为可持续发展信息的鉴证提供了重要基础

2021年11月3日，国际财务报告基金会（IFRS Foundation）在《联合国气候变化框架公约》第26次缔约方大会（COP 26）期间宣布成立国际可持续发展准则理事会（ISSB），负责制定全球一致的国际财务报告可持续发展披露准则（IFRS Sustainability Disclosure Standards）。2022年3月31日，ISSB发布了两项ISDS的征求意见稿，即《可持续发展相关财务信息披露的一般要求》（IFRS S1）和《气候相关披露》（IFRS S2），根据计划，这两项准则将于2022年下半年正式发布。基于两项准则征求意见稿可以看出，ISSB以价值报告为导向，聚焦于财务重要性（单一重要性原则），基于财务报告组成部分的定位，致力于提供全球一致的可持续发展披露的基线准则。同时，应国际证监会组织（IOSCO）等的要求，ISSB制定的ISDS需要为审计师确定主体是否遵守了相关披露要求提供依据，也就是说基于ISDS披露的可持续发展信息应该是可验证的。

《可持续发展相关财务信息披露的一般要求》征求意见稿提出了三个基本质量特征（相关性、重要性、如实反映）和四个提升性质量特征（可比性、可验证性、及时性、可理解性），这些基本质量特征与同属国际财务报告准则体系下的概念框架基本相同。特别地，《可持续发展相关财务信息披露的一般要求》征求意见稿举例说明可通过以下三种方式增强可验证性：一是通过不同来源的相关信息之间的交叉比较；二是提供有关估计的输入值和计算方法；三是提供经企业治理机构审查和同意的信息。同时，该征求意见稿也说明，有些可持续相关财务信息披露会以说明和前瞻性信息的形式进行。例如，如实反映基于事实的战略、计划和风险分析可以验证可持续发展相关财务信息披露。为帮助投资者和债权人决定是否使用此类信息，企业应说明获得信息时使用的基本假设和方法，以及有助于验证与该信息相关的其他因素，以核实此类信息是否如实反映了主体作出的实际计划或决策。根据以上信息质量特征的要求以及对可验证性作出的安排，ISSB希望这两项准则及其后制定的其他准则为可持续发展信息的鉴证奠定基础。

尽管ISDS不会对强制性鉴证提出要求，但基于ISSB制定ISDS的背景、ISDS的基本定位和IFRS S1就可持续发展信息质量特征的要求，以及欧盟委员会和SEC通过立法形式明确强制鉴证要求的示范效应，未来各司法管辖区的监管部门以及证券交易所将会陆续就可持续发展信息提出强制性鉴证要求。如前所述，2022年5月泛欧证券交易所便启动了可持续发展信息强制鉴证要求的讨论。

三、可持续发展信息鉴证服务的战略应对

可持续发展信息强制鉴证制度安排正逐步建立，这将为注册会计师行业开展可持续发展信息鉴证服务带来前所未有的历史机遇。注册会计师行业需要抓住机遇，推动注册会计师鉴证服务的转型升级。

1.积极参与可持续发展披露准则及鉴证制度安排的研究

对可持续发展信息开展鉴证的前提是，按照可持续披露准则披露的相关信息具有可验证性。为此，注册会计师行业需要积极研究ISSB所发布的两项准则征求意见稿，收集可持续发展信息披露实务中的问题，以及可能难以进行验证的信息领域和信息内容并通过注册会计师行业组织向ISSB积极反馈修改意见。根据ISAE 3000等鉴证准则开展鉴证业务，注册会计师需要分析鉴证对象的适当性，包括：（1）鉴证对象可以识别；（2）不同的组织或人员按照既定标准对鉴证对象进行评价或计量的结果合理一致；（3）注册会计师能够收集与鉴证对象有关的信息，获取充分、适当的证据，以支持其提出适当的鉴证结论。根据上述标准分析两项准则征求意见稿，从验证性方面看，可持续发展披露信息作为鉴证对象的适当性存在以下问题：

第一，可持续发展信息要求披露的前瞻性信息（Forward-looking Information），时间跨度可长达数年，难以完全符合《气候相关披露》征求意见稿附录三《可持续发展相关财务信息质量特征》提出的质量要求。譬如，企业要披露气候变化对企业战略和商业模式的影响，评估气候变化在短期、中期和长期对企业财务业绩、现金流量和企业价值的影响；时间跨度如此之长的前瞻性信息，涉及大量的估计和判断、预测（Forecast）和预估（Projection），存在着极大的不确定性，要做到如实反映，对其进行审计并发表审计意见难乎其难。

第二，前瞻性信息具有显著的个性化特点（譬如气候变化的相关风险或机遇与企业经营所在国家或地区的环保政策、行业特点以及企业自身的商业模式、能耗结构、低碳转型等诸多因素密切相关），可比性缺失，可验证性极低，可理解性不高。上述信息质量特征的缺失，导致前瞻性信息的相关性令人生疑。

第三，可持续发展信息中存在很多定性信息，如对治理机制、气候变化应对、绿色转型评估、公平正义维护等以文字叙述和文本呈现，涉及企业治理层和管理层的价值主张、经营理念、管理意图、风险偏好、稳健程度等诸多主观因素，难以判断其是否如实反映，这种情况下评估其是否具有相关性、可比性和可验证性谈何容易。同样，让审计师对其进行审计，无论是发表合理保证意见还是有限保证意见，均无从谈起。

若要解决可持续发展信息与质量特征和审计要求之间的以上冲突，就需要积极协调ISSB在制定概念框架、修订两项征求意见稿及制定后续准则时的矛盾。可能的解决方案是将可持续发展信息进行分类，针对不同类别的信息明确其质量特征要求，对不同类别信息的鉴证采取原则性与灵活性相结合的处理方法。例如，对其整体或局部实施有限保证程度的鉴证，或是仅对其中的特定部分（例如“范围1”和“范围2”的碳排放总量）实施合理保证程度的鉴证。

2.加快可持续发展信息鉴证准则的制定

从全球范围看，目前可持续发展信息披露的报告标准很多，所以需要ISSB制定全球一致的国际财务报告可持续发展披露准则。同样，在可持续发展信息鉴证领域，也存在不同的鉴证标准，有国际审计与鉴证准则委员会制定的ISAE 3000、ISAE 3410，有国际标准化组织制定的ISO 14064-3，也有美国公众公司会计监督委员会制定的PCAOB AT-101、美国注册会计师协会制定的SSAE18，还有英国社会与伦理责任研究所发布的AA 1000AS。在鉴证实务中，由于各公司聘请的机构除会计师事务所外，还有其他第三方机构，不同机构运用了不同的鉴证标准，不同鉴证标准下的鉴证程序和鉴证意见表达方式也存在差异，这种状况已经导致市场出现混乱，可能误导投资者及其他利益相关方，从而产生鉴证期望差距。鉴于此，建立全球一致的可持续发展信息鉴证准则非常必要。笔者注意到，基于各利益相关方的要求，IAASB于2021年4月发布《关于将ISAE 3000应用于可持续发展报告及其他扩展外部报告鉴证业务的非权威性指引》，为审计师在运用ISAE 3000开展可持续发展报告或ESG报告、综合报告、企业责任报告、温室气体排放报告和公共部门的服务绩效报告等鉴证业务时提供具体指南。期望该指南发布后，ISAE 3000能够在全球得到广泛使用。

与此同时，考虑可持续发展信息披露涉及众多的主题，除温室气体排放外，还包括水资源、生物多样性、能源耗用、排放物和废品、数据安全、隐私保护等，在具体鉴证准则方面，除已经颁布的ISAE 3410《温室气体排放报告鉴证业务》外，其他领域的具体鉴证准则的制定也亟需提上日程。笔者也注意到，为应对CSRD提案对可持续发展信息的鉴证要求，欧洲会计协会（Accountancy Europe）于2022年5月发布《CSRD下可持续发展信息鉴证》的讨论文件中指出，尽管IAASB已经发布《关于将ISAE 3000应用于可持续发展报告及其他扩展外部报告鉴证业务的非权威性指引》，但仍然需要制定具体的指南及可持续发展报告的具体保证标准，以指导鉴证机构了解主体及其环境，评估确定可持续发展信息重要性的过程，评估叙述性信息及其中立性，评估前瞻性信息，以及审核信息的完整性，并对重要性以及识别和评估欺诈风险提供指引。欧洲会计协会建议尽快制定进一步的鉴证指南，以应对有限鉴证业务的即时需求，而未来需要考虑制定适用于合理保证的鉴证标准，以适应可持续发展信息合理保证的需求。

中国注册会计师协会于2006年发布了《中国注册会计师其他鉴证业务准则第3101号——历史财务信息审计或审阅以外的鉴证业务》，当前需要尽快根据IAASB于2013年修订后的ISAE 3000版本进行修订；同时尽快起草制定温室气体排放报告鉴证等主题领域的具体鉴证准则，并根据IAASB《关于将ISAE 3000应用于可持续发展报告及其他扩展外部报告鉴证业务的非权威性指引》制定可持续发展信息鉴证指南。

3.培育可持续发展信息鉴证服务能力

面对可持续发展信息鉴证服务的战略机遇，注册会计师行业需要大力培育相关领域的鉴证能力。

第一，培养可持续发展各管理领域的专家，从公司治理到公司战略，从风险管理到情景分析、压力测试，从信息系统到报告编制、绩效考核、业绩改善，注册会计师行业应该拥有这些细分领域的专业人才。

第二，培养可持续发展具体主题领域的专家，涉及的具体领域包括温室气体排放、水资源管理、生物多样性、能源管理、碳中和与碳减排、碳捕捉与碳抵消、碳定价、职业健康与安全生产、食品安全、数据安全、隐私保护、供应链管理、商业诚信管理、合规管理、反洗钱与制裁合规管理等。

第三，培养各细分行业可持续发展信息披露专家。目前ISSB发布的征求意见稿在行业披露要求上参照SASB标准的行业分类，提出了68个细分行业的特定披露要求。不同细分行业，披露主题和指标不同，尤为重要的是，各细分行业均有特定的与可持续发展相关的标准。例如，汽车行业的排放标准包括中国国家第六阶段机动车污染物排放标准、美国加州低排放车辆计划——LEV III、轻型汽车欧6排放标准、美国公司平均燃料经济性（CAFE）标准等多个标准；航空行业的温室气体核算标准，除包括由世界资源研究所和世界可持续发展工商理事会（WRI/WBCSD）于2004年3月发布的修订版《温室气体核算体系：企业会计和报告准则》外，还有国际航空航天环境组织（IAEG）发布的《航空航天工业温室气体报告指引》、美国环境保护署（EPA）发布的《温室气体清单指引：固定燃烧源的直接排放》、ISO 14064-1、国际石油工业环境保护协会（IPIECA）发布的《石油工业温室气体排放报告指引》、企业环保组织（EpE）发布的

《废弃物管理活动温室气体排放量化核算体系》以及中国国家民航局发布的《民用航空飞行活动二氧化碳排放监测报告核查管理暂行办法》等。考虑到以上行业差异，注册会计师行业只有积极培养各细分行业的专家，方能为各行业企业提供高质量的可持续发展信息鉴证服务。

第四，建立外聘专家库。尽管注册会计师行业可以培养各方面专家，但由于可持续发展信息披露涉及诸多管理领域、诸多主题及涵盖各行业，仅靠注册会计师行业自身培养的专家远远不够。注册会计师行业及各会计师事务所需要甄选各领域专家，建立专家库，以便注册会计师开展鉴证工作时可以及时聘请符合条件的专家提供协助。

第五，开发各种工具，比如开发各种碳排放分析工具，以便在开展温室气体排放鉴证工作时能够高效地验证企业相关数据的准确性和合理性。注册会计师行业需要全面梳理各行业可持续发展信息披露具体领域，开发各种数字化工具，这样才能高效、高质量地开展可持续发展鉴证服务工作。

（原载于《财会月刊》2022 年第 15 期）

主要参考文献

1.OICU-IOSCO. Report on Sustainability-related Issuer Disclosures［EB/OL］.［2024-12-18］. https：//www.iosco.org.

2. IAASB. International Standard on Assurance Engagements ISAE 3000 （Revised）: Assurance Engagements Other than Audits or Reviews of Historical Financial Information［EB/OL］.［2024-12-18］. https：//www.iaasb.org.

3. IAASB. Non-Authoritative Guidance on Applying ISAE 3000 （Revised） to Sustainability and Other Extended External Reporting（EER）Assurance Engagements［EB/OL］.［2024-12-18］. https：//www.iaasb.org.

4.SEC. The Enhancement and Standardization of Climate-Related Disclosures for Investors［EB/OL］.［2024-12-18］. https：//www.sec.gov.

5.ISSB. IFRS S1 General Requirements for Disclosure of Sustainability-related Financial Information［EB/OL］.［2024-12-18］. https：//www.ifrs.org.

6.ISSB. IFRS S2 Climate-related Disclosures［EB/OL］.［2024-12-18］. https：//www.ifrs.org.

可持续信息鉴证制度发展趋势与顶层设计

王鹏程

【摘要】可持续信息的强制披露要求已经在多个司法管辖区纳入相关法律，可持续信息的鉴证也正在从自愿采用逐步发展为可持续信息披露的重要监管方式。欧盟委员会发布《公司可持续发展报告指令》(CSRD)，美国证监会（SEC）发布上市公司气候信息披露规则成为可持续信息鉴证的重要风向标。为推动高质量发展，促进经济、社会和环境的可持续发展，中国需要在研究制定可持续披露准则的同时，着力构建可持续信息鉴证制度，在鉴证要求、鉴证范围、鉴证主体、鉴证意见、鉴证准则、监管制度、法律责任等方面作出科学合理的制度安排。

【关键词】可持续信息鉴证制度；发展趋势；顶层设计

自2015年第21届联合国气候大会通过《巴黎协议》以来，世界各国在缓解气候变暖、实现碳中和的进程中对可持续信息的披露愈加重视，纷纷以立法形式明确可持续信息的强制披露要求，如欧盟委员会发布的《公司可持续发展报告指令》(CSRD) 和美国证监会（SEC）发布的上市公司气候信息披露规则。2024年4月12日，在证监会统一部署下，沪深北交易所发布《上市公司自律监管指引——可持续发展报告（试行）》，要求上证180指数、科创50指数、深证100指数、创业板指数样本公司及境内外同时上市的公司最迟在2026年首次披露2025年度可持续发展报告，鼓励其他上市公司自愿披露。可持续信息的强制披露必然伴随着可持续信息的监管，否则披露信息的质量难以保证。可持续发展信息的鉴证，被各国的规则制定机构视为可持续信息的重要监管手段正从自愿采用转向强制要求。本文通过分析欧盟CSRD以及美国气候信息披露规则中有关可持续信息鉴证的具体要求，总结、归纳其发展趋势，并结合中国的具体情况，就鉴证要求、鉴证范围、鉴证主体、鉴证意见、鉴证准则、监管制度、法律责任等方面的制度安排提出具体建议，供有关方面参考。

一、可持续信息鉴证制度的发展趋势

2022年11月，欧盟委员会发布《公司可持续发展报告指令》（CSRD），引入第三方独立鉴证机制，要求适用CSRD的所有公司，包括所有大公司和所有在欧盟监管市场上市的公司（上市微型公司除外），对报告的可持续发展信息寻求有限的保证，并在以后阶段转向合理保证。鉴证报告需要涵盖可持续发展报告是否符合欧盟可持续发展报告标准、公司为识别根据可持续发展信息而开展的流程，以及是否符合可持续发展报告标记要求等。欧盟通过立法的形式正式引入独立的鉴证机制，有助于遏制企业夸大环境保护投入和成效或隐瞒其经营活动对环境造成的不利影响。

2024年3月，美国证监会（SEC）发布了上市公司气候信息披露规则，要求在美上市公司报告其自身运营以及消耗的能源产生的温室气体排放，并对其排放量获取独立第三方的鉴证。提案要求加速申报人或大型加速申报人提交的披露文件包括一份涵盖其温室气体范围1和范围2排放披露的鉴证报告。温室气体排放披露的指定财年，鉴证必须至少达到以下保证水平：范围1和范围2排放披露合规日期后的第2和第3财年，提供有限保证；范围1和范围2排放披露合规日期后的第4财年及以后，必须提供合理保证。

分析欧盟CSRD以及美国气候信息披露规则中有关可持续信息鉴证的具体要求，可以观察到以下趋势：

1.对披露主体的分层级和分阶段约束

CSRD和SEC气候披露规则对于不同规模的信息披露主体进行鉴证的时间不同。CSRD要求已受NFRD（指令2014/95/EU）约束的大型公共利益公司自2024财年开始进行信息披露并同步引入第三方鉴证，除此之外的大型公司自2025年开始，而上市中小企业（不包括微型企业）自2026年开始，鉴证程度为有限保证，未来（不迟于2028年10月1日）逐步过渡到合理保证。

SEC气候披露规则要求，大型公司从2026年开始披露，2029年做到有限保证，2033年要做到合理保证，中型公司顺延2年，且不要求做到合理保证。小型公司对于信息披露以及鉴证均无要求。

分层级分阶段进行可持续发展信息鉴证，是基于披露主体在内部管治、资源投入方面的禀赋不同而设计的，能够给与披露主体足够的时间逐步提升信息披露水平。欧盟对于微型企业的豁免以及SEC对于小型企业的豁免，也能够减少中小企业负担。这一方式也适用于中国。

2. 从有限保证逐渐过渡到合理保证

在欧洲，负责协调各国实施CSRD的机构欧洲证券与市场管理局（ESMA）在2024年7月5日发布的《可持续信息实施指南-最终版报告》中提到，鉴证准则以及一些术语定义，还需要参考尚在征求意见稿阶段的ISSA 5000。ISSA 5000是国际审计与鉴证准则委员会于2023年8月发布的关于可持续信息鉴证的准则。可持续信息鉴证服务按照提供的保证程度不同分为有限保证和合理保证。

美国SEC在其终版规则中并未对鉴证标准作出任何倾向性选择，主要是考虑到其调研对象目前采用的鉴证标准呈现多样化的特征，而距离大型公司2029年才被要求做鉴证尚留有充分的时间，在这段时间内，国际上各种鉴证标准也会不停发展。SEC也会根据情况再做规定。

从保证程度上，CSRD和SEC规则都要求披露主体取得的鉴证逐步从有限保证过渡到合理保证。有限保证是基于问询、分析程序就可持续信息表达意见。合理保证是基于问询和查证程序，能够更高程度地对企业披露的可持续信息的真实性为投资者提供保证。随着可持续信息在融资投资领域变得愈发重要，合理保证能够提供投资者所需的更强有力的增信。而过渡期的设计，为企业在可持续信息管理的流程设计、证据留存等关键环节的完善留有时间。

3. 整体信息鉴证和选择性信息鉴证并存

在目前可持续信息鉴证实务中，既有就整体可持续发展报告进行鉴证并发表鉴证意见的，也有就可持续发展报告中的部分数据进行鉴证的，但更多的是分别就可持续发展报告中的不同信息如温室气体排放、生物多样性、水资源等聘请不同鉴证机构进行鉴证，发表鉴证意见。

欧盟CSRD要求对整体可持续发展报告进行鉴证。美国SEC气候信息披露新规及新加坡近期发布的咨询文件均是仅仅要求对范围1、范围2的温室气体排放进行鉴证。基于对公开征求意见稿的回复，SEC出于成本考虑选择对投资者最有参考价值的信息（范围1和范围2的温室气体排放信息）进行鉴证，并且放松了中小型公司的合理保证鉴证要求。

美国SEC的要求有其特殊的考虑。SEC要求企业在其注册文件或年报中披露气候信息，同时SEC认为，除温室气体排放数据之外的定量数据，与财务报表信息一样均来自公司的账簿记录。作为在年报中披露的非财务信息，审计师有责任阅读并关注这些非财务信息与其审计过程中所获取信息的一致性。而温室气体排放并非来自审计师审计过程中会关注的账簿信息，因此需要关注额外的企业内控流程以及鉴证安排。

可以看出，无论是欧盟CSRD还是美国SEC，对于可持续信息的全部内容都通过某种形式来进行了覆盖。只不过在美国，除了温室气体排放之外，其他信息都是通过审计师对于年报中的“其他信息”的责任来落实的。这样的责任不同于鉴证责任，更达不到有限保证甚至合理保证的程度。

4.强化治理层对可持续信息鉴证的监督

欧盟CSRD要求审计委员会监控可持续发展报告流程、内部质量控制和风险管理体系的有效性及内部审计对公司可持续发展报告的有效性，监督可持续发展报告的鉴证，并审查和监督法定审计师或鉴证机构的独立性。同时，COSO于《实现对可持续发展报告的有效内部控制——通过COSO内部控制综合框架建立信任和信心》中也提出了类似的建议，包括：监督可持续发展报告、ICSR体系、内部审计职能，确定可持续信息的保证水平，确定外部鉴证机构等。在建立全球一致的可持续准则背景下，在强制披露和强制鉴证可持续信息披露的趋势下，重新定位审计委员会职责，让审计委员会履行可持续信息披露和鉴证监督职责成为必然。

二、可持续信息鉴证制度的顶层设计

可持续信息鉴证制度的设计是一项系统性工程，涉及多个政府机构、监管机构、市场参与者。中国的可持续信息披露起步晚，企业对于可持续信息的披露还在学习和适应过程中，鉴证服务机构也处在早期阶段，鉴证制度的立法、市场培育、监管措施需要考虑中国企业和鉴证服务市场的现状。

1.从自愿鉴证要求逐步过渡至强制鉴证要求

目前，无论是沪深北三个交易所，还是香港联交所，在要求上市公司进行可持续信息披露的同时，均未要求对可持续信息进行鉴证，只是鼓励鉴证。在这种情况下，出于成本以及工作量的考虑，大多数上市公司缺乏接受鉴证服务的积极性。鉴证制度作为确保披露信息质量的重要环节，需要以立法形式明确要求。考虑到中国上市公司进行可持续信息披露起步较晚，即便在可持续信息强制披露的时间表启动后，仍需时日逐步提升信息披露质量，此外，鉴证成本可能会给部分业绩不佳的上市公司带来额外负担，建议参考SEC的做法，在启动强制信息披露后1~2年再做强制鉴证要求，甚至豁免部分中小规模上市公司的强制鉴证要求。

2. 从选择性信息鉴证逐步过渡至整体信息鉴证

沪深北三个交易所以及香港联交所对于上市公司可持续信息披露的要求覆盖面广，包含多个要素（治理、战略、风险和机遇管理、指标和目标）。企业在披露的时候会涉及多个定性和定量的信息。目前市场上已经选择进行鉴证的企业，绝大多数是就部分信息进行鉴证，而非整份报告。对可持续发展报告中的部分数据进行鉴证，不能满足投资者及利益相关方对可持续发展报告整体提供保证的诉求，同时因为不同企业选择进行鉴证的数据范围可能存在差异，会导致企业之间的不可比，对投资者及利益相关方容易造成误导。

考虑到满足投资者及利益相关方对可持续发展报告整体提供保证的需要，笔者建议，在开展鉴证的早期阶段可以选择部分指标进行鉴证，最终过渡到参照欧盟CSRD的做法，要求对可持续发展报告整体进行鉴证。对整体报告的鉴证，前几年可以采用有限保证，逐步过渡至合理保证。这些“部分指标”可以不限于碳排放数据（即SEC的做法），而是可以扩展到基于实际发生情况进行统计的所有社会和环境议题披露的定量数据，不涉及定性披露和任何前瞻性信息。这样做可以降低鉴证机构的工作难度以及公司接受鉴证所投入的时间及成本，同时也在更广泛的范围内就公司所披露的数据进行了验证，以在现有基础上切实提升可持续信息的披露质量，为投资者提供更多价值。

3. 制定与ISSA 5000趋同的可持续信息鉴证准则

在目前国内的实务操作中，可持续信息的鉴证标准存在多样化的特点，常见的鉴证标准包括：

（1）《国际鉴证业务准则第3000号（修订版）——历史财务信息审计或审阅以外的鉴证业务》（以下简称“ISAE 3000”）和《国际鉴证业务准则第3410号——温室气体排放声明鉴证约定》（以下简称“ISAE 3410”）。ISAE 3000作为可持续发展报告及其他拓展外部报告鉴证业务的指引，涵盖可持续发展、企业责任、温室气体排放和公共部门服务绩效报告等。ISAE 3410则专门针对温室气体，包括排放、抵消等。使用ISAE 3000和ISAE 3410的主体多为会计师事务所。

（2）由英国社会和伦理责任协会制定的《AA1000审验标准》。AA1000系列基于包容性、实质性、回应性、影响性四大基本原则。其中，包容性指人们应该对影响他们的决定有发言权；实质性指决策者应明确重要的可持续性主题；回应性指组织就重要的可持续性问题及相关影响采取透明的行动；影响性指组织应监测、衡量其行动如何影响更广泛的生态系统并为之负责。使用《AA1000审验标准》的主体多为认证服务机构和咨询公司。

2023年6月，国际审计与鉴证准则理事会（以下简称IAASB）全票批准《可持续鉴证准则第5000号——可持续鉴证业务的一般要求》（以下简称ISSA 5000）进入意见征询阶段。2023年12月，ISSA 5000意见征询结束。该准则预计于2024年9月获得最终批准，2024年底前正式发布。ISSA 5000为ESG鉴证业务的承接和保持，事务所层面质量管理，项目层面质量管理，舞弊和违反法律法规行为，与管理层、治理层及其他人员的沟通，鉴证业务的前提条件，鉴证业务约定条款，证据，计划和风险评估程序，对重大错报风险的应对，对已识别的错报的累积和考虑，以及鉴证报告的编制等鉴证业务的实施提供了详细指引，涉及从业务的承接、保持到报告的整个可持续发展鉴证业务过程，为ESG鉴证业务提供全球基准。

ISSA 5000适用于所有的ESG主题、所有的报告机制（例如单独报告或者是与年报整合为一体）、所有的适当标准（例如全球报告倡议组织（Global Reporting Initiative，以下简称GRI）及国际可持续发展准则理事会（International Sustainability Standards Board，以下简称ISSB）制定的标准，或者CSRD和SEC标准）、所有的预期使用者。ISSA 5000也提供了有限保证和合理保证两个类型的鉴证标准。此外，ISSA 5000可以适用于所有鉴证执业人员使用，包括职业会计师和非会计师的鉴证执业人员，但须遵守准则中关于职业道德的要求和质量管理的基本前提。

IAASB是国际审计准则的标准制定者，其在鉴证准则制定的权威性获得全球范围的广泛认可，并在准则推广实施过程中具有网络优势。为推进可持续信息的鉴证工作，中国亦有必要紧跟ISSB可持续鉴证准则制定步伐，尽快研究制定与ISSA 5000趋同的可持续信息鉴证准则。

4.明确与鉴证范围相匹配的合格鉴证主体

鉴证主体涉及鉴证机构是否必须是被鉴证单位所聘请的进行法定财务报表审计的会计师事务所，还是可以为其他会计师事务所或者咨询机构、认证机构及研究机构这一重要制度安排。尽管欧盟CSRD和美国SEC气候信息披露新规均未对鉴证主体进行限定，但笔者认为，为了确保可持续信息鉴证质量、尽早建立行之有效的监督机制，需要尽早对鉴证主体作出慎重的安排。

会计师事务所对可持续信息进行鉴证具有诸多优势。首先，注册会计师行业经过多年的发展，已经建立了完善的职业道德守则、质量管理准则及审计和鉴证准则体系，拥有丰富的财务报表审计经验，熟悉各类企业的行业特征、商业模式、业务流程、信息系统及所在行业受到的监管，并且注册会计师行业一直在监管部门强监管下开展业务，勤勉尽责、职业谨慎已经成为基本要求。由会计师事务所进行可持续信息鉴证，有助于确保可持续信息的鉴证质量。其次，经过多年的发展，一些大型会计师事务所已经拥有能源管理、食品安全、数据安全、隐私保护、供应链管理、商业诚信管理、合规管理、反洗钱与制裁合规管理等领域的专家，可持续信息鉴证中若涉及这些领域的信息披露，完全可以利用内部专家的工作。最后，对于温室气体排放、水资源管理、生物多样性、碳中和与碳减排、碳捕捉与碳抵消、碳定价、职业健康与安全生产、食品安全等没有相关专家的领域，会计师事务所在开展鉴证工作时，可以考虑利用外部专家的工作，亦有《中国注册会计师审计准则第1421号——利用专家的工作》对其利用专家工作进行规范。

咨询机构、认证机构及其他第三方机构可能是可持续信息披露涉及的某一个或多个主题领域的专家，拥有该等领域丰富的经验，但这些机构并不受类似注册会计师职业道德守则和会计师事务所质量管理准则等规则的约束，相关监管机构对其监管力度与对注册会计师行业的监管无法类比。而且，其专长领域不能覆盖可持续信息披露所有主题领域，尤其是在可持续信息披露中最为复杂的情景分析和财务影响，需要结合公司大量内部财务和业务数据进行分析，需要全面了解公司的业务特点和财务数据产生逻辑。相比公司现有审计师，这些机构在这一工作上需要大量的投入才能达到鉴证效果，增加了公司的鉴证成本。

基于以上分析，笔者认为，除非仅仅就个别可持续信息进行鉴证，可持续信息的鉴证主体应该为会计师事务所。考虑到财务报表与可持续信息的关联，可持续信息的鉴证主体应该是被鉴证单位所聘请的进行法定财务报表审计的会计师事务所。咨询机构、认证机构及其他第三方机构可以作为外部专家，就某一领域的披露内容表达结论，作为会计师事务所工作的支持。

5.对鉴证机构的监管以及相关监管要求

CSRD也对可持续发展报告鉴证服务的监管规则作出了规定，包括：（1）法定审计师和审计事务所的批准和认可规则应确保法定审计师具备可持续发展报告鉴证相关的知识和能力；（2）第2006/43/EC号指令第21至24条有关法定审计师遵守职业道德、独立性、客观性、保密性的规则，适用于可持续发展报告的鉴证；（3）第2006/43/EC号指令第29条要求成员国建立法定审计师和审计事务所的质量保证审查制度适用于可持续发展报告的鉴证；（4）第2006/43/EC号指令第37条和第38条规定了法定审计师和执行法定审计的审计事务所的任命和解聘规则，这些规则应扩展到可持续发展报告的保证，以确保审计师在法定审计工作和可持续发展报告保证方面的规则一致；（5）第2006/43/EC号指令第39条要求成员国确保每个公共利益实体都有一个审计委员会，该审计委员会应承担与可持续发展报告鉴证相关的职责。

在美国，从SEC规则的草案以及最终规则的文件来看，SEC尚未倾向性地表达对气候信息（范围1和范围2的温室气体排放）提供鉴证服务的机构类型。这也与鉴证内容本身的特征有关。在温室气体排放统计领域，其他服务机构也具有较多经验。此外，SEC也并未要求提供鉴证服务的机构需要在PCAOB（上市公司会计监管委员会）进行注册，而是考虑如何以其他方式保护投资者。但是SEC也表达了对于提供鉴证机构的独立性以及质量管理体系的要求。

笔者认为，可持续信息鉴证的监管，是可持续信息鉴证制度的重要组成，需要尽快明确监管机构职责分工和监管方式，制定能力要求、职业道德、独立性、质量管理、监督检查、处理处罚等监管规则。就监管机构而言，若可持续信息的鉴证机构为会计师事务所，则对会计师事务所的监管便归属于财政部门，中国注册会计师协会及地方协会则需要承担其对会计师事务所开展可持续信息鉴证的自律监管职责。

6.明确可持续信息鉴证涉及的安全港规则

为营造可持续信息鉴证的良好环境，确保可持续信息鉴证质量，必须明确有关各方的法律责任以及违规惩戒措施。此外，可持续信息的鉴证涉及众多主体，包括客户、供应商及第三方数据供应商等提供的证据，还会引入专家的工作。因此有必要明确其法律责任并引入安全港规则。

除了公司对于可持续发展信息的编制责任，以及外部鉴证机构的鉴证责任，对于客户、供应商和第三方数据供应商，相关法律需要明确该等单位的配合责任，并要求其对回函及提供的有关资料的及时性、真实性、完整性、准确性负责。这如同防范财务领域造假。2024年7月，国务院办公厅转发中国证监会等部门《关于进一步做好资本市场财务造假综合惩防工作的意见》的通知，其中提到“供应商、客户、中介机构、金融机构等第三方人员配合实施财务造假构成犯罪的，依法坚决追究刑事责任”。对于可持续发展信息披露的造假行为，也需要相关法律予以定义和惩戒。

对于利用专家的工作，相关法律需要明确执行鉴证的机构对利用专家工作的结果负责，相关领域的专家应当对其出具的专家报告或发表的专家意见承担法律责任。同时，建议对执行可持续信息鉴证的机构引入安全港规则，明确只有在没有合理依据的情况下才对前瞻性信息、价值链相关信息的鉴证以及利用专家工作的结果承担法律责任。

原文发表于《中国注册会计师》2024年第07期（总第302期）

主要参考文献

1.SMA. Guidelines on Enforcement of Sustainability Information［EB/OL］.［2024-12-18］. https：//www.esma.europa.eu.

2.SEC. The Enhancement and Standardization of Climate-Related Disclosures for Investors［EB/OL］.［2024-12-18］. https：//www.sec.gov.

3.《上海证券交易所上市公司自律监管指引第14号——可持续发展报告（试行）》

4.王鹏程．中国可持续披露准则实施保障机制研究［J］．财会月刊，2023（17）：7-15.

ISDS征求意见稿评述与反馈意见建议

王鹏程　孙　玫　黄世忠　叶丰滢

【摘要】2022年3月31日，国际可持续发展披露准则理事会（ISSB）发布了两项国际可持续发展披露准则（ISDS）征求意见稿，即《可持续发展相关财务信息披露的一般要求》（IFRS S1，以下简称S1 ED）和《气候相关披露》（IFRS S2，以下简称S2 ED）。本文对国际可持续发展披露准则的定位、主要特点进行了详细分析和评述，基于可持续发展的世界潮流与各国应对ISDS的动向以及中国可持续发展的特色和阶段特征提出了形成中方反馈意见需要考虑的因素，在此基础上，提出中方总体反馈意见及针对ISSB征询意见问题详细回复的建议。

【关键词】ISDS；征求意见稿；反馈意见建议

2022年3月31日，国际可持续发展披露准则理事会（ISSB）发布了两项国际可持续发展披露准则（ISDS）征求意见稿，即《可持续发展相关财务信息披露的一般要求》（IFRS S1，以下简称S1 ED）和《气候相关披露》（IFRS S2，以下简称S2 ED）。我们对ISDS的定位和征求意见稿的主要特点进行了系统梳理，分析形成中方反馈意见需要考虑的重要因素，详细研究S1 ED和S2 ED中涉及的重要问题及其征询意见的具体问题，提出中方总体反馈意见及针对ISSB征询意见问题详细回复的建议，供有关方面参考。

一、国际可持续发展披露准则征求意见稿评述

研读国际财务报告基金会（IFRS基金会）启动ISDS项目以来的相关文件，以及全球环境信息研究中心（CDP）、气候披露标准委员会（CDSB）、全球报告倡议（GRI）、国际综合报告委员会（IIRC）和可持续会计标准委员会（SASB）五个机构联

合发布的《企业价值报告下气候相关财务信息披露准则原型》，国际证监会组织（IOSCO）发布的《发行人可持续发展信息披露报告》，ISSB成立后发布的两项准则征求意见稿，不难看出，ISSB以价值报告为导向，聚焦于财务重要性（单一重要性原则），基于财务报告组成部分的定位，致力于提供全球一致的可持续发展披露的基线准则。在这一定位下，ISSB所发布的两项ISDS征求意见稿具有鲜明的特点并存在诸多的不足。

1. 国际可持续发展披露准则的定位

（1）价值报告导向

为解决可持续发展信息披露的乱象，响应各利益相关方的诉求，IFRS基金会从启动可持续发展披露准则咨询之初，便将ISSB可持续发展披露准则定位为价值报告范畴。IFRS基金会于2020年9月发布的可持续发展披露准则咨询文件中指出，如果设立ISSB，其目标便是专注于提供相关事项对报告主体影响的信息，因为这些信息将支持投资者及其他财务报告使用者的决策。

五个机构联合发布的《企业价值报告下气候相关财务信息披露准则原型》将可持续发展相关信息的披露分为三种形式的报告。一是反映所有重大影响、涉及最广泛的可持续发展问题的报告，即可持续发展报告。二是涉及较窄范围的可持续发展问题但这些问题足以影响主体价值的报告，即价值报告或可持续发展相关财务信息披露。三是只涉及范围最窄的可持续发展问题，以货币金额进行确认、计量和报告，即财务报表。三者之间的关系如图1所示。鉴于可持续发展信息的嵌套性和动态性，三类不同形式报告相互关联，其具体内容随时间推移会动态变化、趋于一致。五机构联合发布的气候相关财务信息披露准则原型定位于价值报告，侧重于向投资者提供气候和其他相关可持续事项如何影响企业价值的信息。

IOSCO对于这一定位，于2021年6月发布的《发行人可持续发展信息披露报告》中进行了确认，认为ISSB以企业价值为导向制定准则是务实的，也是最可能达成国际共识的，与IFRS基金会的使命、治理架构以及监督委员会和受托人的组成相匹配，也有助于制定可持续发展信息鉴证准则。IOSCO也认为，ISSB的准则制定需要确保其准则随着时间的推移不断发展，以适应不断扩大的企业价值创造视角。

鉴于企业价值报告的导向，ISSB在S1 ED中将可持续发展信息披露的目标确定为“有助于通用目的财务报告主要使用者评估企业价值和作出是否向主体提供资源的决策”。其中，“企业价值”是指“反映对未来现金流量短期、中期和长期的金额、时间和不确定性，和根据主体的风险状况确定的现金流量价值的预期，以及主体的融资渠道和资本成本”。

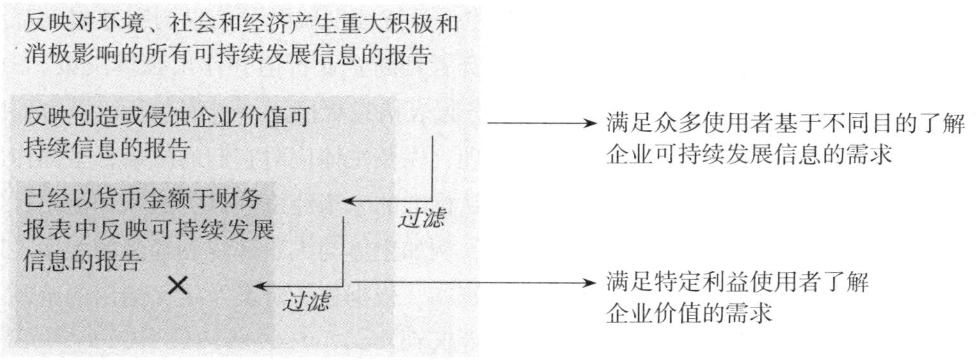

资料来源：CDP、CDSB、GRI、IIRC和SASB五个机构于2020年12月联合发布的《企业价值报告下气候相关财务信息披露准则原型》。

图1　综合公司报告

由ISSB的产生背景和主推力量可知，企业价值观完全符合IFRS基金会和ISSB的立场或定位，但不同于某些标准（如GRI）或某些地区（如欧盟）提出的兼顾多元利益主体诉求的社会价值观。

我们注意到，ISDS作为全球基线准则，通过“搭积木法”为遵循社会价值观的报告框架预留下对接空间。例如，IFRS基金会宣布与GRI达成关于可持续发展标准的合作协议。根据该协议，前者下设的ISSB与后者下设的全球可持续发展标准委员会（GSSB）将在未来工作中相互协调与合作，以兼顾多元利益相关方的信息诉求。

（2）单一重要性原则

与IASB的概念框架一致，ISDS以漏报、错报或隐瞒可持续发展相关财务信息是否影响投资者决策作为重要性标准。这一重要性概念与企业价值导向一脉相承，表明ISSB制定的ISDS遵循的是单一重要性原则，即财务重要性原则。单一重要性原则的底层逻辑是，环境和社会的可持续发展离不开资本市场为企业绿色转型提供资金支持，且企业的可持续发展也离不开对公平正义等社会议题的关切。将重要性聚焦于财务重要性，便于投资者从可持续发展报告中获取有助于评估企业在环境和社会议题上的可持续性，引导他们将资金投向具有可持续发展前景的企业，进而促进经济、环境和社会的可持续发展。

与ISDS不同的是，GRI以及欧盟《公司可持续发展报告指令》（CSRD）兼顾了财务和社会影响的“双重重要性”。双重重要性原则的底层逻辑是，企业既受外部影响，又对外部产生影响，只有同时关注影响的双重性，并将与双重影响相关的信息均纳入可持续发展报告，投资者才能评估环境和社会议题如何影响企业价值，其他利益相关者才能评估企业经营活动对环境和社会是产生积极影响还是消极影响。

（3）财务报告组成部分

S1 ED第3段指出，“主体的通用目的财务报告应包括对其可持续发展相关财务信息的完整、中立、准确的描述”，根据这一描述，可持续发展财务信息与财务报表都属于“财务报告”的有机组成部分，都服务于投资者判断企业价值并作出投资决策。S1 ED第3段指出，可持续发展相关财务信息比财务报表信息更广泛，可能包括以下方面的信息：主体对可持续发展相关风险和机遇的治理，以及主体应对它们的战略；主体作出的决定，该决定可能产生尚不符合财务报表确认标准的未来经济利益的流入和流出；主体因其采取的行动而获得的声誉、业绩和前景，例如主体与人、环境和经济的关系，以及主体对它们的影响和依赖；主体研发的知识资产。根据这一定义及定义给出的范围，可持续发展信息和财务报表信息存在以下实质性区别：

一是可持续发展披露以“价值发现”为导向，带有强烈的前瞻性甚至规划性，并非只关注历史财务信息，故其考察期间通常长于会计估计期间，考察范围实际也不限于报告主体，而是延伸到上下游价值链，也因此挑战了可持续发展信息披露的可验证性。

二是可持续发展披露比财务报表更加重视商业模式、行业特征以及企业个性化特征，原因是财务报表四大假设之“货币计量假设”实际发挥了不同商业模式、不同治理和管理水平、不同战略和决策行为、不同资源和关系、不同风险和机遇之间的“一般等价物”的作用，但客观上掩盖了可持续发展披露履行“价值发现”功能所需要的差异化或个性化信息，因此前者通过披露将其重新发掘出来。

三是财务报表通常“不看原因只看结果”，而可持续发展披露要求反映某一特定可持续发展相关风险和机遇的财务影响（例如气候变化的财务影响）。尽管这一要求看似“合理”，但实际执行难度很大，无异于要求企业针对整体财务影响进行主观和复杂的“归因分析”。

实际上，可持续发展披露的概念与IASB的管理层评论实务公告更加接近，因为管理层评论同样关注对企业创造价值和产生未来现金流的能力。根据S1 ED，可持续发展相关财务信息可在通用目的财务报告的不同位置进行披露，如果通用目的财务报告包含管理层评论，则可在管理层评论部分披露可持续发展相关财务信息。

（4）全球基线准则

“全球基线准则”的概念实际具有两方面含义：一是吸纳可持续发展披露领域内的多个国际主流标准，以实现可持续发展披露在全球范围内的可比性（Global Comparability），这也是IFRS基金会成立ISSB制定ISDS的初衷；二是将ISDS定位于可持续发展披露要求的‘底线（baseline）”而非“标杆（role model）”，以扩大统一战线，争取最广泛的支持。

ISDS的“底线思维”提供了构建可持续发展披露理论大厦的地基，有利于兼容并包含不同的思想观念或政治经济诉求，具体包括以下四层含义：一是兼容更广泛的可持续发展议题，如固定废弃物、水资源、生物多样性、人权等；二是兼容更广泛的利益相关方的诉求，例如，ISSB已宣布与多元利益主体导向或社会价值观的GRI开展合作（而非竞争）；三是兼容不同司法管辖区的政府部门、证券市场的披露特色；四是就特定的可持续发展议题（如气候变化）而言，兼顾发展中国家或新兴市场国家所主张的“承担共同但有区别的责任”的原则，避免提出过高的标准或不切实际的要求。

另一方面，ISDS的底线思维也代表这是“最起码的要求”，在此基础上只允许做加法、不允许做减法，具体包括以下两层含义：一是就单项可持续发展议题准则而言，企业必须完整地、不打折扣地实施准则中的所有要求，而不再有避重就轻、挑肥拣瘦的选择权，这可能对发展中国家或新兴市场国家的企业有较大的压力；二是除非企业已满足所有可持续发展披露准则的要求，否则总体上仍不被认为符合ISDS的要求。需要注意的是，ISDS的推广策略是选择国际社会已形成共识的、相对阻力最小的气候变化议题作为突破口，但未来迟早要涉足更加困难、充满争议甚至政治性的话题（如人权），这对于希望采纳或趋同ISDS的国家、市场和企业始终是一个潜在的威胁。

2.征求意见稿的主要特点分析

（1）核心要素完全借鉴TCFD

ISDS在核心要素方面完全借鉴了TCFD框架及其指南，该借鉴不仅限于气候变化议题（S2 ED），而是将TCFD的四支柱框架作为“一般要求（S1 ED）”扩展至所有可持续发展议题。

ISSB选择以国际社会认为最重要、最紧迫且最容易达成共识的“气候变化”议题作为突破口，所发布的S2 ED完全借鉴国际主流标准TCFD的四要素框架，即要求主体从治理、战略、风险管理、指标和目标四方面披露气候相关财务信息。借鉴TCFD的原因在于，TCFD报告框架主要聚焦于气候变化议题，内容最细致，除了《最终报告建议》和《指标、目标与转型计划指南》外，TCFD还就情景分析、风险整合管理等发布了补充指南，并提供了大量的报告模板和数据库，对气候变化相关的物理风险和转型风险及其财务影响的分析也最系统和具体，是近年来在企业和金融机构的气候相关信息披露中应用最广泛的框架。截至2021年10月，全球超过2 600家市值达25万亿美元的上市公司表达了对TCFD框架的支持，1 069家管理了194万亿美元资产的金融机构也对TCFD框架予以加持，英国、新西兰、瑞士和欧盟在提出强制性气候披露时也有意借鉴TCFD框架，G7财政部和央行均公开支持TCFD框架。

披露内容方面，S2 ED相较TCFD建议“只多不少”，这意味着，TCFD实际在气候变化方面构成了ISDS的“基线准则”。换言之，凡在气候相关披露方面符合ISDS者必定也符合TCFD。考虑到若干重要市场将要把TCFD作为气候相关披露的强制性要求，ISDS实际上通过此举预先排除了未来推广中最大的障碍。

ISSB将TCFD的四要素框架作为一般要求扩展至所有可持续议题后，ISDS的核心要素与主流报告框架的核心要素存在重大差异，与IASB于2021年5月发布的管理层评论的征求意见稿也有很大不同（见表1）。管理层评论的征求意见稿在核心要素方面参考借鉴了IIRC综合报告框架．两者在目标、基本思路和核心要求是类似的，主要内容包括：①主体的商业模式，即如何创造现金流和企业价值；②管理层在短期、中期和长期为维持和发展该商业模式所采取的战略，包括管理层的机遇，包括方向和目标、为实现目标的阶段性任务、为完成阶段性任务的计划安排；③商业模式和战略所依赖的资源和关系，包括主体财务报表中未确认为资产的资源；④可能在短期、中期或长期对商业模式、战略、资源或关系造成破坏的风险；⑤影响或可能影响商业模式、战略、资源、关系或风险的外部环境因素和趋势，既包括主体与其客户、供应商或竞争对手所在的行业和市场环境（直接环境），也包括法律、监管、经济、政治、技术、社会、文化以及自然环境（间接环境）；⑥主体的财务业绩和财务状况，包括其如何受到上述五方面因素的影响。值得注意的是，管理层评论的征求意见稿在六大核心要素中专门提及气候相关问题属于外部环境因素。

表1 **核心要素比较**

报告框架	核心要素
ISDS	通常应当披露以下四方面：（1）治理——主体用于监督和管理可持续发展相关风险和机遇的治理流程、控制措施和程序；（2）战略——应对可能影响主体短期、中期和长期商业模式和战略的可持续发展相关风险和机遇的方法；（3）风险管理——主体用于识别、评估和管理可持续发展相关风险的流程；（4）指标和目标——用于评估、管理和监督主体一段时间内在可持续发展相关风险和机遇方面的业绩的信息
TCFD	披露气候变化的财务影响：（1）治理情况；（2）组织战略规划；（3）风险管理流程；（4）识别风险和机遇的指标和目标
IIRC	围绕短中长期价值创造能力，披露：（1）组织基本业务及运营环境；（2）组织治理结构；（3）商业模式；（4）风险与机遇及应对方式；（5）目标战略及资源配置；（6）经营绩效；（7）前景展望；（8）报告编制基础
CDSB	包括治理机制、政策目标、风险机遇、影响来源、业绩分析、前景展望、组织边界、报告政策、报告期间、报告重述、遵循情况和报告鉴证
SASB	按照5个维度，根据所在行业披露子议题：（1）环境：公司生产经营行为对环境的影响；（2）商业模式及创新：解决可持续发展问题对公司价值创造能力的影响；（3）社会资本：社会贡献及社会认可、弱势群体、社会发展、外部关系等；（4）人力资本：员工敬业度及多样性、员工激励与薪酬、健康与安全；（5）领导力与治理：利益冲突管理、腐败与贿赂等
GRI	分为一般标准和详细标准。前者包括基础、一般披露及管理方针。后者包括三个方面：（1）经济：经济表现、采购政策、反竞争行为、经济影响等；（2）环境：材料与能源、生物多样性、排污排废、环保合规；（3）社会：员工多样性与机会平等、劳资关系、消费者隐私、健康和安全
CDP	披露气候相关数据，在TCFD建议的基础上增加排放数据，以及能源的使用和生物多样性

（2）主体内容融合主流报告框架

ISSB在成立之初就明确了制定可持续发展披露准则不会创立一套全新的标准，而是充分利用现有的可持续发展相关的报告披露原则、框架以及标准。ISSB是在IOSCO等支持下成立的，而IOSCO明确提出鼓励ISSB制定的可持续准则需要整合现有的可持续发展披露框架和标准。2020年12月，由CDP、CDSB、GRI、IIRC和SASB五个机构联合发布的《企业价值报告下气候相关财务信息披露准则原型》是ISDS起草的基础。而后，ISSB吸收合并了CDSB和价值报告基金会（VRF，合并IIRC和SASB成立），这也意味着ISDS受到CDSB、IIRC和SASB准则框架的影响非常之深。

根据S1 ED第51条，主体为识别关于可持续发展相关风险和机遇的信息，主体应考虑：基于行业的SASB准则中的披露主题；ISSB的非强制性指引（例如，与水资源和生物多样性相关披露的CDSB框架应用指引）；以及旨在满足通用目的财务报告使用者需求的其他准则制定机构制定的最新文告。与此同时，S2 ED附录二的基于行业披露要求则基本沿用SASB准则，与S2 ED其他部分具有同等法律效力。该行业披露要求除S2 ED正文中要求的7项指标外，加入了SASB行业标准中与气候相关的可持续发展披露主题和指标（如能源消耗、可再生能源消耗占比、木材相关供应商占比等）以及行业活动指标（如年产量、生产设施区域等）。

在具体披露要求方面，两项ISDS征求意见稿也在某些细化要求方面采纳了包括IIRC、CDSB等报告框架的相关要求，如引用IIRC中关于商业模式的概念，要求主体披露可持续发展相关重大风险和机遇对于主体的商业模式和价值链（可持续发展相关重大风险或机遇集中的地方，例如，地理区域、设施或资产的类型、投入、产出或分销渠道）的影响。

根据发布的可持续发展披露准则，其框架包括一般要求、通用议题和行业议题。第一阶段先以气候相关披露作为通用议题的先行。一般要求和通用议题的基本框架是基于TCFD的四大支柱，治理、战略、风险管理、指标和目标，一般要求即S1 ED将TCFD的气候因素扩展到可持续发展相关的其他议题。S2 ED在TCFD的基础上，还增加了行业议题，行业议题则采纳SASB的行业特征标准。

概括言之，ISSB的可持续发展披露准则在TCFD主框架的基础上，加入了SASB的行业标准，并适当融入了IIRC、CDSB等框架的部分要求。

（3）相关要求超越基线准则定位

ISSB充分利用现有的可持续报告框架或标准制定了ISDS，两项征求意见稿形成后成为一个“大杂烩”，将各个不同报告框架或标准的要求整合其中，导致准则的要求甚至高于大部分的报告框架或标准。即便ISDS主要参考的是TCFD和SASB标准，从全球来看能够完全满足其披露要求的组织机构也是少之又少。TCFD本身作为一个框架性建议，大部分组织机构在进行气候相关信息披露时，因为并不是强制性的监管要求，而是选择性地对其中的四大支柱进行回应。根据CEPS[①]（某咨询机构）对于欧盟适用NFRD（Non-Financial Reporting Directive，非财务报告法案）的企业开展的一项调查显示，仅有15%的公司所披露的气候信息能够大部分或较大程度地满足TCFD的建议。此外，根据TCFD 2021年发布的《2021 Status Report》，对1 651家公司披露的可持续发展信息的调查显示，2020年，TCFD 11项披露建议的平均披露水平为32%。而SASB标准也面临同样的问题，对于行业标准，SASB几乎涵盖了所有可持续发展相关的议题和指标，极少数公司能够做到完全披露。大部分公司在参考SASB进行报告时，优先选择对于公司来说可以进行披露的议题和指标。虽然ISSB的可持续发展披露准则仅摘取了与气候相关的行业标准中的议题和指标，但若未来其他的可持续议题发布也是沿用SASB可持续议题，则会带来较大的执行难度。

此外，在一些细化的披露要求上，S1 ED和S2 ED的要求甚至高于主流的框架或标准中的要求。如S2 ED提出了一系列对转型计划的披露要求，包括使用碳抵消实现排放目标的披露要求。对标国际主流报告框架，即使是TCFD也未明确提出细化碳抵消的要求。还比如，S2 ED提出了披露范围1、范围2、范围3温室气体排放的强制性要求，而目前大部分的报告框架只是对范围1和范围2提出披露要求，范围3主要为建议性要求。只有欧盟的CSRD提出了同样的针对范围1、范围2和范围3均需要披露的要求。这些要求已经远超过了"全球基线准则"的定位，反而成了"最佳"披露标准。

（4）与国际财务报告准则未能充分衔接

IFRS基金会将可持续发展相关财务信息披露定位为财务报告的一个有机组成部分，公司财务报告由基于IFRS编制的财务报表和基于ISDS编制的可持续发展财务信息组成。财务报表和可持续发展相关财务信息各有侧重，相互补充。鉴于这一定位，ISDS应该与国际财务报告概念框架及IFRS充分衔接。但从已公布的两项征求意见稿看，二者之间并未很好衔接。

首先是ISDS与IASB概念框架衔接的问题。S1 ED实际上融合了"一般要求"应该包含的内容和概念框架的某些要素，同时发挥了概念框架一般准则的作用。但ISSB没有明确IASB概念框架与ISDS之间的关系，而S1 ED将重要概念的定义以及信息质量特征作为S1 ED的附件不仅降低了概念框架的地位，还会限制其作用的发挥，同时，S1 ED也未能对可持续发展、可持续发展相关风险和机遇、战略、适应性、披露主题以及各披露主题涉及的重要概念进行定义和解释。此外，S1 ED在总体指导思想上只有"决策有用观"，没有IASB概念框架中的"受托责任观（管理层对主体经济资源受托责

① 由欧盟委员会委托的咨询顾问，调查欧盟企业的非财务信息披露情况。

任的履行情况）”，受托责任观是否以及如何应用于可持续发展财务信息的披露，ISSB应当给予正面的回应。

其次是可持续议题与相关会计准则衔接的问题。目前，IASB在2022—2026年议程咨询（Agenda Consultation）中，虽然决定将气候相关风险（或更广泛的ESG风险）议题纳入工作计划，但仅作为重要性等级较低的“维护和一致应用项目（Maintenance and Consistent Application Project）”，即很大程度上被视为现有会计准则的解读或者执行方面问题，而不一定被视为准则制定本身的问题（如不确定性披露、长期资产减值、预期信用损失和公允价值计量等）；另外，IASB将污染物定价机制（包括碳排放权交易等）列入“有精力才研究”的储备项目，该项目历史悠久，历史上数次研究均无果而终，原因是未能解决因相关资产和负债之间会计错配而产生的复杂性。

最后是可持续发展披露与管理层评论衔接的问题。根据2021年5月IASB发布的管理层评论实务公告（征求意见稿），管理层评论可以纳入可持续发展财务信息，但纳入时须按照实务公告的要求进行列报。而如前所述，根据S1 ED，如果通用目的财务报告包含管理层评论，也可在管理层评论部分披露可持续发展相关财务信息。但是，如果将ISDS作为管理层评论在可持续议题维度上的“断层切片”，其四要素框架与后者的六要素框架尚不匹配，而且二者的内在逻辑也不尽一致。

（5）原则导向与规则导向并重

原则导向或者规则导向是所有准则都会面临的问题，在大多数准则中，原则导向和规则导向实际上是“相生相克”的关系，后者为前者提供了必要的约束，前者提高了后者的应变能力。在ISDS背景下讨论这一问题时，我们实际上更加关注原则导向和规则导向在实现可持续发展披露的“全球可比性（Global Comparability）”方面所发挥的作用及其局限性。

ISDS作为专注于向投资者提供决策有用信息的准则，原则导向乃是题中应有之义，但作为解决可持续发展披露不完整、不一致和不可比矛盾的全球基线准则，ISSB不可能完全排除规则导向，否则在披露口径和标准等方面仍难以实现全球范围的融合。需要注意的是，过多的规则导向必然会导致制定的准则难以在全球运用，典型者如气候情景分析、“范围3”温室气体排放和基于SASB标准的行业指南，原因是每个国家、每个行业、每个企业均存在个体的差异，很难制定普适性的规则，特别是需要警惕大多数人的正当权益是否被少数人订立的游戏规则所辖制。事实上，我们究竟应当侧重于解决如何判断企业价值的问题，还是寻求不同标准之间的全球融合，这本身就值得思考。

从准则制定的角度看，原则导向最大的特点在于以不变应万变。从信息传递或推广实施的角度考虑，准则发布后不宜频繁改动，否则不利于为相关方制造稳定的预期。更深层的考虑在于："可持续发展"这一概念的提出，实际既反映了有限资源和无限欲望的根本矛盾，也反映了不同社会群体之间的利益冲突和协调，甚至是社会公共政策目标之间的平衡和取舍（例如环保政策和就业政策），相关方不可能完全走向统一，而是始终处于对立和统一的动态发展中。因此，就全球基线准则而言，既要有能力适应不同的法律环境、经济发展水平和价值观念，更要有能力适应因外部环境发生转变而造成的冲击，只有通过坚持原则导向，才能在未来较长时间政策环境的变化中保持一定战略韧性和容错能力。

（6）与美国及欧盟标准存在一定差异

欧盟于2021年4月发布了CSRD，EFRAG于2022年4月29日发布13项ESRS征求意见稿。2022年3月，ISSB和美国SEC分别发布了ISDS征求意见稿和《面向投资者的气候相关信息披露的提升和标准化》的提案。这三项文件将会对全球的可持续发展披露标准产生重大影响。

首先，在这三份文件中，SEC提案仅关注气候相关披露，ISDS将气候相关披露作为优先制定的议题，而欧盟的CSRD则涉及可持续发展多项议题。ISDS和SEC提案与CSRD存在一定的差异，其中最为重大的则是披露准则的定位。ISDS和SEC提案均定位将投资者作为主要的信息使用者，而CSRD则定位为服务于多类利益相关方。在重要性原则方面，ISDS和SEC提案均遵循单一重要性原则，即财务重要性，而CSRD遵循双重重要性原则，即财务重要性和影响重要性。

其次，我们可以看出欧盟CSRD和ISDS对于气候相关的披露要求较为一致，对于情景分析、温室气体范围1、范围2和范围3以及与气候国际协议的对标，均提出相应的披露要求。然而SEC的提案则考虑到了上市公司的实操难度，对于情景分析和范围3并未进行"一刀切"。如SEC提案中提到，虽然很多投资者希望看到情景分析的过程，但从注册人的角度，情景分析的数据相对不足或者需要成本购买，或者注册人因为专业的人员配置，需要额外投入成本聘请外部顾问，因此，目前不要求披露情景分析的内容。对于范围3，SEC提出了有条件的披露要求，即当且仅当范围3排放是重大的或者注册人设定的温室气体减排目标包括范围3排放时，才需要披露范围3排放。此外，考虑到范围3数据的挑战性，针对范围3提出了"安全港"的保护条款。即注册人对范围3排放的披露将被视为非欺诈性声明，除非有证据表明该声明是在没有合理依据的情况下作出或者是非善意披露。然而，ISDS和欧盟CSRD均明确需要披露范围3。考虑到欧盟的碳减排雄心和激进程度，提出披露范围3的要求也是相对合理的。但如果定位于全球基线准则的ISDS也要求披露范围3，则将会是很大的挑战。

我们还看到，SEC提案和CSRD目前均对第三方鉴证提出了要求，CSRD中明确要求公司聘请法定审计师或其他独立机构对可持续发展信息进行鉴证并提供有限保证

（Limited Assurance），而SEC提案也要求大型加速申报人和加速申报人在披露范围1及范围2碳排放数据的第1年和第3年后，邀请第三方机构对碳数据进行有限保证和合理保证（Reasonable Assurance）鉴证，而ISDS尚未提出鉴证的要求。

关于行业特征方面，ISDS采纳了SASB的行业标准，目前SEC提案和CSRD虽然均未明确行业的分类要求。但CSRD提出将在之后的阶段发布行业指引，并且也将会对标SASB标准。

二、形成中方反馈意见需要考虑的因素

形成中方反馈意见，既要从技术角度研究ISDS的制定背景和思路、ISDS的定位、两项征求意见稿的具体内容，也要基于可持续发展的世界潮流与各国应对ISDS的动向，考虑中国对世界的承诺，中国可持续发展的特色和阶段特征，中国的法律法规体系，中国企业可持续发展信息披露的现状及执行ISDS的成本与难度，更要考虑执行或不执行ISDS的相关社会经济后果。

1.可持续发展的世界潮流与中方承诺

面对全球性的共同挑战，可持续发展已成为国际社会的共识。从《21世纪议程》到《2030年可持续发展议程》，中国一直是全球可持续发展的坚定支持者、积极践行者和重要贡献者。2020年9月22日，中国国家主席习近平在第七十五届联合国大会一般性辩论上宣布："中国将提高国家自主贡献力度，采取更加有力的政策和措施，二氧化碳排放力争于2030年前达到峰值，努力争取2060年前实现碳中和。"碳达峰、碳中和目标（以下简称"双碳"目标）的提出，正是我国积极参与、坚定支持全球可持续发展的承诺。

习近平总书记在2021年4月22日的领导人气候峰会上发表了题为《共同构建人与自然生命共同体》的重要讲话，提倡在面对全球环境治理前所未有之困难情况下，国际社会要以前所未有的雄心和行动，勇于担当，勠力同心，共同构建人与自然生命共同体。在讲话中，习近平总书记用"六个坚持"为今后共建人与自然生命共同体指明了方向，明确提出了中国坚持绿色发展的国家战略和履行国际环境治理责任的切实举措，为解决全球环境治理难题提供了中国方案。

为实现2030年前碳达峰、2060年碳中和的目标，推动实现全球可持续发展，构建人类命运共同体，展现了中国的大国责任与大国担当。在这一背景下，积极参与ISDS的研究制定，推动中国企业高质量披露可持续发展信息，是践行中国全球承诺的需要。

2. 准则实施的相关社会经济后果

基于ISDS的制定背景以及可持续发展的世界潮流，实施可持续发展披露准则，可以引领企业等经济主体改变“利润至上”的经营理念，转向“利益相关者资本主义”（Stakeholder Capitalism），即以服务利益相关方为导向的经营理念，形成可持续发展的经营模式，为企业提供新的机遇、注入新的活力，并促使其将自身的业务发展和整个社会的可持续发展紧密结合，从而实现整个社会经济的可持续发展，以保持我国经济长期向好的趋势。

同时，实施可持续发展披露准则，有助于企业应对欧盟碳关税政策，促使我国企业低碳转型。在2022年3月15日欧盟理事会的经济与金融事务委员会（ECOFIN）的会议上，欧盟27国的财政部长采纳了关于碳关税的提案。欧盟碳关税政策将给温室气体排放量高的企业带来重大挑战，波士顿咨询（BCG）最新研报[①]深入分析了欧盟碳关税对重点行业的经济影响，发现碳关税对行业利润的侵蚀影响可高达40%，而且整个产业链上的企业都将感受到成本增加带来的影响。而中国作为世界上最大的能源消耗国，也是世界上最大的碳排放国家，碳关税的征收将会对我国碳排放较高的行业，比如钢铁行业，造成巨大的冲击，缩小其产品出口的成本优势，降低其国际竞争力。但是，从长远来看，碳关税的征收也将会倒逼这些企业调整结构，增加出口产品的技术含量、提高附加值、降低能源消耗，实现绿色产业结构转型。而实施可持续发展披露准则，要求企业评估、报告、计算产品的碳足迹成本，则有助于企业在此次转型中“化被动为主动”，尽快进行良性改造和发展先进的低碳技术，以期能够更好地达到可持续发展的目的，为我国更好地应对欧盟碳关税政策提供一个扎实的基础。

可持续发展披露准则，既是一种工具，也是一种理念。企业可以利用可持续发展信息的披露更准确地评估可持续发展因素对投资者、债权人已经产生的影响（包括正面和负面的影响），以使得投资者、债权人作出更精准的投资判断，并最终反映在股价、贷款利率等资产价格上。可持续发展披露准则的实施，不仅能够让企业的社会责任与全球可持续发展实现对接，更有助于实现企业社会责任在新时代背景下的升级转换，同时也将有助于企业建立可持续发展价值观，实现社会经济的长期发展。

如果不执行可持续发展披露准则，或执行的可持续发展披露准则不能为各利益相关方认可，披露的可持续发展信息不能满足利益相关方的要求，经济社会的可持续发展更难以落到实处，而企业主体也可能因被征收碳关税、难以获得融资等而在竞争中处于不

---

① https：//news.bjx.com.cn/html/20220317/1210803.shtml.

利地位。

3.其他国家和地区的立场与可能动向

在形成中方反馈意见时，我们需要洞察其他国家和地区的立场和可能动向。

欧洲 EFRAG已于2022年4月29日发布了13项准则（ESRS）征求意见稿，美国SEC于2022年3月21日发布《面向投资者的气候相关信息披露的提升和标准化》的提案，两者与目前ISDS两项征求意见稿存在一定差异。

在加拿大，加拿大会计机构（CPA Canada）正在考虑建立可持续发展标准委员会，预计将在2022年稍晚时间完成相关的咨询工作并提供相关意见。加拿大标准化协会（CSA）2021年10月发布了关于气候相关事项披露的拟议条例51-107，公开征求意见。2022年2月征求意见结束，目前CSA正在修订该法规草案以供最终确定，其目标是在2022年12月31日前使该条例生效。此外，根据加拿大发布的2022年预算提案，加拿大将对银行和保险公司实行强制性气候披露。金融机构监督办公室（OSFI）将在2022年就气候披露指南向受联邦监管的金融机构征求意见。

在澳大利亚，澳大利亚会计准则委员会（AASB）已经向当地利益相关者公开征求对S1 ED和S2 ED的意见，截止日期为2022年7月15日。并且，澳大利亚也已经决定制定澳大利亚可持续发展披露准则。

在日本，日本经济产业省（METI）成立了由学术界、CDP、WICI、智库、投资者、多家公司组成的“非金融信息披露政策研究小组”。同时日本金融服务局（FSA）也成立了由学术界、行业协会、投资者等组成的“可持续金融专家小组”。两个小组会监测一些全球标准和法规的趋势，如欧盟、SEC和ISSB等，并定期在官网发布中期报告。日本财务会计准则基金会（FASF）于2021年12月宣布成立日本可持续发展标准委员会(SSBJ)，该委员会将于2022年7月1日正式成立。

在韩国，韩国正在筹建一个名为韩国可持续发展标准委员会（KSSB）的独立标准制定机构。韩国会计研究所（KAI）于2021年8月成立了KSSB筹备委员会，但KSSB的启动时间表尚不清楚。

在中国香港地区，于2021年7月成立了跨机构（香港金融管理局、香港证监会、财务汇报局、联交所）绿色和可持续金融指导委员会。财务汇报局（FRC）于2022年2月成立了可持续发展和气候行动特别工作组。在中国台湾地区，金融监督管理委员会（FSC）发布了一份路线图，要求上市公司分阶段进行与气候相关的披露。

4.准则的未来实施与可能的等效趋同

2021年，欧盟[①]就发布了CSRD，拟取代其在2014年10月发布的《非财务报告指令》（NFRD）标志着欧盟开启独立制定可持续发展报告准则的新篇章。

欧盟在CSRD中首次提出了“双重重要性”这一概念，即要求企业在判断哪些重要事项需要披露时，既要考虑对价值创造产生影响的可持续发展事项，也要考虑报告主体对环境和人类产生重大影响的可持续发展事项——前者称为财务重要性（Financial Materiality），后者称为影响重要性（Impact Materiality）。CSRD倡导的“双重价值观”，与ISDS倡导的“企业价值观”并不相同，后者认为信息披露目标的本质是遵循企业价值观，应直接服务于通用目的财务报告使用者的信息需求。

欧盟在CSRD[②]中对第三国发行人使用的可持续发展准则的等效性作出了规定，将建立机制以确定第三国发行人使用的可持续发展准则是否与CSRD等效，如果欧盟认为不等效，则仅允许相关发行人在适当的过渡期内继续使用该准则。尽管如此，在可持续发展报告准则的国际趋同方面，欧盟持开放态度，将继续与包括ISSB在内的国际组织保持合作。在会计准则上，欧盟早在2002年就要求所有的欧盟国家的公司都采用国际财务报告准则。如果欧盟在可持续发展披露准则采用的策略和会计准则的策略存在不一致性，并且如果像ISSB一样将可持续发展相关信息定位于财务报告的组成部分，将会削弱财务信息的逻辑基础，同时也会大大削弱ISDS作为全球基线准则的定位。因此，虽然目前欧盟和ISSB双方均致力于研究和制定各自的可持续发展准则，但我们预计，未来各方会保持沟通，互相协作，以达到可持续发展准则的等效趋同。

而在我国，企业会计准则早已经实现了与国际财务报告准则（IFRS）的实质性趋同，并与欧盟和中国香港的会计准则等效。从理论上说，我国在应对ISDS方面也存在三种可供选择的策略：采纳、趋同和参照。这三种策略各有利弊。毋庸置疑的是，无论我国采取哪种策略，都会对ISDS作为全球基线准则的定位产生重大的影响。因此，我国应该在准则制定前、制定中以及实施过程中与ISSB广泛接触，积极参与准则制定相关的咨询、建议，确保ISSB在制定准则时充分了解和关注我国所提出的重大可持续问题，以保护我国利益相关方的权益，并在此基础上，认真分析上述三种策略的利弊，以确定最适合我国的策略。

---

① https：//www.sohu.com/a/492323521_120055832.

② https：//eur-lex.europa.eu/legal-content/EN/TXT/? uri=CELEX：52021PC0189.

5.中国可持续发展信息披露的阶段特征

随着宏观政策导向、经济转型之需，中国可持续发展进入积极发展期，但相较于可持续发展起步较早、发展较为成熟的欧盟、美国等地区来说，中国的可持续发展信息披露尚处于初级阶段，在可持续发展理念、实践及监管要求等各方面，仍有较大提升空间。

第一，目前我国尚未形成统一的可持续发展相关报告披露标准，亦无统一的强制披露要求。

第二，披露可持续发展相关信息的企业占比不高。根据Wind ESG数据统计，截至2022年4月30日，本年已有1 410家A股上市公司披露独立ESG报告，但该数据仅占全部A股公司数的29%，而去年同期，这个数字不足23%。这也能够看出我国企业目前在可持续发展相关信息披露的基础。

第三，披露碳排放目标及指标的企业少之又少。根据Wind ESG数据统计，2019年4 136家A股上市公司，披露了自身碳排放量化管理目标的企业仅仅有20家，披露碳排放量的公司211家，仅占全部上市公司的5.1%，披露的温室气体排放量合计19.4亿吨二氧化碳当量，仅占我国2019年温室气体排放量160亿吨二氧化碳当量的12.1%。

第四，尽管生态环境部在其官网公布了《企业环境信息依法披露管理办法》，但仅对部分企业提出强制性碳排放信息披露的要求，同时，根据国家发改委发布的《行业企业温室气体核算方法与报告指南（试行）》要求来看，我国温室气体排放核算的范围未能覆盖范围3的温室气体排放。

从以上情况可以看出，我国企业的可持续发展信息披露现状距离ISDS的要求，还存在较大差距。

6.全球规则的参与和中方自主权的保障

如前所述，S2 ED附件二的行业披露要求沿用SASB框架，其中涉及众多的欧美标准，特别是很多内容涉及美国政府、州立政府、公司、民间组织制定的标准。这些标准中，有些标准与我们目前所执行的标准存在重大差异，有的标准我们闻所未闻，况且美国标准并非国际标准。此种情况下，让中国企业执行基于欧美标准制定的准则，面临巨大困难，也无法体现中方自主权。例如，空运和物流行业要求主体披露BASIC百分位数高于联邦汽车运输安全管理局（FMCSA）干预阈值的承运商百分比，由于中国空运和物流行业不受联邦汽车运输安全管理局约束，相关信息披露面临困难。

当然，行业披露要求中也涉及很多的国际标准，但有些国际标准，中国企业也并不执行。例如，半导体行业要求主体披露含有国际电工委员会的《电工行业产品材料申报》（IEC 62474）中规定的申报物质产品的收入百分比，而非按照中国已有的《危险化学品安全管理条例》等法律法规中的化学品种类、阈值进行界定，中国企业在披露相关信息时必然面临更大的披露难度。

我们注意到，EFRAG草拟的欧盟可持续发展报告标准（ESRS），明确表示“CSRD范围内的企业必须使用ESRS，即必须按照ESRS编制可持续发展报告，如果来自其他框架的信息补充了ESRS披露并且不掩盖它们，企业可以包含来自其他框架的信息”。EFRAG通过提供ESRS与ISDS征求意见稿的要求进行对比，很大程度上既参与和支持了ISDS标准，又保留了欧盟可持续发展披露的自主权。例如，尽管两者都需要从标准中规定的信息开始，但S2 ED明确参考了SASB特定行业指南，而EFRAG将在后续通过自主制定行业特定标准，并允许企业在前两个报告期参考以前的实践和可用的最佳实践/框架（因此包括行业指南），帮助欧盟企业能够顺利地向全新标准过渡。

鉴于以上情况，我们必须捍卫中方权利，与ISSB进行充分协调，确保ISSB在修订S2 ED附件二的行业披露要求时，能够删除非国际认可的标准，或是在提及相关国家标准时，能够提及中国制定的标准或中国企业目前使用的标准。

7.各类型企业单位可能的实施成本

相较欧美国家而言，中国的可持续发展相关信息披露尚处在初级阶段，强制企业披露可持续发展相关信息会给企业带来额外的成本。

根据“英国影响评估”（UK impact assessment）的测算[①]，一家没有气候相关信息披露实践或专业知识的公司首年筹备披露的成本为201 800美元，随后几年的成本为177 900美元，若公司旗下还拥有众多子公司，其还会增加额外的成本费用。

一方面，企业需要组建可持续发展相关管理团队，负责梳理企业在各项业务所涉及的可持续发展相关信息，开发和实施必要的流程管理，进行模型和系统开发，开展情景测试等。根据SEC收集的信息，在大型股份公司中，需要2至20名的全职雇员以支持企业开展气候相关信息披露工作。目前在中国，相关专业人才较为短缺，企业在团队建设过程中需要投入更多的成本。

另一方面，企业在首次开展可持续发展管理工作时，通常需要外部咨询顾问的指导，例如温室气体排放盘查、信息披露的咨询服务、培训服务和法律顾问服务等。这些费用可能成为企业未来多年的固定成本。此外，随着可持续发展相关管理要求的不断升级，可能还需要系统化的平台管理以进一步保障信息的准确性和可靠性。

---

① Mandating Climate-Related Financial Disclosures by Publicly Quoted Companies, Large Private Companies and Limited Liability Partnerships （LLPs），Final Stage Impact Assessment （Oct.1，2021）.

基于我国企业可持续发展信息披露的现状，要实施ISDS，需要投入的成本远比欧美国家的企业多，所以在反馈两项征求意见稿的意见时，需要充分考虑我国企业的执行成本。

8. 高质量准则的特征与可审计的要求

根据IASB发布的《财务报告概念框架》，有用的财务信息必须具有相关性并且如实反映其意在反映的内容。如果财务信息具有可比性、可验证性、及时性和可理解性，则财务信息的有用性将得到提升，这是对有用财务信息的质量特征要求。高质量准则应当可以向财务报告使用人提供有用的财务信息，而可以被验证是高质量的特质之一。

S1 ED也提出了三个基本质量特征（相关性、重要性、如实反映）和四个提升性质量特征（可比性、可验证性、及时性、可理解性），但是这些质量特征却与可持续发展相关信息的特点相悖。可持续发展信息包含很多前瞻性信息，涉及大量估计和判断。根据S1 ED，企业既需要披露可持续发展相关重大风险和机遇对企业在报告期间内的财务状况、财务业绩和现金流量的影响，也要披露对未来短期、中期和长期的预期影响，而这个预期影响的时间跨度会很长，涉及大量的估计、判断和预测，因此很难实现信息的如实反映。又如，可持续发展信息也不像财务报表可以披露大量定量信息，更多的是定性信息，并且由于每家企业所处的经营环境、行业特点及自身的商业模式的不同，企业治理层和管理层的价值主张、经营理念、管理意图、风险偏好、稳健程度也不同，其披露的可持续发展信息会非常个性化并具有很强的主观性，这就导致信息的可比性和可验证性相对较差，可理解性不高。再如，S1 ED和S2 ED要求企业披露的范围3排放，需要在计量中包括价值链上游和下游的排放，这与传统财务报表仅考虑企业自身范围内财务信息的做法完全不同，扩大了信息披露范围，而上下游排放的数据可能存在获取难度且无法保证如实反映。

目前国际通用的关于可持续发展信息的鉴证标准，主要包括适用于除历史财务信息外广泛信息的《国际鉴证业务准则第3000号（修订版）——历史财务信息审计或审阅以外的鉴证业务》（以下简称“ISAE 3000”）以及英国社会与伦理责任研究所制定的AA 1000AS审验标准。我国发布的《中国注册会计师其他鉴证业务准则第3101号——历史财务信息审计或审阅以外的鉴证业务》是与ISAE 3000类似的针对除历史财务报表以外的其他鉴证业务的准则。参考其他鉴证业务准则的规定，对于除历史财务报表以外的鉴证业务，注册会计师需要分析鉴证对象的适当性，主要考虑以下条件：（1）鉴证对象可以识别；（2）不同的组织或人员按照既定标准对鉴证对象进行评价或计量的结果合理一致；（3）注册会计师能够收集与鉴证对象有关的信息，获取充分、适当的证据，以支持其提出适当的鉴证结论。根据上述标准以及前述对可持续发展信息特点的分析，可持续发展披露信息的鉴证对象适当性的主要问题在于，由于可持续发展信息不受复式记账法等传统会计方法的制约，可能导致出现各种观点和理论，企业在进行定性披露时可能会有非常强的主观性，倾向于采用有利于自己的方式进行披露，难以有统一、明确的标准对其进行评价，上述第（2）个条件的实现有一定困难。此外，由于可持续发展信息的前瞻性和主观性特点，企业难以提供类似会计凭证的原始证据，如果扩大到对价值链上下游排放的信息，相关证据更是难以获得，因此审计机构在收集鉴证对象信息和获取有关的证据时可能会存在困难。

为了确保可验证性，企业必须执行恰当的信息生成流程，建立内部控制和合适的组织机构，以评估哪部分报告或信息随时可供验证。S1 ED举例说明可通过以下三种方式增强可验证性：一是通过不同来源的相关信息之间的交叉比较；二是提供有关估计的输入值和计算方法；三是提供经企业治理机构审查和同意的信息。同时，S1 ED也说明，有些可持续发展相关财务信息披露会以说明和前瞻性信息的形式进行。例如，如实反映基于事实的战略、计划和风险分析可以验证可持续发展相关财务信息披露。为帮助投资者和债权人决定是否使用此类信息，企业应说明得出信息时使用的基本假设和方法，以及有助于验证该信息的其他因素，以核实此类信息反映的主体作出的实际计划或决策。但是这些方式是否可以有效地提高可验证性尚未可知。另外，尽管可持续发展披露被定位为“通用目的财务报表”的组成部分，但由于大部分可持续发展披露不属于历史财务信息，并且尚处于起步阶段，信息收集、处理相关的内控较弱，主观性和复杂性较高，实践中普遍对其可验证性存在疑虑，故我们认为，目前阶段不宜将其整体作为传统财务报表的组成部分接受“合理保证程度”的鉴证；相反，若在财务报表以外的部分披露（例如，独立于财务报表的单独报告），将便于在鉴证领域采取原则性与灵活性相结合的处理方法，例如，对其整体或局部实施有限保证程度的鉴证，或是仅对其中的特定部分（例如“范围1”和“范围2”的碳排放总量）实施合理保证程度的鉴证。

三、中方反馈意见的总体建议及其理由

1.重新考虑国际可持续发展披露准则的定位

S1 ED第1段将可持续发展信息披露的目标确定为“有助于通用目的财务报告主要使用者评估企业价值和作出是否向主体提供资源的决策”。根据这一目标，S1 ED将可持续发展信息的使用者限定为通用目的财务报告主要使用者，也就是现有和潜在投资者、贷款人和其他债权人。披露的可持续发展信息聚焦于服务评估企业价值和作出是否向主体提供资源的决策，表明ISSB确定的可持续发展信息定位于价值报告范畴，而ISDS的制定则以价值报告为导向。S1 ED第3段指出，“主体的通用目的财务报告应包

括对其可持续发展相关财务信息的完整、中立、准确的描述"，根据这一描述，ISSB将可持续发展信息限定为相关财务信息，且定位为财务报告的组成部分。对于上述定位，需要重新考虑。

第一，将使用者限定为通用目的财务报告主要使用者有所不妥。政府及监管机构、非政府组织及公民社会，消费者，企业的客户、供应商及其他合作伙伴，企业的员工及工会组织等对可持续发展信息的披露存在强烈需求。不考虑他们的信息需求而仅满足资本提供者的信息需求，虽有助于加快准则制定进程，有助于解决投资者所要求可持续发展信息披露中的不完整、不一致、不可比，但会显得ISSB的格局不够，可持续发展信息披露中的各种乱象不能得到彻底根治，必然会引发其他使用者的强烈不满。

第二，将可持续发展信息限定为相关财务信息并定位为价值报告范畴，同样不妥。一方面，仅考虑财务重要性，而不考虑影响重要性，会导致利益相关者无法评估企业经营活动对环境和社会是产生积极影响还是消极影响。另一方面，虽然ISSB要求动态评估财务重要性，但任何静态时点财务重要性和影响重要性均密不可分，S1 ED第6段列举的可持续发展相关财务信息，有些内容便已经超越财务信息，其中6（c）中所列的"主体对人、环境和经济的影响"便已经是影响重要性的内容。相较于ISSB所采纳的单一重要性原则，我们更赞同欧洲财务报告咨询小组（EFRAG）所秉持的双重重要性原则。我们认为，提供可持续发展报告的初衷是为了确保环境和社会的可持续发展，而不仅仅是为了满足资本提供者评估环境和社会议题如何影响企业价值的信息需求。以双重重要性原则制定可持续发展披露准则，可使企业的信息披露视野更加宏大，促使其努力成为环境友好型和社会担当型的良好企业公民，推动人类社会的可持续发展。

第三，将可持续发展信息定位为财务报告的组成部分，突破了长期以来人们对财务报告的认知。按S1 ED披露的信息包含大量定性信息和前瞻性信息，且涵盖了价值链上下游的相关信息，将其作为财务报告的组成部分，与传统的会计理论相悖，因为这些定性信息、前瞻性信息、价值链上下游信息并未经过会计程序的确认和计量。将经过会计程序确认和计量的定量信息和历史性信息、报告主体信息与未经过会计程序确认和计量的定性信息和前瞻性信息、价值链上下游信息均纳入财务报告范畴，不仅破坏了财务报告的严谨性，而且淡化了财务报告的货币计量属性，增大了财务报告的审计和使用难度。

鉴于以上原因，我们建议ISSB在修订S1 ED时，既考虑资本提供者也考虑其他利益相关方的信息需求，既考虑财务重要性也考虑影响重要性，将可持续发展信息披露定位为单独的可持续发展报告，可持续发展报告和财务报告共同构成公司报告。相应地，S1 ED和S2 ED的名称需要修订，信息披露的目标、相关概念等需要重新定义。对于现有财务报告准则中未考虑的可持续发展相关风险和机遇的相关方面，建议通过IASB修改相关IFRS准则予以解决。

2.明确《一般要求》的定位与概念框架的制定

S1 ED作为可持续发展信息披露的一般要求，主体内容涵盖信息披露目标、内容、质量特征、报告频率、信息位置、差错、合规声明等诸多方面，在附件中对相关术语进行了定义，对信息质量特征进行了说明，对生效日期进行了明确。可以看出，S1 ED实际上融合了《一般要求》应该包含的内容和概念框架的某些要素，存在以下的问题：

第一，概念框架的作用在于指导ISSB基于一致的概念制定ISDS，在无相关准则可以采用时为编制者提供指导，为利益相关方理解和使用准则提供指导。从IASB及其他会计准则制定机构制定会计准则的经验看，从相关组织制定可持续发展报告框架的实践看，概念框架的制定非常重要，ISSB需要尽快制定一套高质量的可持续发展报告概念框架。

第二，概念框架通常包括信息披露的目标、信息的核心内容与质量特征以及若干重要概念的定义和解释，而《一般要求》将重要概念的定义以及信息质量特征作为S1 ED附件不仅会降低概念框架的地位，还会限制概念框架作用的发挥。不仅如此，我们还注意到《一般要求》并未对可持续发展、可持续发展相关风险和机遇、影响重要性、战略、适应性、披露主题以及各披露主题涉及的重要概念进行定义和解释。

第三，《一般要求》中融合概念框架的某些元素，会使得可持续发展信息披露的一般要求显得不那么突出，相关内容之间逻辑不够清晰，会影响利益相关方阅读和使用《一般要求》。不仅如此，《一般要求》中并未涉及主体如何使用相关通用主题准则和行业主题准则、中小企业如何运用可持续发展披露准则等重要问题。

鉴于以上原因，我们建议ISSB尽快制定可持续发展报告概念框架，并根据《一般要求》应该涵盖的具体内容修改S1 ED。

3.重新确定可持续发展信息披露的核心要素

S1 ED第11段将可持续发展信息披露的核心要素确定为治理、战略、风险管理、指标和目标，并在第12段至第35段进行了详细说明。这四方面的核心要素借鉴TCFD的“四支柱”框架。ISSB不仅在S2 ED《气候相关披露》中大幅吸纳了TCFD的建议，而且将TCFD的“四支柱”框架扩展至所有可持续发展信息的披露。这一做法值得推敲。

第一，主流报告框架的核心要素均与TCFD存在较大差异，如IIRC综合报告框架的主要内容包括：（1）组织基本业务及运营环境；（2）组织治理结构；（3）商业模式；（4）风险与机遇及应对方式；（5）目标战略及资源配置；（6）经营绩效；（7）前景展望；（8）报告编制基础。SASB报告框架下，核心内容包括：（1）环境：公司生产经营行为对环境的影响；（2）商业模式及创新：解决可持续发展问题对公司价值创造能力的影响；（3）社会资本：社会贡献及社会认可、弱势群体、社会发展、外部关系等；（4）人力资本：员工敬业度及多样性、员工激励与薪酬、健康与安全；（5）领导力与治理：利益冲突管理、腐败与贿赂等。

第二，ISDS的核心要素不同于IASB于2021年5月发布的管理层评论征求意见稿。管理层评论在核心要素方面直接借鉴IIRC，外部环境、风险、商业模式、战略、资源和关系、经营业绩与财务状况相互关联，内在逻辑强，也被各方所接受。既然可持续发展信息披露可纳入管理层评论，ISDS与管理层评论的内在逻辑应当一致，核心要素应当趋同。

第三，ISDS的核心要素不同于EFRAG制定的ESRS。根据ESRS1征求意见稿，可持续发展报告的内容领域包括：（1）战略和商业模式；（2）治理和组织；（3）可持续发展相关影响和风险、机遇的评估；（4）政策、目标、行动计划和资源分配；（5）业绩指标。与ISDS的四要素相比，ESRS1征求意见稿所罗列的内容要素逻辑清楚，更易理解。

第四，ISDS四要素内部存在逻辑不清的情况，比如战略方面，涵盖可持续发展相关风险和机遇、对商业模式和价值链的影响、战略和决策、财务状况和财务业绩及现金流量、适应性，五方面具体内容虽与战略有联系，但并不属于战略本身，而且相互之间的关系并不是十分清楚。

鉴于以上原因，我们建议ISSB重新考虑可持续发展信息披露的核心要素，可在《管理层评论》征求意见稿确定的核心内容基础上进行适当调整。

4. 与财务报告概念框架及相关IFRS进一步衔接

在ISSB将可持续发展信息定位为财务报告组成部分的情况下，ISDS和财务报告概念框架及相关IFRS应该充分衔接。仔细研读S1 ED和S2 ED，我们注意到两份征求意见稿并未与财务报告概念框架及相关IFRS很好衔接。

第一，在信息披露目标上，S1 ED用的是“提供评估企业价值和作出是否向主体提供资源决策的信息”，同时提及评估企业价值和提供资源决策。其中，企业价值反映对未来现金流量短期、中期和长期的金额、时间和不确定性，和根据主体的风险状况确定的现金流量价值的预期，以及主体的融资渠道和资本成本。而《管理层评论》则是提供增强投资者和债权人对主体财务报表中报告的财务业绩和财务状况理解的信息，提供主体在所有时间范围内（包括长期）创造价值和产生现金流的信息。《国际财务报告概念框架》则是“作出是否向主体提供资源决策的信息”，同时指出，决策取决于回报预期，而回报预期取决于对未来现金流量的金额、时间分布和不确定性的评估，以及对管理层对主体经济资源受托责任的履行情况的评估。三者之间存在明显的差异，S1 ED中的评估企业价值和提供资源决策之间究竟什么关系，《国际财务报告概念框架》中的"受托责任观"如何运用于管理层评论和可持续发展信息的披露，征求意见稿并未作出相应的回应。

第二，两份征求意见稿采用了与《管理层评论》征求意见稿同样的基于目标的方法，而非基于规定的方法。规定性方法（prescriptive approach），提供详细的规定性披露要求清单，旨在满足投资者和其他使用者的大多数共同信息需求。基于目标的方法（objectives-based approach）规定所提供的信息需要达到的披露目标，并就企业可能需要披露什么以达到这些目标提供指导。但从具体目标来看，征求意见稿的描述非常简单，并不清晰。根据这些具体目标，企业难以确定需要纳入可持续发展相关财务信息披露的主体特定信息，外部鉴证机构和监管机构也难以评估所提供的信息是否符合具体披露目标。根据《管理层评论》，各具体内容领域的披露目标包括三个层次，即主要目标、评价目标、具体目标，企业识别满足每一方面内容披露目标所需的信息，应做到：一是识别满足具体目标所需的信息；二是评价相关信息是否为评价目标提供了基础；三是评价满足具体目标和评价目标的信息是否能够达成主要目标。而S1 ED中并没有明确企业如何确定各具体领域信息披露的目标，其所罗列的具体目标十分简单，比如战略方面的披露目标是"披露有助于了解主体应对可持续发展相关重大风险和机遇时所制定的战略的信息"。这一简单的描述，很难得出要披露可持续发展相关风险和机遇、对商业模式和价值链的影响、战略和决策、财务状况和财务业绩及现金流量、适应性五方面内容的结论。

第三，如前所述，ISDS要求的核心要素包括治理、战略、风险管理、指标和目标，而《管理层评论》征求意见稿要求管理层评论的内容包括外部环境、风险、商业模式、战略、资源和关系、经营业绩与财务状况六方面的内容。在核心要素存在显著差异的情况下，如果将可持续发展信息纳入管理层评论，如何呈现必然存在困难。考虑到IASB正在修订的管理层评论的整体思路与（ISSB正在吸收合并的）IIRC相似，ISSB和IASB应当在财务报告领域加强合作，提高ISDS与管理层评论之间在核心要素、内在逻辑以及细节方面的兼容性。

鉴于以上原因，我们建议ISSB在修订两份征求意见稿及制定概念框架时，如果仍然将可持续发展信息披露定位为财务报告组成部分，需要确保相关内容与财务报告概念框架及相关IFRS很好衔接。

5.原则导向与规则导向的冲突与协调

基于ISDS为可持续发展相关财务信息的披露提供全球一致和可比的基线准则的定位，ISSB在制定准则时需要慎重处理原则导向与规则导向。规则导向过于具体会弱化职业判断，且可能导致准则的相关规定缺乏一致性，IASB在制定会计准则时一直强调原则导向，ISSB在制定ISDS时同样应该突出原则导向而非规则导向。当然，作为解决可持续发展信息披露不完整、不一致和不可比矛盾的“全球基准”，也不可能完全排除规则导向，否则在披露口径和标准等方面难以实现全球范围的融合。但过多的规则导向也必然会导致制定的准则难以在全球运用，毕竟每个国家、每个行业、每家企业均存在个体的差异，很难制定普适性的规则。

就两份征求意见稿而言，规则导向明显，至少表现在以下三方面：一是准则正文里直接规定的披露要求，例如，S2 ED要求将对企业挑战较大的情景分析作为气候适应性分析的首选方法（不披露就解释），将“范围3”温室气体排放纳入强制披露的财务指标。二是由准则附录指南里直接规定的披露要求，例如S2 ED附录二基于SASB标准编制的行业指南，该指南的效力等同于准则正文，实际上可以理解为硬性规定。必须指出，SASB标准起源于美国资本市场，虽然经过ISSB的“国际化改造”，但行业的分类方法和财务指标是否具有广泛的代表性或可接受度仍值得商榷，未必是一份放之四海而皆准的行业指南。三是在温室气体核算等较为“专业”的领域，S2 ED并不直接制定相关规则，而是要求企业遵循其他规则，即世界资源研究所和世界可持续发展工商理事会制定的《温室气体核算体系：企业标准》（GHG Protocol），尽管我们注意到，美国SEC关于气候相关信息披露提案中有关温室气体排放也是基于GHG Protocol，但GHG Protocol并不是唯一的国际主流标准，而且与某些重要司法管辖区已颁布的要求存在方法或口径上的差异。

根据以上分析，建议ISSB在修订S1 ED和S2 ED以及制定后续准则时，尽量制定原则而非明确规则，或是建议上段所提及的气候情景分析、“范围3”温室气体排放和基于SASB标准的行业指南，作为“建议（鼓励）披露”的项目或者采用“如果使用就披露”等较为灵活的策略，而不作为强制性披露或者首选方法。

6. 确保ISDS作为全球基线准则的适度灵活性

我们理解，“全球基线准则”的概念实际具有两方面含义：一是应实现全球大范围内的可比性，这是设立ISSB制定ISDS的初衷；二是应将ISDS定位于“底线（baseline）”而非“标杆（role model）”，以便ISDS得到广泛的应用。为此，我们建议谨慎对待ISDS相对现行国际主流标准（主要指TCFD和SASB）提出的更高的标准或更严格的要求，以确保ISDS作为全球基线准则具备适度灵活性。

作为基线准则，不能仅仅考虑“头部企业（例如国际代表性指数的成分股公司）”而忽视了其他企业，而后者可能是一个数量和总量更为庞大的群体，也是ISDS实现全球成功推广的关键。即便是“头部企业”，目前也并非均已按照TCFD和SASB标准披露相关可持续发展信息。根据TCFD 2021年发布的《2021 Status Report》，TCFD审阅了69个国家和地区、8个行业共计1651家公司披露的可持续发展信息，2020年，TCFD 11项披露建议的平均披露水平为32%，披露不同气候情景下战略韧性的占比仅为2020年的13%，只有25%的企业披露了董事会监督，18%的企业披露了管理层角色相关信息，34%的企业披露了范围1、范围2、范围3的排放信息，大型公司中仅有44%的公司采纳了TCFD框架。基于这一现实情况，也基于大量发展中国家或新兴市场国家的可持续发展信息披露现状，考虑更多企业执行ISDS，ISSB在基线准则中提出的披露要求过高，在执行中并不现实。

就具体内容而言，如S2 ED提出的情景分析的披露要求，目前市场上采用气候相关情景分析的企业仅是少数大型企业或金融机构，美国SEC 2024年3月公布的《面向投资者的气候相关信息披露的提升和标准化》提案也仅采用了"如果使用就披露"的要求。若S2 ED采取此项强制要求，必定存在一定的难度，因此我们建议《气候披露》不将情景分析作为"不披露就解释"的首选方法。再如范围3的温室气体排放，目前除了欧盟的CSRD要求外，其他报告框架要求均为建议性披露，因此我们建议征求意见稿将范围3的温室气体排放更改为建议性披露。

在量化披露财务影响方面，S2 ED第14条提出，"主体应披露定量信息，除非不可行。提供定量信息时，主体可披露单一金额或金额区间"。从执行角度，如何量化披露财务影响对企业而言是一个难题。有关当期财务影响的量化披露，SEC提案提供了截至目前最切实可操作的模板——从财务影响指标、支出指标和财务估计和假设三个维度进行披露，为此SEC甚至不惜一刀切规定了影响重要性的阈值。但有关前瞻性财务影响的量化披露仍是一个公认的难题。SEC提案没有对前瞻性财务影响的量化评估做具体规定，S1 ED更是指出目前还没有公认的方法来评估或衡量与气候有关的转型风险和机遇可能如何影响企业未来的财务状况和业绩。因此，此类披露仍然主要是基于判断的行使。鉴于前瞻性财务影响的量化披露尚缺乏科学方法，主观性强、准确性低，加之对披露成本的考量，建议作为全球baseline的S2 ED应适当放宽对前瞻性财务影响的披露要求，比如S2 ED第14条的总体要求可改为"对于当期影响，主体应披露量化信息，除非不可行。对于前瞻性的影响，主体可以提供定性信息。若主体选择提供定量信息，可披露单个金额或区间范围，同时应描述评估范围、计算方法、关键假设和参数，以及评估的局限性（物理风险还包括时间范围）等，以提高披露的透明度。"

在治理方面，ISSB的征求意见稿的要求基本上与TCFD趋于一致。但值得一提的是，ISDS提出要求治理架构及其下设委员会监督有关可持续发展相关重大风险和机遇的目标的制定并监督实现目标的过程，包括是否将相关绩效指标纳入薪酬政策以及如何考量的要求。TCFD目前仅针对能源行业提出这一要求，并未适用于所有行业。

综上分析，我们建议ISSB在修订两份征求意见稿时，梳理相关要求，对于某些超越基线准则的要求，或是删除，或是从强制性要求修改为建议性要求，以保证ISDS作为全球基线准则的适度灵活性。

7. 消除因披露诸多不确定性信息而带来的责任担忧

与可持续发展相关的信息披露将不可避免地要求企业披露诸多目前无法准确预测的前瞻性信息，例如企业减排目标。企业在披露前瞻性信息时通常都会对信息不确定性可能带来的法律责任产生担忧。例如企业披露了未来五年的碳排放行动目标，而事后证明无法达成时，企业将会顾虑是否会对企业产生负面的法律后果。这些顾虑可能会对企业披露相关信息的意愿或者积极性产生影响，从而削弱ISDS所要求披露信息的有效性及其质量。ISSB需要在准则制定阶段（而非准则成型之后）寻求对策来减少可能的负面影响。

第一，ISSB应该修订披露目标，使各内容的披露目标更加具体、有针对性，企业可以在达成披露目标的前提下更加灵活地选择披露内容与形式，以避免企业通过不披露前瞻性信息或者降低披露前瞻性信息的详细程度从而减轻不确定性信息可能带来的法律后果。这也同目前在IFRS会计准则下的披露动议项目的策略一致。当然，披露的总体目标、具体目标以及披露要求是相辅相成的有机整体，ISSB需要考虑其具体构成。另外，为了帮助企业理解披露目标是否达成，可以考虑提供披露范例，即通过范例帮助企业了解怎样的披露内容、怎样的披露形式以及披露的详细程度是否能够实现披露目标。

第二，ISSB在制定准则过程中应该与各国的监管机构密切沟通寻求降低企业披露不确定信息可能导致的法律后果的可能性。例如我们了解到，某些国家（如美国）对于基于未来的信息披露有所谓的“安全港”条款，即在某些情况下豁免企业相关法律责任。ISSB可以就某个国家或地区是否存在“安全港”条款、“安全港”条款的覆盖范围与监管机构展开对话。一种可能的应对措施是，仅要求全部或者部分按照ISDS准则的披露信息出现在由“安全港”条款管辖的范围内，而在“安全港”条款无法涉及的领域仅要求提供索引至其他信息的标签。

第三，ISSB可以考虑在某些信息具有重大不确定性的领域提供披露豁免，前提是企业充分披露其满足豁免条件的理由。提供豁免的领域不宜过多，且应仅在满足条件的情况下适用，例如企业认为披露不确定性信息会导致重大法律风险的情况下。企业应就其为何适用豁免以及是否在其他地方存在相关信息予以说明。提供披露的豁免会在某种程度伤害信息的有用性，但其无疑是ISSB在面对不确定性信息时可以权衡利弊的考虑因素之一。

第四，ISSB还可以考虑企业披露定量信息的程度。定量信息的不确定性很容易在未来予以验证从而对企业产生可能的不利后果。比如，如果企业仅仅被要求披露定性的减排目标以及未来目标的实现（未来目标实现与否的定量信息并无不确定性），能否大大降低信息不确定性可能带来的法律责任？当然此种做法同样会在一定程度上降低信息的可用性从而需要ISSB权衡利弊。

8.消除因披露诸多敏感性信息而带来的不利竞争担忧

企业所披露信息的敏感性同样可能导致企业降低对相关信息的披露意愿。这些敏感性信息对于企业在市场竞争中的地位可能产生不利影响。

我们了解到这一问题并非仅仅将在ISDS制定过程中出现，IFRS中的多项披露要求都可能涉及敏感性信息。例如第8号国际财务报告准则《分部报告》中要求的重大客户的销售额，以及第38号国际会计准则《无形资产》中要求的资本化研发成本，都可能涉及对于企业来说至关重要的商业秘密。然而IFRS并未对这些信息予以豁免。尽管如此，ISSB仍然需要考虑企业对敏感性信息披露的担忧可能对ISDS准则适用所带来的影响并在准则制定阶段就及时采取应对对策。

上述对信息不确定性产生的法律后果的可能解决措施很多也都适用于敏感性信息的披露。以披露目标为基础的准则将给予企业灵活性从而降低披露敏感性信息的程度，同样也可以通过披露范例来指导企业在不伤害披露目标的前提下如何避免披露对竞争不利的敏感性信息。如果企业不得不从保护自身地位出发无法披露某些信息，ISSB应该考虑在某些披露要求上提供豁免，并要求企业说明原因或提供替代信息，或是考虑在定量信息过于敏感的情况下定性信息是否能够满足披露目标的要求。我们注意到欧盟发布的ESRS2第5段指出，根据CSRD第19（a）条和29（a）条，成员国可以允许企业不披露即将发生的事项或谈判过程中的事项，这些信息的披露可能严重损害企业的商业地位，但不披露这些信息不影响对企业的发展、业绩、地位及其活动的影响作出公平和平衡的了解。

无论是由于信息不确定性带来的法律责任，还是由敏感性信息带来的不利竞争，都是信息的披露者和使用者之间存在的固有矛盾导致的。ISSB不可能也不应该将自身作为解决这一矛盾的唯一主体，而应更多地寻求与其他机构例如监管机构的协作，尽可能地降低（而不是完全消除）这两个担忧可能导致的对信息有用性的伤害，才是ISSB的解决路径。

9.披露要求与信息质量特征和可审计性的冲突

S1 ED《一般要求》第45段要求公允反映，47（a）要求披露相关、如实反映、可比、可验证、及时和可理解的信息，这些质量特征与可持续发展相关信息的特点相悖。

我们认为，可持续发展信息毕竟不同于财务信息，前者包含的前瞻性信息和定性信息远多于后者，对影响性的聚焦程度也远高于后者，照搬财务信息的质量特征并套用于可持续发展信息，并不恰当。

第一，可持续发展信息要求披露的前瞻性信息（Forward-looking Information），时间跨度可长达数年，难以完全符合附录三《可持续发展相关财务信息质量特征》提出的质量要求。譬如，企业既要披露气候变化对企业战略和商业模式的影响，评估气候变化在短期、中期和长期对企业财务业绩、现金流量和企业价值的影响，时间跨度如此之长的前瞻性信息，涉及大量的估计和判断、预测（Forecast）和预估（Projection），存在着极大的不确定性，既不完整，也不中立，更谈不上准确，要做到如实反映，要对其审计并发表审计意见难乎其难。

第二，前瞻性信息带有浓郁的个性化特点（譬如气候变化的相关风险或机遇与企业经营所在国家或地区的环保政策、行业特点以及企业自身的商业模式、能耗结构、低碳转型等诸多因素密切相关），可比性缺失，可验证性极低，可理解性不高。缺乏如此之多的信息质量特征，前瞻性信息的相关性令人生疑。

第三，可持续发展信息中存在很多定性信息，如对治理机制、气候变化应对、绿色转型评估、公平正义维护等文字叙述和文本呈现，涉及企业治理层和管理层的价值主张、经营理念、管理意图、风险偏好、稳健程度等诸多主观因素，难以判断其是否如实反映，评估其是否具有相关性、可比性和可验证性谈何容易，同样，让审计师对其进行审计，无论是发表合理保证意见还是有限保证意见，均无从谈起。

针对可持续发展信息与质量特征和审计要求之间的以上冲突，ISSB在制定概念框架、修订两项征求意见稿及制定后续准则时，均需妥善处理，可能的解决方案是将可持续发展信息进行分类，针对不同类别的信息明确其质量特征要求，为后续不同类别可持续发展信息的审计、审阅及其他不同形式的鉴证进行铺垫。

10.明确准则的适用范围和渐次推进的准则实施时间表

S1 ED《一般要求》第10段仅明确该准则使用的术语适用于以营利为目的的主体，包括公共部门的经营性主体，但没有明确说明是适用于所有企业，还是仅适用于公共利益主体。如果仅适用于公共利益主体，则需明确是适用于所有规模的公共利益主体，还是适用于一定规模以上的公共利益主体。与此同时，《一般要求》也没有明确不同类型企业实施准则的时间表。

相比之下，我们注意到，欧盟的CSRD明确指出，其相关要求不适用于在中小企业成长市场上市或多边交易设施（Multilateral Trading Facilities）上市可转让证券的中小企业，也不适用于在欧盟监管市场上市的微型企业，但CSRD可为这些企业提供参考。而美国SEC气候信息披露提案对不同规模的上市公司执行气候信息披露规则，则明确了差异化的实施时间表。

鉴于ISSB目前制定的ISDS的披露要求未必适合中小企业，建议ISSB在《一般要求》明确准则的适用范围。鉴于不同企业披露可持续发展信息的基础存在很大差异，需要准备的时间长短不等，建议ISSB在《一般要求》明确不同企业实施准则的时间表。

11.明确中小企业实施可持续发展披露准则的简化要求

现有可持续发展信息披露要求，即使对大型企业也颇具挑战性，对中小企业来说更是困难重重，不仅披露的成本大于效益，而且能力建设严重不足。然而，不披露可持续发展信息，无法向金融机构和投资机构提供可持续发展信息，资金可获取性和资本成本将大受影响，这将是未来许多中小企业会面临的两难选择。

我们注意到，在欧盟的CSRD中，欧盟委员会考虑到中小企业特点，授权EFRAG制定与中小企业的能力和特点相称的可持续发展报告标准，这些可持续发展报告标准应规定CSRD第19（a）条和第29（a）条中提及的信息，以及第2条第（1）（a）点中提及的中小企业应报告的信息。同样，在会计准则方面，IASB针对中小企业的特点，也制定了一套中小企业适用的简版会计准则。

鉴于此，建议ISSB明确中小企业实施可持续发展披露准则的简化要求，或是另行制定适用于中小企业的可持续发展信息披露准则。

12.协调各司法管辖区相关准则的等效趋同

EFRAG于4月29日发布的13项ESRS征求意见稿，无论是在准则的定位上，还是在可持续发展信息的披露目标、披露内容以及具体要求上与S1 ED和S2 ED均存在重大差异。而美国证监会（SEC）3月31日发布的《面向投资者的气候相关信息披露的提升和标准化》提案，在气候情景分析和温室气体排放的披露上与S2 ED也存在一定差异，并且极少涉及气候相关机遇。此种情况下，ISSB的ISDS如何推广至欧盟成员国和美国。如果欧盟成员国和美国不执行ISDS，则与ISSB制定ISDS的初衷相悖。如果欧盟成员国和美国不执行ISDS，其他国家也会纷纷效仿，ISDS就会陷入没有国家执行的窘境。

不仅如此，我们注意到，根据欧盟的CSRD，欧盟委员会会对第三国发行人使用的可持续发展报告准则的等效性作出必要的决定，如果欧盟委员会认为第三国发行人适用的可持续发展报告准则不等效，则仅允许相关发行人在适当的过渡期内继续使用该准则。根据这一规定，如果第三国发行人使用ISSB制定的ISDS，且欧盟委员会认为ISDS与ESRS不等效，必将让ISDS陷入窘境。

有鉴于此，建议ISSB充分协调各司法管辖区准则制定机构，确保其另行制定的可持续发展披露准则与ISSB的ISDS实质上等效或趋同。

13.完善可持续发展治理相关信息的披露要求

如果将可持续发展相关信息界定为财务报告的组成部分，S1 ED第13段就应明确董事会及其审计委员会应对可持续发展相关财务信息的披露负责，而不应含糊其词。如果将可持续发展相关信息界定为独立于财务报告的独立信息披露，则可赋予企业更大的自主选择权，由其决定由什么样的治理机构及其下属委员会负责可持续发展相关风险和机遇的督导作用。此外，第13段对可持续发展治理的7项披露要求中，仅在第7项要求企业描述管理层在评估和管理可持续相关风险和机遇中的角色，有弱化管理层作用之嫌。与发达国家不同，很多新兴市场经济国家存在比较普遍的强管理层弱董事会现象。建议ISSB考虑新兴市场经济国家的公司治理特点和治理实际，倡导董事会督导管理层主导的做法，要求企业构建由董事会和管理层齐抓共管、职责分明的可持续发展治理机制。

14.重新明确报告频率和报告时间的具体要求

鉴于大多数企业尚未建立可持续发展相关信息（尤其是气候相关信息）底层数据的收集、计算、分析、验证和报告系统，S1 ED在第66段至71段中提出的可持续发展相关信息应与财务报告同时发布的要求不切实际，也不一定符合成本效益原则。我们查阅了微软、苹果、星巴克等美国知名上市公司，发现ESG或可持续发展报告以年度披露为主，以季度披露的十分罕见。建议ISSB对报告频率（Frequency of Reporting）的要求再认真斟酌，我们主张可持续发展报告相关信息的披露以年度为基础，不强制要求与财务报告同时披露，可鼓励有条件的企业将可持续发展相关信息与财务报告同时披露。

同样我们注意到，由于相关数据的滞后，金融机构获得借款人或被投资方的排放数据可能存在较大难度，PCAF（Partnership for Carbon Accounting Financials）认为，报告温室气体的期间不同于财务报告的期间，是可以接受的。所以，ISSB不必强调可持续发展相关信息的披露在报告期间上与财务报告保持一致。

15.完善温室气体核算方法和核算具体要求

S2 ED没有规定每一类核算对象温室气体排放的具体核算方法，而是放开让企业按照《温室气体规程》选择核算方法。但《温室气体规程》规定了权益比例法和控制法（包括财务控制法和经营控制法）等不同的温室气体排放核算方法，这意味着在其他主体中投资比例相同的两个主体，可能因为选择的核算方法不同而报告不同的温室气体排放量，信息披露的可比性将大打折扣。建议统一核算方法。在未考虑成本效益原则的前提下，个人赞成美国SEC提案的规定，即100%确认所有并表子公司的排放，按投资比例确认权益法核算的被投资单位的排放，按投资比例确认比例合并单位的排放。未并表子公司、未按权益法核算的被投资单位以及未按比例合并的单位无须确认其排放。当然，实务中大型企业集团按权益法核算的投资数量众多，被投资单位排放数据的可获取性（尤其在初始阶段）存疑，核算成本高昂。平衡成本与效益，只100%核算并表子公司排放，其他一概不算也不失为一种可以考虑采用的核算方法。

对于范围1、范围2和范围3的温室气体排放的核算和报告标准，建议既可以是世界资源研究所（WRI）和世界可持续发展工商理事会（WBSCD）制定的《温室气体规程：企业核算和报告标准》（The GHG Protocol： A Corporate Accounting and Reporting Standards），也可以是企业所在国关于温室气体排放的核算和报告标准。我们亦注意到，WRI和WBSCD制定的温室气体规程比较陈旧，ISSB应加强与WRI和WBSCD的沟通，建议后者尽快更新修订。范围3温室气体排放数据的可获性和可靠性都很低，在不少新兴经济体，要获取这方面的数据非常困难，建议ISSB明确不能获取范围3温室气体排放的情况下可以采用哪些替代办法。

此外，与财务报告有成熟的底层数据收集系统不同，可持续发展报告的底层数据收集系统还很不健全，温室气体排放数据尤其如此，建议ISSB对企业建立健全温室气体排放底层数据的收集、统计、分析、验证和报告系统提出更为明确的要求。金融机构的温室气体排放以融资排放（Financed Emission）为主，融资排放主要依据PCAF制定的《全球金融业温室气体排放核算和报告标准》进行核算和披露，但不同金融机构披露的融资排放口径差异较大，建议ISSB针对金融机构的温室气体排放特点，对融资排放覆盖的范围提出要求。

16. 制定并发布相关指引性文件和披露案例

研读两项征求意见稿，我们注意到一些披露要求，很难按照这些要求开展相关信息披露工作。例如，根据两项征求意见稿，主体需要披露影响主体短期、中期和长期商业模式和战略的可持续发展相关风险和机遇，以及短期、中期和长期对于主体财务业绩和现金流量的影响。对于“短期”、“中期”和“长期”，不同主体的理解可能会存在差异，建议ISSB就如何确定“短期”“中期”“长期”提供相应的指引。

S2 ED《气候相关披露》中提出了气候相关风险对主体财务状况、经营业绩、现金流量的影响，气候变化相关的物理风险和转型风险、气候相关情景分析、气候目标制定等相关披露要求，但并未就这些工作如何开展有明确的指引性文件，尤其是在量化影响方面目前给出的指导十分有限，企业难以准确识别可持续发展相关风险和机遇，并对其财务影响进行量化分析，从而制定合理的战略应对措施。影响分析、情景分析以及气候目标制定对于大部分的企业来说，都是较为初期或者新鲜接触的事项，若没有相关指引，会导致工作较难开展，而且基于不同人理解的差异，结果可能存在偏差。对于以上项目，建议ISSB提供进一步指引。

此外，不同的行业在进行相关披露工作时是有行业特性的，比如气候相关风险和机遇对于不同行业的影响差异较大。建议ISSB提供不同行业的实施案例以及披露案例，供利益相关方参考。

17.重新考虑直接沿用SASB行业披露要求的做法

S2 ED《气候相关披露》附录二列示了行业披露要求，该披露要求直接沿用SASB准则，仅仅对很少部分内容进行了少量修改。这一做法，需要重新考虑。

第一，修改后的行业披露要求，并不仅仅是为主体披露气候相关风险和机遇信息提供指南，还涉及大量其他可持续发展主题，如各种社会主题相关风险和机遇的信息披露，作为S2 ED《气候相关披露》的附件或者气候相关信息披露的行业指南，显然不合适。

第二，行业披露要求中，许多要求是基于美国的标准形成的，如美国家用电器制造商协会（AHAM）可持续发展标准，美国林场体系（ATFS），美国采暖制冷与空调工程师学会和绿色电网协会联合发布的《电源使用效率™：综合度量检查指引》，美国环境保护署（EPA）发布的《温室气体清单指引：固定燃烧源的直接排放》，美国EPA《资源保护和回收法案》，美国EPA《资源保护和恢复法案》，美国绿色建筑委员会的LEED®认证，美国《清洁水法案》，美国的《可再生燃料标准计划》，《美国濒危物种法案》，美国汽车工程学会标准J240、J2185，美国ENERGY STAR®认证，《绿色租赁政策和程序》，美国公司平均燃料经济性标准。尽管行业披露要求也提及欧盟相关标准，以及其他国家相关标准，但行业披露要求基本沿用基于美国资本所形成的SASB标准，相关披露要求中引用了诸多的美国标准。过多引用美国标准，必然会增加其他国家企业执行这一行业披露要求的难度。

第三，不同国家的行业分类标准差异较大，可能与附录二的行业分类标准不一致，最好能够明确是否统一以《全球行业分类体系》（GICS）为基础，或者企业可以自行选择。对于多数经营活动或价值链涉及多个行业的企业，如何进行披露需要更明确的指引。

鉴于以上情况，建议ISSB在修订S2 ED时，对该行业披露要求进行大幅度修改，或是基于原则导向，不予提供过多行业披露要求，相关行业披露要求可以由各国根据ISSB制定的ISDS提供相应的详细指引。

附件：建议的中方具体反馈意见（略）

（本文为王鹏程、孙玫、黄世忠、叶丰滢合作的研究报告，之前未公开发表）

主要参考文献

1. IFRS Foundation. Climate-related Disclosures Prototype: Developed by the Technical Readiness Working Group, chaired by the IFRS Foundation, to provide recommendations to the International Sustainability Standards Board for consideration [EB/OL]. [2024-12-18]. https://www.ifrs.org.

2. IFRS Foundation. General Requirements for Disclosure of Sustainability-related Financial Information Prototype: Developed by the Technical Readiness Working Group, chaired by the IFRS Foundation, to provide recommendations to the International Sustainability Standards Board for consideration [EB/OL]. [2024-12-18]. https://www.ifrs.org.

3. OICU-IOSCO. Report on Sustainability-related Issuer Disclosures, Final Report [EB/OL]. [2024-12-18]. https://www.iosco.org.

4. World Resources Institute and World Business Council for Sustainable Development. Greenhouse Gas Protocol, Corporate Value Chain (Scope 3) Accounting and Reporting Standard [EB/OL]. [2024-12-18]. https://ghgprotocol.org.

5. World Resources Institute and World Business Council for Sustainable Development. A Corporate Accounting and Reporting Standard Revised Edition, The Greenhouse Gas Protocol [EB/OL]. [2024-12-18]. https://ghgprotocol.org.

6. PCAF. Global GHG Accounting and Reporting Standard for the Financial Industry [EB/OL]. [2024-12-18]. https://www.pca-network.org.

7. CDP, CDSB, GRI, IIRC, and SASB. Reporting on enterprise value Illustrated with a prototype climate-related financial disclosure standard: Progress towards a comprehensive corporate reporting system, from leading sustainability and integrated reporting organizations CDP, CDSB, GRI, IIRC and SASB Facilitated by the Impact Management Project, World Economic Forum and Deloitte [EB/OL]. [2024-12-18]. https://www.valuebalancing.com.

8. TCFD. Recommendations of the Task Force on Climate-related Financial Disclosures [EB/OL]. [2024-12-18]. https://www.fsb-tcfd.org.

9. TCFD. Task Force on Climate-related Financial Disclosures 2021 Status Report [EB/OL]. [2024-12-18]. https://www.fsb-tcfd.org.

10. TCFD. Task Force on Climate-related Financial Disclosures Guidance on Metrics,

Targets, and Transition Plans [EB/OL]. [2024-12-18]. https: //www.fsb-tcfd.org.

11. TCFD. Task Force on Climate-related Financial Disclosures Guidance on Scenario Analysis for Non-Financial Companies [EB/OL]. [2024-12-18]. https: //www.fsb-tcfd.org.

12. European Parliament and Council. Directive of the European Parliament and of the Council: Amending Directive 2013/34/EU, Directive 2004/109/EC, Directive 2006/43/EC and Regulation (EU) No 537/2014, as regards corporate sustainability reporting [EB/OL]. [2024-12-18]. https: //eur-lex.europa.eu.

13. ISSB. Exposure Draft IFRS Sustainability Disclosure Standard International Sustainability Standards Board Basis for Conclusions on IFRS S2 Climate-related Disclosures [EB/OL]. (2022-03-31) [2024-12-18]. https: //www.ifrs.org.

14. ISSB. Exposure Draft IFRS® Sustainability Disclosure Standard Basis for Conclusions on [Draft] IFRS S1 General Requirements for Disclosure of Sustainability-related Financial Information [EB/OL]. [2024-12-18]. https: //www.ifrs.org.

15. ISSB. Comparison [Draft] IFRS S2 Climate-related Disclosures with the TCFD Recommendations [EB/OL]. [2024-12-18]. https: //www.ifrs.org.

16. ISSB. Exposure Draft IFRS® Sustainability Disclosure Standard [Draft] IFRS S2 Climaterelated Disclosures [EB/OL]. [2024-12-18]. https: //www.ifrs.org.

17. 黄世忠. ESG理念与公司报告重构 [J]. 财会月刊, 2021 (17): 3-10.

18. 黄世忠. 谱写欧盟ESG报告新篇章——从NFRD到CSRD的评述 [J]. 财会月刊, 2021 (20): 16-23.

19. 叶丰滢, 黄世忠. SEC气候信息披露新规的解读与分析 [J]. 财会月刊, 2022 (12): 26-34.

20. 黄世忠, 叶丰滢.《气候变化》的披露要求与趋同分析 [J]. 财会月刊, 2022 (9): 3-8.

